The Enchanted Wanderer
Insulted Neteta

Nikolai Leskov

Очарованный странник
Оскорбленная Нетэта

Николай С. Лесков

The Enchanted Wanderer; Insulted Neteta

ISNB: 978-1-61895-264-6

ОЧАРОВАННЫЙ СТРАННИК

1

Мы плыли по Ладожскому озеру от острова Коневца к Валааму[1] и на пути зашли по корабельной надобности в пристань к Кореле. Здесь многие из нас полюбопытствовали сойти на берег и съездили на бодрых чухонских[2] лошадках в пустынный городок. Затем капитан изготовился продолжать путь, и мы снова отплыли.

После посещения Корелы весьма естественно, что речь зашла об этом бедном, хотя и чрезвычайно старом русском поселке, грустнее которого трудно что-нибудь выдумать. На судне все разделяли это мнение, и один из пассажиров, человек, склонный к философским обобщениям и политической шутливости, заметил, что он никак не может понять: для чего это неудобных в Петербурге людей принято отправлять куда-нибудь в более или менее отдаленные места, отчего, конечно, происходит убыток казне на их провоз, тогда как тут же, вблизи столицы, есть на Ладожском берегу такое превосходное место, как Корела, где любое вольномыслие и свободомыслие не могут устоять перед апатиею населения и ужасною скукою гнетущей, скупой природы.

– Я уверен, – сказал этот путник, – что в настоящем случае непременно виновата рутина или в крайнем случае, может быть, недостаток подлежащих сведений.

Кто-то часто здесь путешествующий ответил на это, что будто и здесь разновременно живали какие-то изгнанники, но только все они недолго будто выдерживали.

– Один молодец из семинаристов сюда за грубость в дьячки был прислан (этого рода ссылки я уже и понять не мог). Так, приехавши сюда, он долго храбрился и все надеялся какое-то судбище поднять; а потом как запил, так до того пил, что совсем с ума сошел и послал такую просьбу, чтобы его лучше как можно скорее велели "расстрелять или в солдаты отдать, а за неспособностью повесить".

– Какая же на это последовала резолюция?

– М... н... не знаю, право; только он все равно этой резолюции не дождался: самовольно повесился.

---

[1] Валаам – остров на Ладожском озере, где в начале XIV века был построен мужской монастырь.
[2] Чухонский – финский.

1

– И прекрасно сделал, – откликнулся философ.

– Прекрасно? – переспросил рассказчик, очевидно купец, и притом человек солидный и религиозный.

– А что же? по крайней мере, умер, и концы в воду.

– Как же концы в воду-с? А на том свете что ему будет? Самоубийцы, ведь они целый век будут мучиться. За них даже и молиться никто не может.

Философ ядовито улыбнулся, но ничего не ответил, но зато и против него и против купца выступил новый оппонент, неожиданно вступившийся за дьячка, совершившего над собою смертную казнь без разрешения начальства.

Это был новый пассажир, который ни для кого из нас не заметно присел с Коневца. Он до сих пор молчал, и на него никто не обращал никакого внимания, но теперь все на него оглянулись, и, вероятно, все подивились, как он мог до сих пор оставаться незамеченным. Это был человек огромного роста, с смуглым открытым лицом и густыми волнистыми волосами свинцового цвета: так странно отливала его проседь. Он был одет в послушничьем подряснике с широким монастырским ременным поясом и в высоком черном суконном колпачке. Послушник он был или постриженный монах – этого отгадать было невозможно, потому что монахи ладожских островов не только в путешествиях, но и на самых островах не всегда надевают камилавки, а в сельской простоте ограничиваются колпачками. Этому новому нашему сопутнику, оказавшемуся впоследствии чрезвычайно интересным человеком, по виду можно было дать с небольшим лет за пятьдесят; но он был в полном смысле слова богатырь, и притом типический, простодушный, добрый русский богатырь, напоминающий дедушку Илью Муромца в прекрасной картине Верещагина и в поэме графа А.К.Толстого. Казалось, что ему бы не в ряске ходить, а сидеть бы ему на "чубаром" да ездить в лаптищах по лесу и лениво нюхать, как "смолой и земляникой пахнет темный бор".

Но, при всем этом добром простодушии, не много надо было наблюдательности, чтобы видеть в нем человека много видевшего и, что называется, "бывалого". Он держался смело, самоуверенно, хотя и без неприятной развязности, и заговорил приятным басом с повадкою.

– Это все ничего не значит, – начал он, лениво и мягко выпуская слово за словом из-под густых, вверх, по-гусарски, закрученных седых усов. – Я, что вы насчет того света для самоубийцев говорите, что они будто никогда не простятся, не приемлю. И что за них будто некому молиться – это тоже пустяки, потому что есть такой человек, который все их положение самым легким манером очень просто может поправить.

Его спросили: кто же это такой человек, который ведает и исправляет дела самоубийц после их смерти?

— А вот кто-с, — отвечал богатырь-черноризец, — есть в московской епархии в одном селе попик — прегорчающий пьяница, которого чуть было не расстригли, — так он ими орудует.

— Как же вам это известно?

— А помилуйте-с, это не я один знаю, а все в московском округе про то знают, потому что это дело шло через самого высокопреосвященного митрополита Филарета [3].

Вышла маленькая пауза, и кто-то сказал, что все это довольно сомнительно.

Черноризец нимало не обиделся этим замечанием и отвечал:

— Да-с, оно по первому взгляду так-с, сомнительно-с. И что тут удивительного, что оно нам сомнительным кажется, когда даже сами его высокопреосвященство долго этому не верили, а потом, получив верные тому доказательства, увидали, что нельзя атому не верить, и поверили?

Пассажиры пристали к иноку с просьбою рассказать эту дивную историю, и он от этого не отказался и начал следующее:

— Повествуют так, что пишет будто бы раз один благочинный высокопреосвященному владыке, что будто бы, говорит, так и так, этот попик ужасная пьяница, — пьет вино и в приходе не годится. И оно, это донесение, по одной сущности было справедливо. Владыко и велели прислать к ним этого попика в Москву. Посмотрели на него и видят, что действительно этот попик запивашка, и решили, что быть ему без места. Попик огорчился и даже перестал пить, и все убивается и оплакивает: "До чего, думает, я себя довел, и что мне теперь больше делать, как не руки на себя наложить? Это одно, говорит, мне только и осталось: тогда, по крайней мере, владыко сжалятся над моею несчастною семьею и дочери жениха дадут, чтобы он на мое место заступил и семью мою питал". Вот и хорошо: так он порешил настоятельно себя кончить и день к тому определил, но только как был он человек доброй души, то подумал: "Хорошо же; умереть-то я, положим, умру, а ведь я не скотина: я не без души, — куда потом моя душа пойдет?" И стал он от этого часу еще больше скорбеть. Ну, хорошо: скорбит он и скорбит, а владыко решили, что быть ему за его пьянство без места, и легли однажды после трапезы на диванчик с книжкой отдохнуть и заснули. Ну, хорошо: заснули они или этак только воздремали, как вдруг видят, будто к ним в келию двери отворяются. Они и окликнули: "Кто там?" — потому что думали, будто служка им про кого-нибудь доложить пришел; ан, вместо служки, смотрят

[3] Филарет (1782-1876) – московский митрополит.

– входит старец, добрый-предобрый, и владыко его сейчас узнали, что это преподобный Сергий[4] .

Владыко и говорят:

"Ты ли это, пресвятой отче Сергие?"

А угодник отвечает:

"Я, раб божий Филарет".

Владыко спрашивают:

"Что же твоей чистоте угодно от моего недостоинства?"

А святой Сергий отвечает:

"Милости хощу".

"Кому же повелишь явить ее?"

А угодник и наименовал того попика, что за пьянство места лишен, и сам удалился; а владыко проснулись и думают: "К чему это причесть: простой это сон, или мечтание, или духоводительное видение?" И стали они размышлять и, как муж ума во всем свете именитого, находят, что это простой сон, потому что статочное ли дело, что святой Сергий, постник и доброго, строгого жития блюститель, ходатайствовал об иерее слабом, творящем житие с небрежением. Ну-с, хорошо: рассудили так его высокопреосвященство и оставили все это дело естественному оного течению, как было начато, а сами провели время, как им надлежало, и отошли опять в должный час ко сну. Но только что они снова опочили, как снова видение, и такое, что великий дух владыки еще в большее смятение повергло. Можете вообразить: грохот... такой страшный грохот, что ничем его невозможно выразить... Скачут... числа им нет, сколько рыцарей... несутся, все в зеленом убранстве, латы и перья, и кони что львы, вороные, а впереди их горделивый стратопедарх[5] в таком же уборе, и куда помахнет темным знаменем, туда все и скачут, а на знамени змей. Владыко не знают, к чему этот поезд, а оный горделивец командует: "Терзайте, – говорит, – их: теперь нет их молитвенника", – и проскакал мимо; а за сим стратопедархом – его воины, а за ними, как стая весенних гусей тощих, потянулись скучные тени, и все кивают владыке грустно и жалостно, и все сквозь плач тихо стонут: "Отпусти его! – он один за нас молится". Владыко как изволили встать, сейчас посылают за пьяным попиком и расспрашивают: как и за кого он молится? А поп по бедности духовной весь перед святителем растерялся и говорит: "Я, владыко, как положено совершаю". И насилу его высокопреосвященство добились, что он повинился: "Виноват, – говорит, – в одном, что сам, слабость душевную

---

[4] Преподобный Сергий – причисленный к лику святых известный деятель русской церкви XIV века Сергий Радонежский (1314-1392), основатель Троице-Сергиева монастыря и ряда других обителей.

[5] Стратопедарх – начальник военного лагеря.

имея и от отчаяния думая, что лучше жизни себя лишить, я всегда на святой проскомидии за без покаяния скончавшихся и руки на ся наложивших молюсь..." Ну, тут владыко и поняли, что то за тени пред ним в видении, как тощие гуси, плыли, и не восхотели радовать тех демонов, что впереди их спешили с губительством, и благословили попика: "Ступай, – изволили сказать, – и к тому не согрешай, а за кого молился – молись", – и опять его на место отправили. Так вот он, этакий человек, всегда таковым людям, что жизни борения не переносят, может быть полезен, ибо он уже от дерзости своего призвания не отступит и все будет за них создателю докучать, и тот должен будет их простить.

– Почему же "должен"?

– А потому, что "толпытеся"; ведь это от него же самого повелено, так ведь уже это не переменится же-с.

– А скажите, пожалуйста, кроме этого московского священника, за самоубийц разве никто не молится?

– А не знаю, право, как вам на это что доложить? Не следует, говорят, будто бы за них бога просить, потому что они самоуправцы, а впрочем, может быть, иные, сего не понимая, и о них молятся. На троицу, не то на духов день[6], однако, кажется даже всем позволено за них молиться. Тогда и молитвы такие особенные читаются. Чудесные молитвы, чувствительные; кажется, всегда бы их слушал.

– А их нельзя разве читать в другие дни?

– Не знаю-с. Об этом надо спросить у кого-нибудь из начитанных: те, думается, должны бы знать; да как мне это ни к чему, так и не доводилось об этом говорить.

– А в служении вы не замечали, чтобы эти молитвы когда-нибудь повторялись?

– Нет-с, не замечал; да и вы, впрочем, на мои слова в этом не полагайтесь, потому что я ведь у службы редко бываю.

– Отчего же это?

– Занятия мои мне не позволяют.

– Вы иеромонах или иеродиакон?

– Нет, я еще просто в рясофоре.

– Все же, ведь уже это значит, вы инок?

– Н... да-с; вообще это так почитают.

– Почитать-то почитают, – отозвался на это купец, – но только из рясофора-то еще можно и в солдаты лоб забрить.

Богатырь-чернозизец нимало этим замечанием не обиделся, а только пораздумал немножко и отвечал:

---

[6] Духов день – праздник сошествия святого духа; воскресный день – троица, понедельник – духов день.

5

— Да, можно, и, говорят, бывали такие случаи; но только я уже стар: пятьдесят третий год живу, да и мне военная служба не в диковину.

— Разве вы служили в военной службе?

— Служил-с.

— Что же, ты из ундеров, что ли? — снова спросил его купец.

— Нет, не из ундеров.

— Так кто же: солдат, или вахтер, или помазок — чей возок?

— Нет, не угадали; но только я настоящий военный, при полковых делах был почти с самого детства.

— Значит, кантонист?[7]— сердясь, добивался купец.

— Опять же нет.

— Так прах же тебя разберет, кто же ты такой?

— Я конэсер.

— Что-о-о тако-о-е?

— Я конэсер-с, конэсер, или, как простонароднее выразить, я в лошадях знаток и при ремонтерах состоял для их руководствования.

— Вот как!

— Да-с, не одну тысячу коней отобрал и отъездил. Таких зверей отучал, каковые, например, бывают, что встает на дыбы да со всего духу навзничь бросается и сейчас седоку седельною лукою может грудь проломить, а со мной этого ни одна не могла.

— Как же вы таких усмиряли?

— Я... я очень просто, потому что я к этому от природы своей особенное дарование получил. Я как вскочу, сейчас, бывало, не дам лошади опомниться, левою рукою ее со всей силы за ухо да в сторону, а правою кулаком между ушей по башке, да зубами страшно на нее заскриплю, так у нее у иной даже инда мозг изо лба в ноздрях вместе с кровью покажется, — она и усмиреет.

— Ну, а потом?

— Потом сойдешь, огладишь, дашь ей в глаза себе налюбоваться, чтобы в памяти у нее хорошее воображение осталось, да потом сядешь опять и поедешь.

— И лошадь после этого смирно идет?

— Смирно пойдет, потому лошадь умна, она чувствует, какой человек с ней обращается и каких он насчет ее мыслей. Меня, например, лошадь в этом рассуждении всякая любила и чувствовала. В Москве, в манеже, один конь был, совсем у всех наездников от рук отбился и изучил, профан, такую манеру, чтобы за колени седока есть. Просто, как черт, схватит зубищами, так всю коленную чашку и вышелушит. От него много людей

---

[7] Кантонисты – потомственные солдаты, дети военных, обязанные по своему происхождению служить в армии.

погибло. Тогда в Москву англичанин Рарей[8] приезжал, – "бешеный усмиритель" он назывался, – так она, эта подлая лошадь, даже и его чуть не съела, а в позор она его все-таки привела; но он тем от нее только и уцелел, что, говорят, стальной наколенник имел, так что она его хотя и ела за ногу, но не могла прокусить и сбросила; а то бы ему смерть; а я ее направил как должно.

– Расскажите, пожалуйста, как же вы это сделали?

– С божиею помощию-с, потому что, повторяю вам, я к этому дар имею. Мистер Рарей этот, что называется "бешеный укротитель", и прочие, которые за этого коня брались, все искусство противу его злобности в поводах держали, чтобы не допустить ему ни на ту, ни на другую сторону башкой мотнуть: а я совсем противное тому средство изобрел; я, как только англичанин Рарей от этой лошади отказался, говорю: "Ничего, – говорю, – это самое пустое, потому что этот конь ничего больше, как бесом одержим. Англичанин этого не может постичь, а я постигну и помогу". Начальство согласилось. Тогда я говорю: "Выведите его за Дрогомиловскую заставу!" Вывели. Хорошо-с; свели мы его в поводьях в лощину к Филям, где летом господа на дачах живут. Я вижу: тут место просторное и удобное, и давай действовать. Сел на него, на этого людоеда, без рубахи, босой, в однех шароварах да в картузе, а по голому телу имел тесменный поясок от святого храброго князя Всеволода-Гавриила[9] из Новгорода, которого я за молодечество его сильно уважал и в него верил; а на том пояске его надпись заткана: "Чести моей никому не отдам". В руках же у меня не было никакого особого инструмента, как опричь в одной – крепкая татарская нагайка с свинцовым головком, в конце так не более яко в два фунта, а в другой – простой муравный[10] горшок с жидким тестом. Ну-с, уселся я, а четверо человек тому коню морду поводьями в разные стороны тащат, чтобы он на которого-нибудь из них зубом не кинулся. А он, бес, видя, что на него ополчаемся, и ржет, и визжит, и потеет, и весь от злости трусится, сожрать меня хочет. Я это вижу и велю конюхам: "Тащите, – говорю, – скорее с него, мерзавца, узду долой". Те ушам не верят, что я им такое даю приказание, и глаза выпучили. Я говорю: "Что же вы стоите! или не слышите? Что я вам приказываю – вы то сейчас исполнять должны!" А они отвечают: "Что ты, Иван Северьяныч (меня в миру Иван Северьяныч, господин Флягин, звали): как, – говорят, – это можно, что ты велишь узду снять?" Я на них сердиться начал, потому что наблюдаю и чувствую в ногах, как конь от

---

[8]   Рарей Джон (1827-1866) – американский дрессировщик лошадей.

[9]   Всеволод Мстиславич (Гавриил) – Новгородский князь, причисленный к лику святых. Умер в 1137 году.

[10] . Муравный – покрытый глазурью, стекловидной оболочкой.

7

ярости бесится, и его хорошенько подавил в коленях, а им кричу: "Снимай!" Они было еще слово; но тут уже и я совсем рассвирепел да как заскриплю зубами – они сейчас в одно мгновение узду сдернули, да сами, кто куда видит, бросились бежать, а я ему в ту же минуту сейчас первое, чего он не ожидал, трах горшок об лоб: горшок разбил, а тесто ему и потекло и в глаза и в ноздри. Он испугался, думает: "Что это такое?" А я скорее схватил с головы картуз в левую руку и прямо им коню еще больше на глаза теста натираю, а нагайкой его по боку щелк... Он ек да вперед, а я его картузом по глазам тру, чтобы ему совсем зрение в глазах замутить, а нагайкой еще по другому боку... Да и пошел, да и пошел его парить. Не даю ему ни продохнуть, ни проглянуть, все ему своим картузом по морде тесто размазываю, слеплю, зубным скрежетом в трепет привожу, пугаю, а по бокам с обеих сторон нагайкой деру, чтобы понимал, что это не шутка... Он это понял и не стал на одном месте упорствовать, а ударился меня носить. Носил он меня, сердечный, носил, а я его порол да порол, так что чем он усерднее носится, тем и я для него еще ревностнее плетью стараюсь, и, наконец, оба мы от этой работы стали уставать: у меня плечо ломит и рука не поднимается, да и он, смотрю, уже перестал коситься и язык изо рта вон посунул. Ну, тут я вижу, что он пардону просит, поскорее с него сошел, протер ему глаза, взял за вихор и говорю: "Стой, собачье мясо, песья снедь!" да как дерну его книзу – он на колени передо мною и пал, и с той поры такой скромник сделался, что лучше требовать не надо: и садиться давался и ездил, но только скоро издох.

– Издох однако?

– Издох-с; гордая очень тварь был, поведением смирился, но характера своего, видно, не мог преодолеть. А господин Рарей меня тогда, об этом прослышав, к себе в службу приглашал.

– Что же, вы служили у него?

– Нет-с.

– Отчего же?

– Да как вам сказать! Первое дело, что я ведь был конэсер и больше к этой части привык – для выбора, а не для отъездки, а ему нужно было только для одного бешеного усмирительства, а второе, что это с его стороны, как я полагаю, была одна коварная хитрость.

– Какая же?

– Хотел у меня секрет взять.

– А вы бы ему продали?

– Да, я бы продал.

– Так за чем же дело стало?

– Так... он сам меня, должно быть, испугался.

– Расскажите, сделайте милость, что это еще за история?

– Никакой-с особенной истории не было, а только он говорит:

8

"Открой мне, братец, твой секрет – я тебе большие деньги дам и к себе в конэсеры возьму". Но как я никогда не мог никого обманывать, то и отвечаю: "Какой же секрет? – это глупость". А он все с аглицкой, ученой точки берет и не поверил; говорит: "Ну, если ты не хочешь так, в своем виде, открыть, то давай с тобою вместе ром пить". После этого мы пили вдвоем с ним очень много рому, до того, что он раскраснелся и говорит, как умел: "Ну, теперь, мол, открывай, что ты с конем делал?" А я отвечаю: "Вот что..." – да глянул на него как можно пострашнее и зубами заскрипел, а как горшка с тестом на ту пору при себе не имел, то взял да для примеру стаканом на него размахнул, а он вдруг, это видя, как нырнет – и спустился под стол, да потом как шаркнет к двери, да и был таков, и негде его стало и искать. Так с тех пор мы с ним уже и не видались.

– Поэтому вы к нему и не поступили?

– Поэтому-с. Да и как же поступить, когда он с тех пор даже встретить меня опасался? А я бы очень к нему тогда хотел, потому что он мне, пока мы с ним на роме на этом состязались, очень понравился, но, верно, своего пути не обежишь, и надо было другому призванию следовать.

– А вы что же почитаете своим призванием?

– А не знаю, право, как вам сказать... Я ведь много что происходил, мне довелось быть-с и на конях, и под конями, и в плену был, и воевал, и сам людей бил, и меня увечили, так что, может быть, не всякий бы вынес.

– А когда же вы в монастырь пошли?

– Это недавно-с, всего несколько лет после всей прошедшей моей жизни.

– И тоже призвание к этому почувствовали?

– М... н... н... не знаю, как это объяснить... впрочем, надо полагать, что имел-с.

– Почему же вы это так... как будто не наверное говорите?

– Да потому, что как же наверное сказать, когда я всей моей обширной протекшей жизненности даже обнять не могу?

– Это отчего?

– Оттого-с, что я многое даже не своею волею делал.

– А чьею же?

– По родительскому обещанию.

– И что же такое с вами происходило но родительскому обещанию?

– Всю жизнь свою я погибал, и никак не мог погибнуть.

– Будто так?

– Именно так-с.

– Расскажите же нам, пожалуйста, вашу жизнь.

– Отчего же, что вспомню, то, извольте, могу рассказать, но только я иначе не могу-с, как с самого первоначала.

– Сделайте одолжение. Это тем интереснее будет.

9

– Ну уж не знаю-с, будет ли это сколько-нибудь интересно, а извольте слушать.

2

Бывший конэсер Иван Северьяныч, господин Флягин, начал свою повесть так:

– Я родился в крепостном звании и происхожу из дворовых людей графа К[11]. из Орловской губернии. Теперь эти имения при молодых господах расплылись, но при старом графе были очень значительные. В селе Г., где сам граф изволил жить, был огромный, великий домина, флигеля для приезду, театр, особая кегельная галерея, псарня, живые медведи на столбу сидели, сады, свои певчие концерты пели, свои актеры всякие сцены представляли; были свои ткацкие, и всякие свои мастерства содержались; но более всего обращалось внимания на конный завод. Ко всякому делу были приставлены особые люди, но конюшенная часть была еще в особом внимании, и все равно как в военной службе от солдата в прежние времена кантонист происходил, чтобы сражаться, так и у нас от кучера шел кучеренок, чтобы ездить, от конюха – конюшонок, чтобы за лошадьми ходить, а от кормового мужика – кормовик, чтобы с гумна на ворки[12] корм возить. Мой родитель был кучер Северьян, и хотя приходился он не из самых первых кучеров, потому что у нас их было большое множество, но, однако, он шестериком правил и в царский проезд один раз в седьмом номере был и старинною синею ассигнацею[13] жалован. От родительницы своей я в самом юном сиротстве остался и ее не помню, потому как я был у нее молитвенный сын, значит, она, долго детей не имея, меня себе у бога все выпрашивала и как выпросила, так сейчас же, меня породивши, и умерла, оттого что я произошел на свет с необыкновенною большою головою, так что меня поэтому и звали не Иван Флягин, а просто Голован. Живучи при отце на кучерском дворе, всю жизнь свою я проводил на конюшне, и тут я постиг тайну познания в животном и, можно сказать, возлюбил коня, потому что маленьким еще на четвереньках я у лошадей промеж ног полозил, и они меня не увечили, а подрос, так и совсем с ними спознался. Завод у нас был отдельно, конюшни – отдельно, и мы, конюшенные люди, до завода не касались, а

---

[11] Граф К. – Имеется в виду С. М. Каменский (1771-1835), известный своим деспотизмом помещик.

[12] Ворок (ворки) – загон, скотный двор.

[13] Денежная бумажная купюра пятирублевого достоинства.

получали оттуда готовых воспитомков и обучали их. У нас у всякого кучера с форейтором были шестерики, и все разных сортов: вятки, казанки, калмыки, битюцкие, донские – все это были из приводных коней, которые по ярмаркам покупались, а то, разумеется, больше было своих, заводских, но про этих говорить не стоит, потому что заводские кони смирные и ни сильного характера, ни фантазии веселой не имеют, а вот эти дикари, это ужасные были звери. Покупает их, бывало, граф прямо целыми косяками, как есть весь табун, дешево, рублей по восьми, по десяти за голову, ну и как скоро мы их домой пригоним, сейчас начинаем их школить. Ужасно противляются. Половина даже, бывало, подохнет, а воспитанию не поддаются: стоят на дворе – все дивятся и даже от стен шарахаются, а все только на небо, как птицы, глазами косят. Даже инда жалость, глядя на иного, возьмет, потому что видишь, что вот так бы он, кажется, сердечный, и улетел, да крылышек у него нет... И овса или воды из корыта ни за что поперводачалу ни пить, ни есть не станет, и так все сохнет, сохнет, пока изведется совсем и околеет. Иногда этой траты бывает более как на половину того, что купим, а особенно из киргизских. Ужасно они степную волю любят. Ну зато которые оборкаются и останутся жить, из тех тоже немалое число, учивши, покалечить придется, потому что на их дикость одно средство – строгость, но зато уже которые все это воспитание и науку вынесут, так из этих такая отборность выходит, что никогда с ними никакой заводской лошади не сравниться по ездовой добродетели.

Родитель мой, Северьян Иваныч, правил киргизским шестериком, а когда я подрос, так меня к нему в этот же шестерик форейтором посадили. Лошади были жестокие, не то что нынешние какие-нибудь кавалерийские, что для офицеров берут. Мы этих офицерских кофишенками звали, потому что на них нет никакого удовольствия ехать, так как на них офицеры даже могут сидеть, а те были просто зверь, аспид и василиск, все вместе: морды эти одет; чего стоили, или оскал, либо ножищи, или гривье... ну то есть, просто сказать, ужасть! Устали они никогда не знали; не только что восемьдесят, а даже и сто и сто пятнадцать верст из деревни до Орла или назад домой таким же манером, это им, бывало, без отдыха нипочем сделать. Как разнесутся, так только гляди, чтобы мимо не пролетели. А мне в ту пору, как я на форейторскую подседельную сел, было еще всего одиннадцать лет, и голос у меня был настоящий такой, как по тогдашнему приличию для дворянских форейторов требовалось: самый пронзительный, звонкий и до того продолжительный, что я мог это "ддди-ди-и-и-ттт-ы-о-о" завести и полчаса этак звенеть; но в теле своем силами я еще не могуч был, так что дальние пути не мог свободно верхом переносить, и меня еще приседлывали к лошади, то есть к седлу и к подпругам, ко всему ремнями умотают и сделают так, что упасть нельзя. Расколотит насмерть, и даже не один раз сомлеешь и чувства потеряешь, а все в своей позиции верхом едешь, и опять, наскучив мотаться, в себя придешь. Должность нелегкая; за дорогу, бывало, несколько раз такие перемены происходят, то слабеешь, то исправишься, а дома от седла совсем уже как неживого отрешат, положат и станут давать хрен нюхать; ну, а потом привык, и все это нипочем сделалось; еще, бывало, едешь да все норовишь какого-нибудь встречного мужика кнутом по рубахе вытянуть. Это форейторское озорство уже известно. Вот этак мы раз и едем с графом в гости. Погода летняя, прекрасная, и граф сидят с собакою в открытой коляске, батюшка четверней правит, а я впереди задуваю, а дорога тут с большака свертывает, и идет особый поворот верст на пятнадцать к монастырю, который называется П... пустынь[14]. Дорожку эту монахи справили, чтобы заманчивее к ним ездить было: преестественно, там; на казенной дороге, нечисть и ракиты, одни корявые прутья торчат; а у монахов к пустыни дорожка в чистоте, разметена вся, и подчищена, и по краям саженными березами обросла, и от тех берез такая зелень и дух, а вдаль полевой вид обширный... Словом сказать – столь хорошо, что вот так бы при всем этом и вскрикнул, а кричать, разумеется, без пути нельзя, так к держусь, скачу; но только вдруг на третьей или четвертой версте, не доезжая монастыря, стало этак клонить под взволочек, и вдруг я завидел тут впереди себя малую точку... что-то ползет по дороге, как ежик. Я обрадовался этому случаю и изо всей силы затянул "дддд-и-и-и-т-т-т-ы-о-о", и с версту все это звучал, и до того разгорелся, что как стали мы нагонять парный воз, на кого я кричал-то, я и стал в стременах подниматься и вижу, что человек лежит на сене на возу, и как его, верно, приятно на свежем поветрии солнышком пригрело, то он, ничего не опасаяся, крепко-прекрепко спит, так сладко вверх спиною раскинулся и даже руки врозь разложил, точно воз обнимает. Я вижу, что уже он не свернет, взял в сторону, да, поравнявшись с ним, стоя на стременах, впервые тогда заскрипел зубами да как полену его во всю мочь вдоль спины кнутом. Его лошади как подхватят с возом под гору, а он сразу как взметнется, старенький этакой, вот в таком, как я ноне, в послушничьем колпачке, и лицо какое-то такое жалкое, как у старой бабы, да весь перепуганный, и слезы текут, и ну виться на сене, словно пескарь на сковороде, да вдруг не разобрал, верно, спросонья, где край, да кувырк с воза под колесо и в пыли-то и пополз... в вожжи ногами замотался... Мне, и отцу моему, да и самому графу сначала это смешно показалось, как он кувыркнулся, а тут вижу я, что лошади внизу, у моста, зацепили колесом за надолбу и стали, а он не поднимается

12

и не ворочается... Ближе подъехали, я гляжу, он весь серый, в пыли, и на лице даже носа не значится, а только трещина, и из нее кровь... Граф велели остановиться, сошли, посмотрели и говорят: "Убит". Погрозились мне дома за это выпороть и велели скорей в монастырь ехать. Оттуда людей послали на мост, а граф там с игуменом переговорили, и по осени от нас туда в дары целый обоз пошел с овсом, и с мукою, и с сушеными карасями, а меня отец кнутом в монастыре за сараем по штанам продрал, но настяще пороть не стали, потому что мне, по моей должности, сейчас опять верхом надо было садиться. Тем это дело и кончилось, но в эту же самую ночь приходит ко мне в видении этот монах, которого я засек, и опять, как баба, плачет. Я говорю:

"Чего тебе от меня надо? пошел прочь!"

А он отвечает:

"Ты, – говорит, – меня без покаяния жизни решил".

"Ну, мало чего нет, – отвечаю. – Что же мне теперь с тобой делать? Ведь я это не нарочно. Да и чем, – говорю, – тебе теперь худо? Умер ты, и все кончено".

"Кончено-то, – говорит, – это действительно так, и я тебе очень за это благодарен, а теперь я пришел от твоей родной матери сказать тебе, что знаешь ли ты, что ты у нее моленый сын?"

"Как же, – говорю, – слышал я про это, бабушка Федосья мне про это не раз сказывала".

"А знаешь ли, – говорит, – ты еще и то, что ты сын обещанный?"

"Как это так?"

"А так, – говорит, – что ты богу обещан".

"Кто же меня ему обещал?"

"Мать твоя".

"Ну так пускай же, – говорю, – она сама придет мне про это скажет, а то ты, может быть, это выдумал".

"Нет, я, – говорит, – не выдумывал, а ей прийти нельзя".

"Почему?"

"Так, – говорит, – потому, что у нас здесь не то, что у вас на земле: здешние не все говорят и не все ходят, а кто чем одарен, тот то и делает. А если ты хочешь, – говорит, – так я тебе дам знамение в удостоверение".

"Хочу, – отвечаю, – только какое же знамение?"

"А вот, – говорит, – тебе знамение, что будешь ты много раз погибать и ни разу не погибнешь, пока придет твоя настоящая погибель, и ты тогда вспомнишь материно обещание за тебя и пойдешь в чернецы".

"Чудесно, – отвечаю, – согласен и ожидаю".

Он и скрылся, а я проснулся и про все это позабыл и не чаю того, что все эти погибели сейчас по ряду и начнутся. Но только через некоторое время поехали мы с графом и с графинею в Воронеж, – к новоявленным

13

мощам[15] маленькую графиньку косолапую на исцеление туда везли, – и остановились в Елецком уезде, в селе Крутом, лошадей кормить, я и опять под колодой уснул, и вижу – опять идет тот монашек, которого я решил, и говорит:

"Слушай, Голованька, мне тебя жаль, просись скорей у господ в монастырь – они тебя пустят".

Я отвечаю:

"Это с какой стати?"

А он говорит:

"Ну, гляди, сколько ты иначе зла претерпишь".

Думаю, ладно; надо тебе что-нибудь каркать, когда я тебя убил, и с этим встал, запряг с отцом лошадей, и выезжаем, а гора здесь прекрутая-крутищая, и сбоку обрыв, в котором тогда невесть что народу погибало. Граф и говорит:

"Смотри, Голован, осторожнее".

А я на это ловок был, и хоть вожжи от дышловых, которым надо спускать, в руках у кучера, но я много умел отцу помогать. У него дышловики были сильные и опористые: могли так спускать, что просто хвостом на землю садились, но один из них, подлец, с астрономией был – как только его сильно потянешь, он сейчас голову кверху дерет и прах его знает куда на небо созерцает. Эти астрономы в корню – нет их хуже, а особенно в дышле они самые опасные, за конем с такою повадкою форейтор завсегда смотри, потому что астроном сам не зрит, как тычет ногами, и невесть куда попадает. Все это я, разумеется, за своим астрономом знал и всегда помогал отцу: своих подседельную и подручную, бывало, на левом локте поводами держу и так их ставлю, что они хвостами дышловым в самую морду приходятся, а дышло у них промежу крупов, а у самого у меня кнут всегда наготове, у астронома перед глазами, и чуть вижу, что он уже очень в небо полез, я его по храпе, и он сейчас морду спустит, и отлично съедем. Так и на этот раз: спускаем экипаж, и я верчусь, знаете, перед дышлом и кнутом астронома остепеняю, как вдруг вижу, что уж он ни отцовых вожжей, ни моего кнута не чует, весь рот в крови от удилов и глаза выворотил, а сам я вдруг слышу, сзади что-то заскрипело, да хлоп, и весь экипаж сразу так и посунулся... Тормоз лопнул! Я кричу отцу: "Держи! держи!" И он сам орет: "Держи! держи!" А уж чего держать, когда весь шестерик как прокаженные несутся и сами ничего не видят, а перед глазами у меня вдруг что-то стрекнуло, и смотрю, отец с козел долой летит... вожжа оборвалась... А впереди та страшная пропасть... Не знаю, жалко ли мне

---

[15] Речь идет о "мощах" первого воронежского епископа Митрофания, "открытие" которых произошло в 1832 году.

господ или себя стало, но только я, видя неминуемую гибель, с подседельной бросился прямо на дышло и на конце повис... Не знаю опять, сколько тогда во мне весу было, но только на перевесе ведь это очень тяжело весит, и я дышловиков так сдушил, что они захрипели и... гляжу, уже моих передовых нет, как отрезало их, а я вишу над самою пропастью, а экипаж стоит и уперся в коренных, которых я дышлом подавил.

Тут только я опомнился и пришел в страх, и руки у меня оторвались, и я полетел и ничего уже не помню. Очнулся я тоже не знаю через сколько времени и вижу, что я в какой-то избе и здоровый мужик говорит мне:

"Ну что, неужели ты, малый, жив?"

Я отвечаю:

"Должно быть, жив".

"А помнишь ли, – говорит, – что с тобою было?"

Я стал припоминать и вспомнил, как нас лошади понесли и я на конец дышла бросился и повис над ямищей; а что дальше было – не знаю.

А мужик и улыбается:

"Да и где же, – говорит, – тебе это знать. Туда, в пропасть, и кони-то твои передовые заживо не долетели – расшиблись, а тебя это словно какая невидимая сила спасла: как на глиняну глыбу сорвался, упал, так на ней вниз как на салазках и скатился. Думали, мертвый совсем, а глядим – ты дышишь, только воздухом дух оморило. Ну, а теперь, – говорит, – если можешь, вставай, поспешай скорее к угоднику: граф деньги оставил, чтобы тебя, если умрешь, схоронить, а если жив будешь, к нему в Воронеж привезть".

Я и поехал, но только всю дорогу ничего не говорил, а слушал, как этот мужик, который меня вез, все на гармонии "барыню" играл.

Как мы приехали в Воронеж, граф призвал меня в комнаты и говорит графинюшке:

"Вот, – говорит, – мы, графинюшка, этому мальчишке спасением своей жизни обязаны".

Графиня только головою закачала, а граф говорит:

"Проси у меня, Голован, что хочешь, – я все тебе сделаю".

Я говорю:

"Я не знаю, чего просить!"

А он говорит:

"Ну, чего тебе хочется?"

А я думал-думал да говорю:

"Гармонию".

Граф засмеялся и говорит:

"Ну, ты взаправду дурак, а впрочем, это само собою, я сам, когда придет время, про тебя вспомню, а гармонию, – говорит, – ему сейчас же купить".

Лакей сходил в лавки и приносит мне на конюшню гармонию.

"На, – говорит, – играй".

Я было ее взял и стал играть, но только вижу, что ничего не умею, и сейчас ее бросил, а потом ее у меня странницы на другой день из-под сарая и украли.

Мне надо было бы этим случаем графской милости пользоваться да тогда же, как монах советовал, в монастырь проситься; а я, сам не знаю зачем, себе гармонию выпросил, и тем первое самое призвание опроверг, и оттого пошел от одной стражбы к другой, все более и более претерпевая, но нигде не погни, пока все мне монахом в видении предреченное в настоящем житейском исполнении оправдалось за мое недоверие.

3

– Не успел я, по сем облагодетельствовании своих господ, вернуться с ними домой на новых лошадях, коих мы в Воронеже опять шестерик собрали, как прилучилось мне завести у себя в конюшне на полочке хохлатых голубей – голубя и голубочку. Голубь был глинистого пера, а голубочка беленькая и такая красноногенькая, прехорошенькая!.. Очень они мне нравились: особенно, бывало, когда голубь ночью воркует, так это приятно слушать, а днем они между лошадей летают и в ясли садятся, корм клюют и сами с собою целуются... Утешно на все на это молодому ребенку смотреть.

И пошли у них после этого целования дети; одну пару вывели, и опять эти растут, а они целовались-целовались, да и опять на яички сели и еще вывели... Маленькие такие это голубяточки, точно в шерсти, а пера нет, и желтые, как бывают ядрышки на траве, что зовут "кошачьи просвирки", а носы притом хуже, как у черкесских князей, здоровенные... Стал я их, этих голубяток, разглядывать и, чтобы их не помять, взял одного за носик и смотрел, смотрел на него и засмотрелся, какой он нежный, а голубь его у меня все отбивает. Я с ним и забавлялся – все его этим голубенком дразню; да потом как стал пичужку назад в гнездо класть, а он уже и не дышит. Этакая досада; я его и в горстях-то грел и дышал на него, все оживить хотел; нет, пропал да и полно! Я рассердился, взял да и вышвырнул его вон за окно. Ну ничего; другой в гнезде остался, а этого дохлого, откуда ни возьмись, белая кошка какая-то мимо бежала, и подхватила, и помчала. И я ее, эту кошку, еще хорошо заметил, что она вся белая, а на лобочке, как шапочка, черное пятнышко. Ну да думаю себе, прах с ней – пусть она мертвого ест. Но только ночью я сплю и вдруг слышу, на полочке над моей кроватью голубь с кем-то сердито бьется. Я вскочил и гляжу, а ночь лунная, и мне видно, что это опять та же кошечка белая уже другого, живого моего голубенка тащит.

"Ну, – думаю, – нет, зачем же, мол, это так делать?" – да вдогонку за нею и швырнул сапогом, но только не попал, – так она моего голубенка унесла и, верно, где-нибудь съела. Осиротели мои голубки, но недолго поскучали и начали опять целоваться, и опять у них парка детей готовы, а та проклятая кошка опять как тут... Лихо ее знает, как это она все это наблюдала, но только гляжу я, один раз она среди белого дня опять голубенка волочит, да так ловко, что мне и швырнуть-то за ней нечем было. Но зато же я решился ее пробрать и настроил в окне такой силок, что чуть она ночью морду показала, тут ее сейчас и прихлопнуло, и она сидит и жалится, мяучит. Я ее сейчас из силка вынул, воткнул ее мордою и передними лапами в голенище, в сапог, чтобы она не царапалась, а задние лапки вместе с хвостом забрал в левую руку, в рукавицу, а в правую кнут со стены снял, да и пошел ее на своей кровати учить. Кнутов, я думаю, сотни полторы я ей закатил, и то изо всей силы, до того, что она даже и биться перестала. Тогда я ее из сапога вынул и думаю: издохла или не издохла? Сем, думаю, испробовать, жива она или нет? и положил я ее на порог да топориком хвост ей и отсек: она этак "мяя", вся вздрогнула и перекрутилась раз десять, да и побежала.

"Хорошо, – думаю, – теперь ты сюда небось в другой раз на моих голубят не пойдешь"; а чтобы ей еще страшнее было, так я наутро взял да и хвост ее, который отсек, гвоздиком у себя над окном снаружи приколотил и очень этим был доволен. Но только так через час или не более как через два, смотрю, вбегает графинина горничная, которая отроду у нас на конюшне никогда не была, и держит над собой в руке зонтик, а сама кричит:

"Ага, ага! вот это кто! вот это кто!"

Я говорю:

"Что такое?"

"Это ты, – говорит, – Зозиньку изувечил? Признавайся: это ведь у тебя ее хвостик над окном приколочен?"

Я говорю:

"Ну так что же такое за важность, что хвостик приколочен?"

"А как же ты, – говорит, – это смел?"

"А она, мол, как смела моих голубят есть?"

"Ну, важное дело твои голубята!"

"Да и кошка, мол, тоже небольшая барыня".

Я уже, знаете, на возрасте-то поругиваться стал.

"Что, – говорю, – за штука такая кошка".

17

А та стрекоза:

"Как ты эдак смеешь говорить: ты разве не знаешь, что это моя кошка и ее сама графиня ласкала", – да с этим ручкою хвать меня по щеке, а я, как сам тоже с детства был скор на руку, долго не думая, схватил от дверей грязную метлу, да ее метлою по талии...

Боже мой, что тут поднялось! Повели меня в контору к немцу-управителю судить, и он рассудил, чтобы меня как можно жесточе выпороть и потом с конюшни долой и в аглицкий сад для дорожки молотком камешки бить... Отодрали меня ужасно жестоко, даже подняться я не мог, и к отцу на рогожке снесли, но это бы мне ничего, а вот последнее осуждение, чтобы стоять на коленях да камешки бить... это уже домучило меня до того, что я думал-думал, как себе помочь, и решился с своею жизнью докончить. Припас я себе крепкую сахарную веревочку, у лакейчонка ее выпросил, и пошел вечером выкупался, а оттудова в осиновый лесок за огуменником, стал на колены, помолился за вся християны, привязал ту веревочку за сук, затравил петлю и всунул в нее голову. Осталося скакнуть, да и вся б недолга была... Я бы все это от своего характера пресвободно и исполнил, но только что размахнулся да соскочил с сука и повис, как, гляжу, уже я на земле лежу, а передо мною стоит цыган с ножом и смеется – белые-пребелые зубы, да так ночью середь черной морды и сверкают.

"Что это, – говорит, – ты, батрак, делаешь?"

"А тебе, мол, что до меня за надобность?"

"Или, – пристает, – тебе жить худо?"

"Видно, – говорю, – не сахарно".

"Так чем своей рукой вешаться, пойдем, – говорит, – лучше с нами жить, авось иначе повиснешь".

"А вы кто такие и чем живете? Вы ведь небось воры?"

"Воры, – говорит, – мы и воры и мошенники".

"Да; вот видишь, – говорю, – а при случае, мол, вы, пожалуй, небось и людей режете?"

"Случается, – говорит, – и это действуем".

Я подумал-подумал, что тут делать: дома завтра и послезавтра опять все то же самое, стой на дорожке на коленях да тюп да тюп молоточком камешки бей, а у меня от этого рукомесла уже на коленках наросты пошли и в ушах одно слышание было, как надо мною все насмехаются, что осудил меня вражий немец за кошкин хвост целую гору камня перемусорить. Смеются все. "А еще, – говорят, – спаситель называешься: господам жизнь спас". Просто терпения моего не стало, и, взгадав все это, что если не удавиться, то опять к тому же надо вернуться, махнул я рукою, заплакал и пошел в разбойники.

18

4

– Тут этот хитрый цыган не дал мне опомниться и говорит:

"Чтоб я, – говорит, – тебе поверил, что ты назад не уйдешь, ты должен мне сейчас из барской конюшни пару коней вывести, да бери коней таких, самых наилучших, чтобы мы на них до утра далеко могли ускакать".

Я закручинился: страсть как мне не хотелось воровать; однако, видно, назвавшись груздем, полезешь и в кузов; и я, знавши в конюшни все ходы и выходы, без труда вывел за гумно пару лихих коней, кои совсем устали не ведали, а цыган еще до того сейчас достал из кармана на шнурочке волчьи зубы и повесил их и одному и другому коню на шеи, и мы с цыганом сели на них и поехали. Лошади, чуя на себе волчью кость, так неслись, что и сказать нельзя, и мы на них к утру стали за сто верст под городом Карачевом. Тут мы этих коней враз продали какому-то дворнику, взяли деньги и пришли к одной речке и стали делиться. За коней мы взяли триста рублей, разумеется по-тогдашнему, на ассигнацию[16], а цыган мне дает всего один серебряный целковый и говорит:

"Вот тебе твоя доля".

Мне это обидно показалось.

"Как, – говорю, – я же тех лошадей крал и за то больше тебя пострадать мог, а за что же моя доля такая маленькая?"

"Потому, – отвечает, – что такая выросла".

"Это, – говорю, – глупости: почему же ты себе много берешь?"

"А опять, – говорит, – потому, что я мастер, а ты еще ученик".

"Что, – говорю, – ученик, – ты это все врешь"! Да и пошло у нас с ним слово за слово, и оба мы поругались. А наконец я говорю:

"Я с тобою не хочу дальше идти, потому что ты подлец".

А он отвечает:

"И отстань, брат, Христа ради, потому что ты беспачпортный, еще с тобою спутаешься".

Так мы и разошлись, и я было пошел к заседателю, чтобы объявиться, что я сбеглый, но только рассказал я эту свою историю его писарю, а тот мне и говорит:

"Дурак ты, дурак: на что тебе объявляться; есть у тебя десять рублей?"

"Нет, – говорю, – у меня один целковый есть, а десяти рублей нету".

"Ну так, может быть, еще что-нибудь есть, может быть, серебряный крест на шее, или вон это что у тебя в ухе: серьга?"

"Да, – говорю, – это сережка".

---

[16] То есть на бумажные деньги, которые оценивались в 30-40-х годах XIX века двадцать семь копеек серебром за один рубль ассигнацией.

"Серебряная?"

"Серебряная, и крест, мол, тоже имею от Митрофания[17] серебряный".

"Ну, скидавай, – говорит, – их скорее и давай их мне, я тебе отпускной вид напишу, и уходи в Николаев, там много людей нужно, и страсть что туда от нас бродяг бежит".

Я ему отдал целковый, крест и сережку, а он мне вид написал и заседателеву печать приложил и говорит:

"Вот за печать с тебя надо бы прибавку, потому что я так со всех беру, но только уже жалею твою бедность и не хочу, чтобы моих рук виды не в совершенстве были. Ступай, – говорит, – и кому еще нужно – ко мне посылай".

"Ладно, – думаю, – хорош милостивец: крест с шеи снял, да еще и жалеет". Никого я к нему не посылал, а все только шел Христовым именем без грошика медного.

Прихожу в этот город и стал на торжок, чтобы наниматься. Народу наемного самая малость вышла – всего три человека, и тоже все, должно быть, точно такие, как я, полубродяжки, а нанимать выбежало много людей, и все так нас нарасхват и рвут, тот к себе, а этот на свою сторону. На меня напал один барин, огромный-преогромный, больше меня, и прямо всех от меня отпихнул и схватил меня за обе руки и поволок за собою: сам меня ведет, а сам других во все стороны кулаками расталкивает и преподло бранится, а у самого на глазах слезы. Привел он меня в домишко, невесть из чего наскоро сколоченный, и говорит:

"Скажи правду: ты ведь беглый?"

Я говорю:

"Беглый".

"Вор, – говорит, – или душегубец, или просто бродяга?"

Я отвечаю:

"На что вам это расспрашивать?"

"А чтобы лучше знать, к какой ты должности годен".

Я рассказал все, отчего я сбежал, а он вдруг кинулся меня целовать и говорит:

"Такого мне и надо, такого мне и надо! Ты, – говорит, – верно, если голубят жалел, так ты можешь мое дитя выходить: я тебя в няньки беру".

Я ужаснулся.

"Как, – говорю, – в няньки? я к этому обстоятельству совсем не сроден".

"Нет, это пустяки, – говорит, – пустяки: я вижу, что ты можешь быть нянькой; а то мне беда, потому что у меня жена с ремонтером отсюда с тоски сбежала и оставила мне грудную дочку, а мне ее кормить некогда и

---

[17] Крест, полученный в воронежском Митрофаниевском монастыре.

нечем, так ты ее мне выкормишь, а я тебе по два целковых в месяц стану жалованья платить".

"Помилуйте, – отвечаю, – тут не о двух целковых, а как я в этой должности справлюсь?"

"Пустяки, – говорит, – ведь ты русский человек? Русский человек со всем справится".

"Да, что же, мол, хоть я и русский, но ведь я мужчина, и чего нужно, чтобы грудное дитя воспитывать, тем не одарен".

"А я, – говорит, – на этот счет тебе в помощь у жида козу куплю: ты ее дои и тем молочком мою дочку воспитывай".

Я задумался и говорю:

"Конечно, мол, с козою отчего дитя не воспитать, но только все бы, – говорю, – кажется, вам женщину к этой должности лучше иметь".

"Нет, ты мне про женщин, пожалуйста, – отвечает, – не говори: из-за них-то тут все истории и поднимаются, да и брать их неоткуда, а ты если мое дитя нянчить не согласишься, так я сейчас казаков позову и велю тебя связать да в полицию, а оттуда по пересылке отправят. Выбирай теперь, что тебе лучше: опять у своего графа в саду на дорожке камни щелкать или мое дитя воспитывать?"

Я подумал: нет, уже назад не пойду, и согласился остаться в няньках. В тот же день мы купили у жида белую козу с козленочком. Козленочка я заколол, и мы его с моим барином в лапше съели, а козочку я подоил и ее молочком начал дитя поить. Дитя было маленькое и такое поганое, жалкое: все пищит. Барин мой, отец его, из полячков был чиновник и никогда, прохвостик, дома не сидел, а все бегал по своим товарищам в карты играть, а я один с этой моей воспитомкой, с девчурочкой, и страшно я стал к ней привыкать, потому что скука для меня была тут несносная, и я от нечего делать все с ней упражнялся. То положу дитя в корытце да хорошенько ее вымою, а если где на кожечке сыпка зацветет, я ее сейчас мучкой подсыплю; или головенку ей расчесываю, или на коленях качаю ее, либо, если дома очень соскучусь, суну ее за пазуху да пойду на лиман белье полоскать, – и коза-то и та к нам привыкла, бывало, за нами тоже гулять идет. Так я дожил до нового лета, и дитя мое подросло и стало дыбки стоять, но замечаю я, что у нее что-то ножки колесом идут. Я было на это барину показал, но он ничего на то не уважил и сказал только:

"Я, – говорит, – тут чем причинен? снеси ее лекарю, покажи: пусть посмотрит".

Я понес, а лекарь говорит:

"Это аглицкая болезнь, надо ее в песок сажать".

Я так и начал исполнять: выбрал на бережку лимана такое местечко, где песок есть, и как погожий теплый день, я заберу и козу и девочку и туда с ними удаляюсь. Разгребу руками теплый песочек и закопаю туда девочку по пояс и дам ей палочек играть и камушков, а коза наша вокруг нас ходит, травку щиплет, а я сижу, сижу, руками ноги обхвативши, и засну, и сплю.

По целым дням таким манером мы втроем одни проводили, и это мне лучше всего было от скуки, потому что скука, опять повторю, была ужасная, и особенно мне тут весною, как я стал девочку в песок закапывать, да над лиманом спать, пошли разные бестолковые сны. Как усну, а лиман рокочет, а со степи теплый ветер на меня несет, так точно с ним будто что-то плывет на меня чародейное, и нападает страшное мечтание: вижу какие-то степи, коней, и все меня будто кто-то зовет и куда-то манит: слышу, даже имя кричит: "Иван! Иван! иди, брат Иван!" Встрепенешься, инда вздрогнешь и плюнешь: тьфу, пропасти на вас нет, чего вы меня вскликались! оглянешься кругом: тоска; коза уже отойдет далеко, бродит, травку щипет, да дитя закопано в песке сидит, а больше ничего... Ух, как скучно! пустынь, солнце да лиман, и опять заснешь, а оно, это течение с поветрием, опять в душу лезет и кричит: "Иван! пойдем, брат Иван!" Даже выругаешься, скажешь: "Да покажись же ты, лихо тебя возьми, кто ты такой, что меня так зовешь?" И вот я так раз озлобился и сижу да гляжу вполсна за лиман, и оттоль как облачко легкое поднялось и плывет, и прямо на меня, думаю: тпру, куда ты, благое, еще вымочишь! Ан вдруг вижу: это надо мною стоит тот монах с бабьим лицом, которого я давно, форейтором бывши, кнутом засек. Я говорю: "Тпружи! пошел прочь!" А он этак ласково звенит: "Пойдем, Иван, брат, пойдем! тебе еще много надо терпеть, а потом достигнешь". Я его во сне выругал и говорю: "Куда я с тобой пойду и чего еще достигать буду". А он вдруг опять облаком сделался и сквозь себя показал мне и сам не знаю что: степь, люди такие дикие, сарацины, как вот бывают при сказках в Еруслане и в Бове Королевиче; в больших шапках лохматых и с стрелами, на страшных диких конях. И с этим, что вижу, послышались мне и гогот, и ржанье, и дикий смех, а потом вдруг вихорь... взмело песок тучею, и нет ничего, только где-то тонко колокол тихо звонит, и весь как алою зарею облитый большой белый монастырь по вершине показывается, а по стенам крылатые ангелы с золотыми копьями ходят, а вокруг море, и как который ангел по щиту копьем ударит, так сейчас вокруг всего монастыря море всколышется и заплещет, а из бездны страшные голоса вопиют: "Свят!"

"Ну, – думаю, – опять это мне про монашество пошло!" – и с досадою проснулся и в удивлении вижу, что над моею барышнею кто-то стоит на песку на коленях, самого нежного вида, и река рекой разливается-плачет.

Я долго на это смотрел, потому что все думал: не длится ли мне это видение, но потом вижу, что оно не исчезает, я и встал и подхожу: вижу –

дама девочку мою из песку выкопала, и схватила ее на руки, и целует, и плачет.

Я спрашиваю ее:

"Что надо?"

А она ко мне и бросилась и жмет дитя к груди, а сама шепчет:

"Это мое дитя, это дочь моя, это дочь моя!"

Я говорю:

"Ну так что же в этом такое?"

"Отдай, – говорит, – мне ее".

"С чего же ты это, – говорю, – взяла, что я ее тебе отдам?"

"Разве тебе, – плачет, – ее не жаль? видишь, как она ко мне жмется".

"Жаться, мол, она глупый ребенок – она тоже и ко мне жмется, а отдать я ее не отдам".

"Почему?"

"Потому, мол, что она мне на соблюдение поверена – вон и коза с нами ходит, а я дитя должен отцу приносить".

Она, эта барынька, начала плакать и руки ломать.

"Ну, хорошо, – говорит, – ну, не хочешь дитя мне отдать, так, по крайней мере, не сказывай, – говорит, – моему мужу, а твоему господину, что ты меня видел, и приходи завтра опять сюда на это самое место с ребенком, чтобы я его еще поласкать могла".

"Это, мол, другое дело, – это я обещаю и исполню".

И точно, я ничего про нее своему барину не сказал, а наутро взял козу и ребенка и пошел опять к лиману, а барыня уже ждет. Все в ямочке сидела, а как нас завидела, выскочила, и бегит, и плачет, и смеется, и в обеих ручках дитю игрушечки сует, и даже на козу на нашу колокольчик на красной суконке повесила, а мне трубку, и кисет с табаком, и расческу.

"Кури, – говорит, – пожалуйста, эту трубочку, а я буду дитя нянчить".

И таким манером пошли у нас тут над лиманом свидания: барыня все с дитем, а я сплю, а порой она мне начнет рассказывать, что она того... замуж в своем месте за моего барина насильно была выдана... злою мачехою и того... этого мужа своего она не того... говорит, никак не могла полюбить. А того... этого... другого-то, ремонтера-то... что ли... этого любит и жалуется, что против воли, говорит, своей я ему... предана. Потому муж мой, как сам, говорит, знаешь, неаккуратной жизни, а этот с этими... ну, как их?.. с усиками, что ли, прах его знает, и очень чисто, говорит, он завсегда одевается, и меня жалеет, но только же опять я, говорит, со всем с этим все-таки не могу быть счастлива, потому что мне и этого дитя жаль. А теперь мы, говорит, с ним сюда приехали и стоим здесь на квартире у одного у его товарища, но я живу под большим опасением, чтобы мой муж не узнал, и мы скоро уедем, и я опять о дите страдать буду.

23

"Ну что же, мол, делать: если ты, презрев закон и религию, свой обряд изменила, то должна и пострадать".

А она начнет плакать, и от одного дня раз от разу больше и жалостнее стала плакать, и мне жалобами докучает, и вдруг ни с того ни с сего стала все мне деньги сулить. И наконец пришла последний раз прощаться и говорит:

"Послушай, Иван (она уже имя мое знала), послушай, – говорит, – что я тебе скажу: нынче, – говорит, – он сам сюда к нам придет".

Я спрашиваю:

"Кто это такой?"

Она отвечает:

"Ремонтер".

Я говорю:

"Ну так что ж мне за причина?"

А она повествует, что будто он сею ночью страсть как много денег в карты выиграл и сказал, что хочет ей в удовольствие мне тысячу рублей дать за то, чтобы я то есть ей ее дочку отдал.

"Ну, уж вот этого, – говорю, – никогда не будет".

"Отчего же, Иван? отчего же? – пристает. – Неужто тебе меня и ее не жаль, что мы в разлуке?"

"Ну, мол, жаль или не жаль, а только я себя не продавал ни за большие деньги, ни за малые, и не продам, а потому все ремонтеровы тысячи пусть при нем остаются, а твоя дочка при мне".

Она плакать, а я говорю:

"Ты лучше не плачь, потому что мне все равно".

Она говорит:

"Ты бессердечный, ты каменный".

А я отвечаю:

"Совсем, мол, я не каменный, а такой же как все, костяной да жильный, а я человек должностной и верный: взялся хранить дитя, и берегу его".

Она убеждает, что ведь, посуди, говорит, и самому же дитяти у меня лучше будет!

"Опять-таки, – отвечаю, – это не мое дело".

"Неужто же, – вскрикивает она, – неужто же мне опять с дитем моим должно расставаться?"

"А что же, – говорю, – если ты, презрев закон и религию..."

Но только не договорил я этого, что хотел сказать, как вижу, к нам по степи легкий улан идет. Тогда полковые еще как должно ходили, с форсом, в настоящей военной форме, не то что как нынешние, вроде писарей. Идет этот улан-ремонтер, такой осанистый, руки в боки, а шинель широко наопашку несет... силы в нем, может быть, и нисколько нет, а форсисто... Гляжу на этого гостя и думаю: "Вот бы мне отлично с ним со скуки поиграть". И решил, что чуть если он ко мне какое слово заговорит, я ему непременно как ни можно хуже согрублю, и авось, мол, мы с ним здесь, бог даст, в свое удовольствие подеремся. Это, восторгаюсь, будет чудесно, и того, что мне в это время говорит и со слезами моя барынька лепечет, уже не слушаю, а только играть хочу.

5

– Только, решивши себе этакую потеху добыть, я думаю: как бы мне лучше этого офицера раздразнить, чтобы он на меня нападать стал? и взял я сел, вынул из кармана гребень и зачал им себя будто в голове чесать; а офицер подходит и прямо к той своей барыньке.

Она ему – та-та-та, та-та: все, значит, о том, что я ей дитя не даю.

А он ее по головке гладит и говорит:

"Ничего это, душенька, ничего: я против него сейчас средство найду. Деньги, – говорит, – раскинем, у него глаза разбегутся; а если и это средство не подействует, так мы просто отнимем у него ребенка", – и с этим самым словом подходит ко мне и подает мне пучок ассигнаций, а сам говорит:

"Вот, – говорит, – тут ровно тысяча рублей, – отдай нам дитя, а деньги бери и ступай куда хочешь".

А я нарочно невежничаю, не скоро ему отвечаю: прежде встал потихонечку; потом гребень на поясок повесил, откашлянулся и тогда молвил:

"Нет, – говорю, – это твое средство, ваше благородие, не подействует", – а сам взял, вырвал у него из рук бумажки, поплевал на них да и бросил, говорю:

"Тубо, – пиль, апорт, подними!"

Он огорчился, весь покраснел, да на меня; но мне, сами можете видеть мою комплекцию, – что же мне с форменным офицером долго справляться: я его так слегка пихнул, он и готов: полетел и шпоры вверх задрал, а сабля на сторону отогнулася. Я сейчас топнул, на эту саблю его ногой наступил и говорю:

"Вот тебе, – говорю, – и храбрость твою под ногой придавлю".

Но он хоть силой плох, но отважный был офицерик: видит, что сабельки ему у меня уже не отнять, так распоясал ее да с кулачонками ко мне борзо кидается... Разумеется, и эдак он от меня ничего, кроме телесного огорчения, для себя не получил, но понравилось мне, как он

25

характером своим был горд и благороден: я не беру его денег, и он их тоже не стал подбирать.

Как перестали мы драться, я кричу:

"Возьми же, ваше сиятельство, свои деньги подбери, на прогоны годится!"

Что же вы думаете: ведь не поднял, а прямо бежит и за дитя хватается; но, разумеется, он берет дитя за руку, а я сейчас же хвать за другую и говорю:

"Ну, тяни его: на чью половину больше оторвется".

Он кричит:

"Подлец, подлец, изверг!" – и с этим в лицо мне плюнул и ребенка бросил, а уже только эту барыньку увлекает, а она в отчаянии прежалобно вопит и, насильно влекома, за ним хотя следует, но глаза и руки сюда ко мне и к дите простирает... и вот вижу я и чувствую, как она, точно живая, пополам рвется, половина к нему, половина к дитяти... А в эту самую минуту от города, вдруг вижу, бежит мой барин, у которого я служу, и уже в руках пистолет, и он все стреляет из того пистолета да кричит:

"Держи их, Иван! Держи!"

"Ну как же, – думаю себе, – так я тебе и стану их держать! Пускай любятся!" – да догнал барыньку с уланом, даю им дитя и говорю:

"Нате вам этого пострела! Только уже теперь и меня, – говорю, – увозите, а то он меня правосудию сдаст, потому что я по беззаконному паспорту".

Она говорит:

"Уедем, голубчик Иван, уедем, будем с нами жить".

Так мы и ускакали и девчурку, мою воспитомку, с собой увезли, а тому моему барину коза, да деньги, да мой паспорт остались.

Всю дорогу я с этими своими с новыми господами все на козлах на тарантасе, до самой Пензы едучи, сидел и думал: хорошо ли же это я сделал, что я офицера бил? ведь он присягу принимал, и на войне с саблею отечество защищает, и сам государь ему, по его чину, может быть, "вы" говорит, а я, дурак, его так обидел!.. А потом это передумаю, начну другое думать: куда теперь меня еще судьба определит; а в Пензе тогда была ярмарка, и улан мне говорит:

"Послушай, Иван, ты ведь, я думаю, знаешь, что мне тебя при себе держать нельзя".

Я говорю:

"Почему же?"

"А потому, – отвечает, – что я человек служащий, а у тебя никакого паспорта нет".

"Нет, у меня был, – говорю, – паспорт, только фальшивый".

"Ну вот видишь, – отвечает, – а теперь у тебя и такого нет. На же вот тебе двести рублей денег на дорогу и ступай с богом куда хочешь".

А мне, признаюсь, ужасть как неохота была никуда от них идти, потому что я то дитя любил; но делать нечего, говорю:

"Ну, прощайте, – говорю, – покорно вас благодарю на вашем награждении, но только еще вот что".

"Что, – спрашивает, – такое?"

"А то, – отвечаю, – что я перед вами виноват, что дрался с вами и грубил".

Он рассмеялся и говорит:

"Ну что это, бог с тобой, ты добрый мужик".

"Нет-с, это, – отвечаю, – мало ли что добрый, это так нельзя, потому что это у меня может на совести остаться: вы защитник отечества, и вам, может быть, сам государь "вы" говорил".

"Это, – отвечает, – правда: нам, когда чин дают, в бумаге пишут: "Жалуем вас и повелеваем вас почитать и уважать".

"Ну, позвольте же, – говорю, – я этого никак дальше снесть не могу..."

"А что же, – говорит, – теперь с этим делать. Что ты меня сильнее и поколотил меня, того назад не вынешь".

"Вынуть, – говорю, – нельзя, а по крайности, для облегчения моей совести, как вам угодно, а извольте сколько-нибудь раз меня сами ударить", – и взял обе щеки перед ним надул.

"Да за что же? – говорит, – за что же я тебя стану бить?"

"Да так, – отвечаю, – для моей совести, чтобы я не без наказания своего государя офицера оскорбил".

Он засмеялся, а я опять надул щеки как можно полнее и опять стою.

Он спрашивает:

"Чего же ты это надуваешься, зачем гримасничаешь?"

А я говорю:

"Это я по-солдатски, по артикулу приготовился: извольте, – говорю, – меня с обеих сторон ударить", – и опять щеки надул; а он вдруг вместо того чтобы меня бить, сорвался с места и ну целовать меня и говорит:

"Полно, Христа ради, Иван, полно: ни за что на свете я тебя ни разу не ударю, а только уходи поскорее, пока Машеньки с дочкой дома нет, а то они по тебе очень плакать будут".

"А! это, мол, иное дело; зачем их огорчать?"

И хоть не хотелось мне отходить, но делать нечего: так и ушел поскорей, не прощавшись, и вышел за ворота, и стал, и думаю:

"Куда я теперь пойду?" И взаправду, сколько времени прошло с тех пор, как я от господ бежал и бродяжу, а все я нигде места под собой не согрею... "Шабаш, – думаю, – пойду в полицию и объявлюсь, но только, – думаю, – опять теперь то нескладно, что у меня теперь деньги есть, а в полиции их все отберут: дай же хоть что-нибудь из них потрачу, хоть чаю с кренделями в трактире попью в свое удовольствие". И вот я пошел на ярмарку в трактир, спросил чаю с кренделями и долго пил, а потом вижу, дольше никак невозможно продолжать, и пошел походить. Выхожу за Суру за реку на степь, где там стоят конские косяки, и при них же тут и татары в кибитках. Все кибитки одинаковые, но одна пестрая-препестрая, а вокруг нее много разных господ занимаются, ездовых коней пробуют. Разные – и штатские, и военные, и помещики, которые приехали на ярмарку, все стоят, трубки курят, а посреди их на пестрой кошме сидит тонкий, как жердь, длинный степенный татарин в штучном халате и в золотой тюбетейке. Я оглядываюсь и, видя одного человека, который при мне в трактире чай пил, спрашиваю его: что это такой за важный татарин, что он один при всех сидит? А мне тот человек отвечает:

"Нешто ты, – говорит, – его не знаешь: это хан Джангар".

"Что, мол, еще за хан Джангар?"

А тот и говорит:

"Хан Джангар, – говорит, – первый степной коневод, его табуны ходят от самой Волги до самого Урала во все Рынь-пески, и сам он, этот хан Джангар, в степи все равно что царь".

"Разве, – говорю, – эта степь не под нами?"

"Нет, она, – отвечает, – под нами, но только нам ее никак достать нельзя, потому что там до самого Каспия либо солончаки, либо одна трава да птицы по поднебесью вьются, и чиновнику там совсем взять нечего, вот по этой причине, – говорит, – хан Джангар там и царюет, и у него там, в Рынь-песках, говорят, есть свои шихи, и ших-зады, и мало-зады, и мамы, и азии, и дербыши, и уланы, и он их всех, как ему надо, наказывает, а они тому рады повиноваться".

Я эти слова слушаю, а сам смотрю, что в то самое время один татарчонок пригонил перед этого хана небольшую белую кобылку и что-то залопотал; а тот встал, взял кнут на длинном кнутовище и стал прямо против кобылицыной головы и кнут ей ко лбу вытянул и стоит. Но ведь как, я вам доложу, разбойник стоит? просто статуй великолепный, на которого на самого заглядеться надо, и сейчас по нем видно, что он в коне все нутро соглядает. А как я по этой части сам с детства был наблюдателен, то мне видно, что и сама кобылица-то эта зрит в нем знатока, и сама вся навытяжке перед ним держится: на-де, смотри на меня и любуйся! И таким манером он, этот степенный татарин, смотрел, смотрел на эту кобылицу и не обходил ее, как делают наши офицеры, что по суетливости все вокруг коня мычутся, а он все с одной точки взирал и вдруг кнут опустил, а сам персты у себя на руке молча поцеловал: дескать, антик! и опять на кошме, склавши накрест ноги, сел, а кобылица сейчас упши запряла, фыркнула и заиграла.

Господа, которые тут стояли, и пошли на нее вперебой торговаться: один дает сто рублей, а другой полтораста и так далее, все большую друг против друга цену нагоняют. Кобылица-была, точно, дивная, ростом не великонька, в подобье арабской, но стройненькая, головка маленькая, глазок полный, яблочком, ушки сторожкие; бочка самые звонкие, воздушные, спинка как стрелка, а ножки легкие, точеные, самые уносистые. Я как подобной красоты был любитель, то никак глаз от этой кобылицы не отвлеку. А хан Джангар видит, что на всех от нее зорость пришла и господа на нее как оглашенные цену наполняют, кивнул чумазому татарчонку, а тот как прыг на нее, на лебедушку, да и ну ее гонить, – сидит, знаете, по-своему, по-татарски, коленками ее ежит, а она под ним окрыляется и точно птица летит и не всколыхнет, а как он ей к холочке принагнется да на нее гикнет, так она так вместе с песком в один вихорь и воскурится. "Ах ты, змея! – думаю себе, – ах ты, стрепет степной, аспидский! где ты только могла такая зародиться?" И чувствую, что рванулась моя душа к ней, к этой лошади, родной страстию. Пригонил ее татартище назад, она пыхнула сразу в обе ноздри, выдулась и всю усталь сбросила и больше ни дыхнет и ни сапнет. "Ах ты, – думаю, – милушка; ах ты, милушка!" Кажется, спроси бы у меня за нее татарин не то что мою душу, а отца и мать родную, и тех бы не пожалел, – но где было о том и думать, чтобы этакого летуна достать, когда за нее между господами и ремонтерами невесть какая цена слагалась, но и это еще было все ничего, как вдруг, тут еще торг не был кончен и никому она не досталась, как видим, из-за Суры, от Селиксы, гонит на вороном коне борзый всадник, а сам широкою шляпой машет, и подлетел, соскочил, коня бросил и прямо к той к белой кобылице, и стал опять у нее в головах, как и первый статуй, и говорит:

"Моя кобылица".

А хан отвечает:

"Как не твоя: господа мне за нее пятьсот монетов дают".

А тот всадник, татарчище этакий огромный и пузатый, морда загорела и вся облупилась, словно кожа с нее сорвана, а глаза малые, точно щелки, и орет сразу:

"Сто монетов больше всех даю!"

Господа взъерепенились, еще больше сулят, а сухой хан Джангар сидит да губы цмокает, а от Суры с другой стороны еще всадник-татарчище гонит на гривастом коне, на игренем, и этот опять весь худой, желтый, в чем кости держатся, а еще озорнее того, что первый приехал. Этот съерзнул с коня, и как гвоздь воткнулся перед белой кобылицей, и говорит:

"Всем отвечаю: хочу, чтобы моя была кобылица!"

Я и спрашиваю соседа: в чем тут у них дело зависит. А он отвечает:

"Это, – говорит, – дело зависит от очень большого хана Джангарова понятия. Он, – говорит, – не один раз, а чуть не всякую ярмарку тут такую штуку подводит, что прежде всех своих обыкновенных коней, коих пригонит сюда, распродаст, а потом в последний день, михорь его знает откуда, как из-за пазухи выймет такого коня или двух, что конэсеры не знать что делают; а он, хитрый татарин, глядит на это да тешится, и еще деньги за то получает. Эту его привычку знавши, все уже так этого последыша от него и ожидают, и вот оно так и теперь вышло: все думали, хан ноне уедет, и он, точно, ночью уедет, а теперь ишь какую кобылицу вывел..."

"Диво, – говорю, – какая лошадь!"

"Подлинно диво, он ее, говорят, к ярмарке всереди косяка пригонил, и так гнал, что ее за другими конями никому видеть нельзя было, и никто про нее не знал, опричь этих татар, что приехали, да и тем он казал, что кобылица у него не продажная, а заветная, да ночью ее от других отлучил и под Мордовский ишим в лес отогнал и там на поляне с особым пастухом пас, а теперь вдруг ее выпустил и продавать стал, и ты погляди, что из-за нее тут за чудеса будут и что он, собака, за нее возьмет, а если хочешь, ударимся об заклад, кому она достанется?"

"А что, мол, такое: из-за чего нам биться?"

"А из-за того, – отвечает, – что тут страсть что сейчас почнется: и все господа непременно спятятся, а лошадь который-нибудь вот из этих двух азиатов возьмет".

"Что же они, – спрашиваю, – очень, что ли, богаты?"

"И богатые, – отвечает, – и озорные охотники: они свои большие косяки гоняют и хорошей, заветной лошади друг другу в жизнь не уступят. Их все знают: этот брюхастый, что вся морда облуплена, это называется Бакшей Отучев, а худищий, что одни кости ходят, Чепкун Емгурчеев, – оба злые охотники, и ты только смотри, что они за потеху сделают".

Я замолчал и смотрю: господа, которые за кобылицу торговались, уже отступилися от нее и только глядят, а те два татарина друг дружку отпихивают и все хана Джангара по рукам хлопают, а сами за кобылицу держатся и все трясутся да кричат; один кричит:

"Я даю за нее, кроме монетов, еще пять голов" (значить пять лошадей), – а другой вопит:

"Врет твоя мордам, я даю десять".

Бакшей Отучев кричит:

"Я даю пятнадцать голов".

А Чепкун Емгурчеев:

"Двадцать".

Бакшей:

"Двадцать пять".

А Чепкун:

"Тридцать".

А больше ни у того, ни у другого, видно, уже нет... Чепкун крикнул тридцать, а Бакшей дает тоже только тридцать, а больше нет; но зато Чепкун еще в придачу седло сулит, а Бакшей седло и халат, и Чепкун халат скидает, больше опять друг друга им нечем одолевать. Чепкун крикнул: "Слушай меня, хан Джангар: я домой приеду, я к тебе свою дочь пригоню", – и Бакшей тоже дочь сулит, а больше опять друг друга нечем пересилить. Тут вдруг вся татарва, кои тут это торговище зрели, заорали, загалдели по-своему; их разнимают, чтобы до разорения друг друга не довели, тормошат их, Чепкуна и Бакшея, в разные стороны, в бока их тычут, уговаривают.

Я спрашиваю у соседа:

"Скажи, пожалуйста, что это такое у них теперь пошло?"

"А вот видишь, – говорит, – этим князьям, которые их разнимают, им Чепкуна с Бакшеем жалко, что они очень заторговались, так вот они их разлучают, чтобы опомнились и как-нибудь друг дружке честью кобылицу уступили".

"Как же, – спрашиваю, – можно ли, чтобы они друг дружке ее уступили, когда она обоим им так нравится? Этого быть не может".

"Отчего же, – отвечает, – азиаты народ рассудительный и степенный: они рассудят, что зачем напрасно имение терять, и хану Джангару дадут, сколько он просит, а кому коня взять, с общего согласия наперепор пустят".

Я любопытствую:

"Что же, мол, такое это значит: "наперепор".

А тот мне отвечает:

"Нечего спрашивать, смотри, это видеть надо, а оно сейчас начинается".

Смотрю я и вижу, что и Бакшей Отучев и Чепкун Емгурчеев оба будто стишали и у тех своих татар-мировщиков вырываются и оба друг к другу бросились, подбежали и по рукам бьют.

"Сгода!" – дескать, поладили.

И тот то же самое отвечает:

"Сгода: поладили!"

И оба враз с себя и халаты долой, и бешметы, и чевяки сбросили, ситцевые рубахи сняли, и с одних широких полосатых портищах остались, и плюх один против другого, сели на землю, как курохтаны[18] степные, и сидят.

---

[18] Курохтан – буро-серая степная птица типа горленки.

31

В первый раз мне этакое диво видеть доводилось, и я смотрю, что дальше будет? А они друг дружке левые руки подали и крепко их держат, ноги растопырили и ими друг дружке следами в следы уперлись и кричат: "Подавай!"

Что такое они себе требуют "подавать", я не предвижу, но те, татарва-то, из кучки отвечают:

"Сейчас, бачка, сейчас".

И вот вышел из этой кучки татарин старый, степенный такой, и держит в руках две здоровые нагайки и сравнял их в руках и кажет всей публике и Чепкуну с Бакшеем: "Глядите, – говорит, – обе штуки ровные".

"Ровные, – кричат татарва, – все мы видим, что благородно сделаны, плети ровные! Пусть садятся и начинают".

А Бакшей и Чепкун так и рвутся, за нагайки хватаются.

Степенный татарин и говорит им: "Подождите", – и сам им эти нагайки подал: одну Чепкуну, а другую Бакшею, да ладошками хлопает тихо, раз, два и три... И только что он в третье хлопнул, как Бакшей стегнет изо всей силы Чепкуна нагайкою через плечо по голой спине, а Чепкун таким самым манером на ответ его. Да и пошли эдак один другого потчевать: в глаза друг другу глядят, ноги в ноги следками упираются и левые руки крепко жмут, а правыми с нагайками порются... Ух, как они знатно поролись! Один хорошо черкнет, а другой еще лучше. Глаза-то у обоих даже выстолбенели и левые руки замерли, а ни тот, ни другой не сдается.

Я спрашиваю у моего знакомца:

"Что же это, мол, у них, стало быть, вроде как господа на дуэль, что ли, выходят?"

"Да, – отвечает, – тоже такой поединок, только это, – говорит, – не насчет чести, а чтобы не расходоваться".

"И что же, – говорю, – они эдак могут друг друга долго сечь?"

"А сколько им, – говорит, – похочется и сколько силы станет".

А те все хлещутся, а в народе за них спор пошел: одни говорят: "Чепкун Бакшея перепорет", – а другие спорят: "Бакшей Чепкуна перебьет", – и кому хочется, об заклад держат – те за Чепкуна, а те за Бакшея, кто на кого больше надеется. Поглядят им с познанием в глаза и в зубы, и на спины посмотрят, и по каким-то приметам понимают, кто надежнее, за того и держат. Человек, с которым я тут разговаривал, тоже из зрителей опытных был и стал сначала за Бакшея держать, а потом говорит:

"Ах, квит, пропал мой двугривенный: Чепкун Бакшея собьет".

А я говорю:

"Почему то знать? Еще, мол, ничего не можно утвердить: оба еще ровно сидят".

А тот мне отвечает:

"Сидят-то, – говорит, – они еще оба ровно, да не одна в них повадка".

"Что же, – говорю, – по моему мнению, Бакшей еще ярче стегает".

"А вот то, – отвечает, – и плохо. Нет, пропал за него мой двугривенный: Чепкун его запорет".

"Что это, – думаю, – такое за диковина: как он непонятно, этот мой знакомец, рассуждает? А ведь он же, – размышляю, – должно быть, в этом деле хорошо понимает практику, когда об заклад бьется!"

И стало мне, знаете, очень любопытно, и я к этому знакомцу пристаю.

"Скажи, – говорю, – милый человек, отчего ты теперь за Бакшея опасаешься?"

А он говорит:

"Экой ты пригородник глупый! ты гляди, – говорит, – какая у Бакшея спина".

Я гляжу: ничего, спина этакая хорошая, мужественная, большая и пухлая, как подушка.

"А видишь, – говорит, – как он бьет?"

Гляжу, и вижу тоже, что бьет яростно, даже глаза на лоб выпялил, и так его как ударит, так сразу до крови и режет.

"Ну, а теперь сообрази, как он нутрем действует?"

"Что же, мол, такое нутрем?" – я вижу одно, что сидит он прямо, и весь рот открыл, и воздух в себя шибко забирает.

А мой знакомец и говорит:

"Вот это-то и худо: спина велика, по ней весь удар просторно ложится; шибко бьет, запыхается, а в открытый рот дышит, он у себя воздухом все нутро пережжет".

"Что же, – спрашиваю, – стало быть, Чепкун надежней?"

"Непременно, – отвечает, – надежнее: видишь, он весь сухой, кости в одной коже держатся, а спиночка у него как лопата коробленая, по ней ни за что по всей удар не падет, а только местечками, а сам он, зри, как Бакшея спрохвала поливает, не частит, а с повадочкой, и плеть сразу не отхватывает, а под нею коже напухать дает. Вон она от этого, спина-то, у Бакшея вся и вздулась и как котел посинела, а крови нет, и вся боль у него теперь в теле стоит, а у Чепкуна на худой спине кожичка как на жареном поросенке трещит, прорывается, и оттого у него вся боль кровью сойдет, и он Бакшея запорет. Понимаешь ты это теперь?"

"Теперь, – говорю, – понимаю, – и точно, тут я всю эту азиатскую практику сразу понял и сильно ею заинтересовался: как в таком случае надо полезнее действовать?"

"А еще самое главное, – указует мой знакомец, – замечай, – говорит, – как этот проклятый Чепкун хорошо мордой такту соблюдает; видишь: стегнет и на ответ сам вытерпит и соразмерно глазами хлопнет, – это легче, чем пялить глаза, как Бакшей пялит, и Чепкун зубы стиснул и губы прикусил, это тоже легче, оттого что в нем через эту замкнутость излишнего горения внутри нет".

Я все эти его любопытные приметы на ум взял и сам вглядываюсь и в Чепкуна и в Бакшея, и все мне стало и самому понятно, что Бакшей непременно свалится, потому что у него уже и глазища совсем обостолопели и губы веревочкой собрались и весь оскал открыли... И точно, глядим, Бакшей еще раз двадцать Чепкуна стеганул, и все раз от разу слабее, да вдруг бряк назад и левую Чепкунову руку выпустил, а своею правою все еще двигает, как будто бьет, но уже без памяти, совсем в обмороке. Ну, тот мой знакомый говорит: "Шабаш: пропал мой двугривенный". Тут все и татары заговорили, поздравляют Чепкуна, кричат:

"Ай, башка Чепкун Емгурчеев, ай, умнай башка – совсем пересек Бакшея, садись – теперь твоя кобыла".

И сам хан Джангар встал с кошмы и похаживает, а сам губами шлепает и тоже говорит:

"Твоя, твоя, Чепкун, кобылица: садись, гони, на ней отдыхай".

Чепкун и встал: кровь струит по спине, а ничего виду болезни не дает, положил кобылице на спину свой халат и бешмет, а сам на нее брюхом вскинулся и таким манером поехал, и мне опять скучно стало.

"Вот, – думаю, – все это уже и окончилось, и мне опять про свое положение в голову полезет", – а мне страх как не хотелось про это думать.

Но только, спасибо, мой тот знакомый человек говорит мне:

"Подожди, не уходи, тут непременно что-то еще будет".

Я говорю:

"Чему же еще быть? все кончено".

"Нет, – говорит, – не кончено, ты смотри, – говорит, – как хан Джангар трубку жжет. Видишь, палит: это он непременно еще про себя что-нибудь думает, самое азиатское".

Ну, а я себе думаю: "Ах, если еще что будет в этом самом роде, то уже было бы только кому за меня заложиться, а уже я не спущу!"

6

– И что же вы изволите полагать? Все точно так и вышло, как мне желалось: хан Джангар трубку палит, а на него из чищобы гонит еще татарчонок, и уже этот не на такой кобылице, какую Чепкун с мировой у Бакшея взял, а караковый жеребенок, какого и описать нельзя. Если вы видали когда-нибудь, как по меже в хлебах птичка коростель бежит, – по-нашему, по-орловски, дергач зовется: крыла он растопырит, а зад у него не как у прочих птиц, не распространяется по воздуху, а вниз висит и ноги книзу пустит, точно они ему не надобны, – настоящее, выходит, будто он едет по воздуху. Вот и этот новый конь, на эту птицу подобно, точно не своей силой несся.

Истинно не солгу скажу, что он даже не летел, а только земли за ним сзади прибавлялось. Я этакой легкости сроду не видал и не знал, как сего конька и ценить, на какие сокровища, и кому его обречь, какому королевичу, а уже тем паче никогда того не думал, чтобы этот конь мой стал.

– Как он ваш стал? – перебили рассказчика удивленные слушатели.

– Так-с, мой, по всем правам мой, но только на одну минуту, а каким манером, извольте про это слушать, если угодно. Господа, по своему обыкновению, начали и на эту лошадь торговаться, и мой ремонтер, которому я дитя подарил, тоже встрял, а против них, точно ровня им, взялся татарин Савакирей, этакий коротыш, небольшой, но крепкий, верченый, голова бритая, словно точеная, и круглая, будто молодой кочешок крепенький, а рожа как морковь красная, и весь он будто огородина какая здоровая и свежая. Кричит: "Что, – говорит, – по-пустому карман терять нечего, клади кто хочет деньги за руки, сколько хан просит, и давай со мною пороться, кому конь достанется?"

Господам, разумеется, это не пристало, и они от этого сейчас в сторону; да и где им с этим татарином сечься, он бы, поганый, их всех перебил. А у моего ремонтера тогда уже и денег-то не очень густо было, потому он в Пензе опять в карты проигрался, а лошадь ему, я вижу, хочется. Вот я его сзади дернул за рукав, да и говорю: так и так, мол, лишнего сулить не надо, а что хан требует, то дайте, а я с Савакиреем сяду потягаться на мировую. Он было не хотел, но я упросил, говорю:

"Сделайте такую милость: мне хочется".

Ну, так и сделали.

– Вы с этим татарином... что же, секли друг друга?

– Да-с, тоже таким манером попоролись на мировую, и жеребенок мне достался.

– Значит, вы татарина победили?

– Победил-с, не без труда, но пересилил его.

– Ведь это, должно быть, ужасная боль.

– Ммм... как вам сказать... Да, вначале есть-с; и даже очень чувствительно, особенно потому, что без привычки, и он, этот Савакирей, тоже имел сноровку на опух бить, чтобы кровь не спущать, но я против этого его тонкого искусства свою хитрую сноровку взял: как он меня хлобыснет, я сам под нагайкой спиною поддерну, и так приноровился, что

35

сейчас шкурку себе и сорву, таким манером и обезопасился, и сам этого Савакирея запорол.

– Как запороли, неужто совершенно до смерти?

– Да-с, он через свое упорство да через политику так глупо себя допустил, что его больше и на свете не стало, – отвечал добродушно и бесстрастно рассказчик и, видя, что слушатели все смотрят на него если не с ужасом, то с немым недоумением, как будто почувствовал необходимость пополнить свой рассказ пояснением.

– Видите, – продолжал он, – это стало не от меня, а от него, потому что он во всех Рынь-песках первый батырь считался и через эту амбицыю ни за что не хотел мне уступить, хотел благородно вытерпеть, чтобы позора через себя на азиатскую нацыю не положить, но сомлел, беднячок, и против меня не вытерпел, верно потому, что я в рот грош взял. Ужасно это помогает, и я все его грыз, чтобы боли не чувствовать, а для рассеянности мыслей в уме удары считал, так мне и ничего.

– И сколько же вы насчитали ударов? – перебили рассказчика.

– А вот наверное этого сказать не могу-с, помню, что я сосчитал до двести до восемьдесят и два, а потом вдруг покачнуло меня вроде обморока, я и сбился на минуту и уже так, без счета пущал, но только Савакирей тут же вскоре последний разок на меня замахнулся, а уже ударить не мог, сам, как кукла, на меня вперед и упал: посмотрели, а он мертвый... Тьфу ты, дурак эдакий! до чего дотерпелся? Чуть я за него в острог не попал. Татарва – те ничего: ну, убил и убил: на то такие были кондиции, потому что и он меня мог засечь, но свои, наши русские, даже досадно как этого не понимают, и взъелись. Я говорю:

"Ну, вам что такого? что вам за надобность?"

"Как, – говорят, – ведь ты азиата убил?"

"Ну так что же, мол, такое, что я его убил? Ведь это дело любовное. А разве лучше было бы, если бы он меня засек?"

– "Он, – говорят, – тебя мог засечь, и ему ничего, потому что он иновер, а тебя, – говорят, – по христианству надо судить. Пойдем, – говорят, – в полицию".

Ну, я себе думаю: "Ладно, братцы, судите ветра в поле"; а как, по-моему, полиция, нет ее ничего вреднее, то я сейчас шмыг за одного татарина, да за другого. Шепчу им:

"Спасайте, князья: сами видели, все это было на честном бою..."

Они сжались, и пошли меня друг за дружку перепихивать, и скрыли.

– То есть позвольте... как же они вас скрыли?

– Совсем я с ними бежал в их степи.

– В степи даже!

– Да-с, в самые Рынь-пески.

– И долго там провели?

36

– Целые десять лет: двадцати трех лет меня в Рынь-пески доставили, по тридцать четвертому году я оттуда назад убежал.

– Что же, вам понравилось или нет в степи жить?

– Нет-с; что же там может нравиться? скучно, и больше ничего; а только раньше уйти нельзя было.

– Отчего же: держали вас татары в яме или караулили?

– Нет-с, они добрые, они этого неблагородства со мною не допускали, чтобы в яму сажать или в колодки, а просто говорят: "Ты нам, Иван, будь приятель; мы, – говорят, – тебя очень любим, и ты с нами в степи живи и полезным человеком будь, – коней нам лечи и бабам помогай".

– И вы лечили?

– Лечил; я так у них за лекаря и был, и самих их, и скотину всю, и коней, и овец, всего больше жен ихних, татарок, пользовал.

– Да вы разве умеете лечить?

– Как бы вам это сказать... Да ведь в этом какая же хитрость? Чем кто заболит – я сабуру дам или калганного корня[19], и пройдет, а сабуру у них много было, – в Саратове один татарин целый мешок нашел и привез, да они до меня не знали, к чему его определить.

– И обжились вы с ними?

– Нет-с, постоянно назад стремился.

– И неужто никак нельзя было уйти от них?

– Нет-с, отчего же, если бы у меня ноги в своем виде оставались, так я, наверно, давно бы назад в отечество ушел.

– А у вас что же с ногами случилось?

– Подщетинен я был после первого раза.

– Как это?.. Извините, пожалуйста, мы не совсем понимаем, что это значит, что вы были подщетинены?

– Это у них самое обыкновенное средство: если они кого полюбят и удержать хотят, а тот тоскует или попытается бежать, то и сделают с ним, чтобы он не ушел. Так и мне, после того как я раз попробовал уходить, да сбился с дороги, они поймали меня и говорят: "Знаешь, Иван, ты, – говорят, – нам будь приятель, и чтобы ты опять не ушел от нас, мы тебе лучше пятки нарубим и малость щетинки туда пихнем"; ну и испортили мне таким манером ноги, так что все время на карачках ползал.

– Скажите, пожалуйста, как же они делают эту ужасную операцию?

– Очень просто-с: повалили меня на землю человек десять и говорят: "Ты кричи, Иван, погромче кричи, когда мы начнем резать: тебе тогда легче будет", – и сверх меня сели, а один такой искусник из них в одну минуточку мне на подошвах шкурку подрезал да рубленой коневьей

---

[19] Сабур – алоэ. Калганный корень – растение, употреблявшееся как пряность и лекарство.

гривы туда засыпал и опять с этой подсыпкой шкурку завернул и стрункой зашил. После этого тут они меня, точно, ден несколько держали руки связавши, — все боялись, чтобы я себе ран не вредил и щетинку гноем не вывел; а как шкурка зажила, и отпустили: "Теперь, — говорят, — здравствуй, Иван, теперь уже ты совсем наш приятель и от нас отсюда никуда не уйдешь".

Я тогда только встал на ноги, да и бряк опять на землю: волос-то этот рубленый, что под шкурой в пятах зарос, так смертно больно в живое мясо кололся, что не только шагу ступить невозможно, а даже устоять на ногах средства нет. Сроду я не плакивал, а тут даже в голос заголосил.

"Что же это, — говорю, — вы со мною, азиаты проклятые, устроили? Вы бы меня лучше, аспиды, совсем убили, чем этак целый век таким калекой быть, что ступить не могу".

А они говорят:

"Ничего, Иван, ничего, что ты по пустому делу обижаешься".

"Какое же, — говорю, — это пустое дело, так человека испортить, да еще чтобы не обижаться?"

"А ты, — говорят, — приноровись, прямо-то на следки не наступай, а раскорячком на косточках ходи".

"Тьфу вы, подлецы!" — думаю я себе и от них отвернулся и говорить не стал, и только порешил себе в своей голове, что лучше уже умру, а не стану, мол, по вашему совету раскорякою на щиколотках ходить; но потом полежал-полежал, — скука смертная одолела, и стал приноравливаться и мало-помалу пошел на щиколотках ковылять. Но только они надо мной через это нимало не смеялись, а еще говорили:

"Вот и хорошо, и хорошо, Иван, ходишь".

— Экое несчастие, и как же вы это пустились уходить и опять попались?

— Да невозможно-с; степь ровная, дорог нет, и есть хочется... Три дня шел, ослабел не хуже лиса, руками какую-то птицу поймал и сырую ее съел, а там опять голод, и воды нет... Как идти?.. Так и упал, а они отыскали меня и взяли и подщетинили.

Некто из слушателей заметил по поводу этого подщетиниванья, что ведь это, должно быть, из рук вон неловко ходить на щиколотках.

— Попервоначалу даже очень нехорошо, — отвечал Иван Северьяныч, — да и потом хоть я изловчился, а все много пройти нельзя. Но только зато они, эта татарва, не стану лгать, обо мне с этих пор хорошо печалились.

"Теперь, — говорят, — тебе, Иван, самому трудно быть, тебе ни воды принесть, ни что прочее для себя сготовить неловко. Бери, — говорят, — брат, себе теперь Наташу, — мы тебе хорошую Наташу дадим, какую хочешь выбирай".

Я говорю:

"Что мне их выбирать: одна в них во всех польза. Давайте какую попало". Ну, они меня сейчас без спора и женили.

– Как! женили вас на татарке?

– Да-с, разумеется, на татарке. Сначала на одной, того самого Савакирея жене, которого я пересек, только она, эта татарка, вышла совсем мне не по вкусу: благая какая-то и все как будто очень меня боялась и нимало меня не веселила. По мужу, что ли, она скучала, или так к сердцу ей что-то подступало. Ну, так они заметили, что я ею стал отягощаться, и сейчас другую мне привели, эта маленькая была девочка, не более как всего годов тринадцати... Сказали мне:

"Возьми, Иван, еще эту Наташу, эта будет утешнее".

Я и взял.

– И что же: эта точно была для вас утешнее? – спросили слушатели Ивана Северьяныча.

– Да, – отвечал он, – эта вышла неутешнее, только порою, бывало, веселит, а порою тем докучает, что балуется.

– Как же она баловалась?

– А разно... Как ей, бывало, вздумается; на колени, бывало, вскочит; либо спишь, а она с головы тюбетейку ногой скопнет да закинет куда попало, а сама смеется. Станешь на нее грозиться, а она хохочет, заливается, да, как русалка, бегать почнет, ну а мне ее на карачках не догнать – шлепнешься, да и сам рассмеешься.

– А вы там, в степи, голову брили и носили тюбетейку?

– Брил-с.

– Для чего же это? верно, хотели нравиться вашим женам?

– Нет-с; больше для опрятности, потому что там бань нет.

– Таким образом, у вас, значит, зараз было две жены?

– Да-с, в этой степи две; а потом у другого хана, у Агашимолы, кой меня угонил от Отучева, мне еще две дали.

– Позвольте же, – запытал опять один из слушателей, – как же вас могли угнать?

– Подвохом-с. Я ведь из Пензы бежал с татарою Чепкуна Емгурчеева и лет пять подряд жил в емгурчеевской орде, и тут съезжались к нему на радости все князья, и уланы, и ших-зады, и мало-зады, и бывал хан Джангяр и Бакшей Отучев.

– Это которого Чепкун сек?

– Да-с, тот самый.

– Как же это... Разве Бакшей на Чепкуна не сердился?

– За что же?

– За то, что он так порол его и лошадь у него отбил?

– Нет-с, они никогда за это друг на друга не сердятся: кто кого по любовному уговору перебьет, тот и получай, и больше ничего; а только

39

хан Джангар мне, точно, один раз выговаривал... "Эх, – говорит, – Иван, эх, глупая твоя башка, Иван, зачем ты с Савакиреем за русского князя сечься сел, я, – говорит, – было хотел смеяться, как сам князь рубаха долой будет снимать".

"Никогда бы, – отвечаю ему, – ты этого не дождал".

"Отчего?"

"Оттого, что наши князья, – говорю, – слабодушные и не мужественные, и сила их самая ничтожная".

Он понял.

"Я так, – говорит, – и видел, что из них, – говорит, – настоящих охотников нет, а все только если что хотят получить, так за деньги".

"Это, мол, верно: они без денег ничего не могут". Ну, а Агашимола, он из дальней орды был, где-то над самым Каспием его косяки ходили, он очень лечиться любил и позвал меня свою ханшу попользовать и много голов скота за то Емгурчею обещал. Емгурчей меня к нему и отпустил: набрал я с собою сабуру и калганного корня и поехал с ним. А Агашимола как взял меня, да и гайда в сторону со всем кочем, восемь дней в сторону скакали.

– И вы верхом ехали?

– Верхом-с.

– А как же ваши ноги?

– А что же такое?

– Да волос-то рубленый, который у вас в пятках был, разве он вас не беспокоил?

– Ничего; это у них хорошо приноровлено: они эдак кого волосом подщетинят, тому хорошо ходить нельзя, а на коне такой подщетиненный человек еще лучше обыкновенного сидит, потому что-он, раскорякой ходючи, всегда ноги колесом привыкает держать и коня, как обручем, ими обтянет так, что ни за что его долой и не сбить.

– Ну и что же с вами далее было в новой степи у Агашимолы?

– Опять и еще жесточе погибал.

– Но не погибли?

– Нет-с, не погиб.

– Сделайте же милость, расскажите: что вы дальше у Агашимолы вытерпели.

– Извольте.

7

– Как Агашимолова татарва пригонили со мной на становище, так и гайда на другое, на новое место пошли и уже не выпустили меня.

"Что, – говорят, – тебе там, Иван, с Емгурчеевыми жить, – Емгурчей вор, ты с нами живи, мы тебя с охотой уважать будем и хороших Наташ тебе дадим. Там у тебя всего две Наташи было, а мы тебе больше дадим".

Я отказался.

"На что, – говорю, – мне их больше? мне больше не надо".

"Нет, – говорят, – ты не понимаешь, больше Наташ лучше: они тебе больше Колек нарожают, все тебя тятькой кричать будут".

"Ну, – говорю, – легко ли мне обязанность татарчат воспитывать. Кабы их крестить и причащать было кому, другое бы еще дело, а то что же: сколько я их ни умножу, все они ваши же будут, а не православные, да еще и обманывать мужиков станут, как вырастут". Так двух жен опять взял, а больше не принял, потому что если много баб, так они хоть и татарки, но ссорятся, поганые, и их надо постоянно учить.

– Ну-с, и что же, любили вы этих ваших новых жен?

– Как-с?

– Этих новых жен своих вы любили?

– Любить?.. Да, то есть вы про это? ничего, одна, что я от Агашимолы принял, была до меня услужлива, так я ее ничего... сожалел.

– А ту девочку, что прежде молоденькая-то такая у вас в женах была? она вам, верно, больше нравилась?

– Ничего; я и ее жалел.

– И скучали, наверно, по ней, когда вас из одной орды в другую украли?

– Нет; скучать не скучал.

– Но ведь у вас, верно, и там от тех от первых жен дети были?

– Как же-с, были: Савакиреева жена родила двух Колек да Наташку, да эта, маленькая, в пять лет шесть штук породила, потому что она двух Колек в один раз парою принесла.

– Позвольте, однако, спросить вас: почему вы их все так называете "Кольками" да "Наташками"?

– А это по-татарски. У них все если взрослый русский человек – так Иван, а женщина – Наташа, а мальчиков они Кольками кличут, так и моих жен, хоть они и татарки были, но по мне их все уже русскими числили и Наташками звали, а мальчишек Кольками. Однако все это, разумеется, только поверхностно, потому что они были без всех церковных таинств, и я их за своих детей не почитал.

– Как же не почитали за своих? почему же это так?

– Да что же их считать, когда они некрещеные-с и миром не мазаны.

– А чувства-то ваши родительские?

– Что же такое-с?

– Да неужто же вы этих детей нимало и не любили и не ласкали их никогда?

– Да ведь как их ласкать? Разумеется, если, бывало, когда один сидишь, а который-нибудь подбежит, ну ничего, по головке его рукой поведешь, погладишь и скажешь ему: "Ступай к матери", – но только это редко доводилось, потому мне не до них было.

– А отчего же не до них: дела, что ли, у вас очень много было?

– Нет-с; дела никакого, а тосковал: очень домой в Россию хотелось.

– Так вы и в десять лет не привыкли к степям?

– Нет-с, домой хочется... тоска делалась. Особенно по вечерам, или даже когда среди дня стоит погода хорошая, жарынь, в стану тихо, вся татарва от зною попадает по шатрам и спит, а я подниму у своего шатра полочку и гляжу на степи... в одну сторону и в другую – все одинаково... Знойный вид, жестокий; простор – краю нет; травы, буйство; ковыль белый, пушистый, как серебряное море, волнуется, и по ветерку запах несет: овцой пахнет, а солнце обливает, жжет, и степи, словно жизни тягостной, нигде конца не предвидится, и тут глубине тоски дна нет... Зришь сам не знаешь куда, и вдруг пред тобой отколь ни возьмется обозначается монастырь или храм, и вспомнишь крещеную землю и заплачешь.

Иван Северьяныч остановился, тяжело вздохнул от воспоминания и продолжал:

– Или еще того хуже было на солончаках над самым над Каспием: солнце рдеет, печет, и солончак блестит, и море блестит... Одурение от этого блеску даже хуже, чем от ковыля, делается, и не знаешь тогда, где себя, в какой части света числить, то есть жив ты или умер и в безнадежном аду за грехи мучишься. Там, где степь ковылистее, она все-таки радостней; там хоть по увалам кое-где изредка шалфей сизеет или мелкий полынь и чабрец пестрит белизну, а тут все одно блыщание... Там где-нибудь огонь палом по траве пойдет, – суета поднимется: дрохвы летят, стрепеты, кулики степные, и охота на них затеется. Тудаков этих, или по-здешнему дрохвов, на конях заезжаем и длинными кнутьями засекаем; а там, гляди, надо и самим с конями от огня бежать... Все от этого развлечение. А потом по старому палу опять клубника засядет; птица на нее разная налетит, все больше мелочь этакая, и пойдет в воздухе чириканье... А потом еще где-нибудь и кустик встретишь: таволожка, дикий персичек или чилизник[20]... И когда на восходе солнца туман росою садится, будто прохладой пахнет, и идут от растения запахи... Оно, разумеется, и при всем этом скучно, но все еще перенесть можно, но на солончаке не приведи господи никому долго побывать. Конь там одно время бывает доволен: он соль лижет и с нее много пьет и жиреет, но человеку там – погибель. Живности даже никакой нет, только и есть, как

---

[20] Чилизник (чилига) – степная полынь.

на смех, одна малая птичка, красноустик, вроде нашей ласточки, самая непримечательная, а только у губок этакая оторочка красная. Зачем она к этим морским берегам летит – не знаю, но как сесть ей постоянно здесь не на что, то она упадет на солончак, полежит на своей хлупи[21] и, глядишь, опять схватилась и опять полетела, а ты и сего лишен, ибо крыльев нет, и ты снова здесь, и нет тебе ни смерти, ни живота, ни покаяния, а умрешь, так как барана тебя в соль положат, и лежи до конца света солониною. А еще и этого тошнее зимой на тюбеньке; снег малый, только чуть траву укроет и залубенит – татары тогда все в юртах над огнем сидят, курят... И вот тут они со скуки тоже часто между собою порются. Тогда выйдешь, и глянуть не на что: кони нахохрятся и ходят свернувшись, худые такие, что только хвосты да гривы развеваются. Насилу ноги волочат и копытом снежный паст разгребают и мерзлую травку гложут, тем и питаются, – это и называется тюбенькуют... Несносно. Только и рассеяния, что если замечают, что какой конь очень ослабел и тюбеньковать не может – снегу копытом не пробивает и мерзлого корня зубом не достает, то такого сейчас в горло ножом колют и шкуру снимают, а мясо едят. Препоганое, однако, мясо: сладкое, все равно вроде как коровье вымя, но жесткое; от нужды, разумеется, ешь, а самого мутит. У меня, спасибо, одна жена умела еще коневьи ребра коптить: возьмет как есть коневье ребро, с мясом с обеих сторон, да в большую кишку всунет и над очагом выкоптит. Это еще ничего, сходнее есть можно, потому что оно, по крайней мере, запахом вроде ветчины отдает, но а на вкус все равно тоже поганое. И тут-то этакую гадость гложешь и вдруг вздумаешь: эх, а дома у нас теперь в деревне к празднику уток, мол, и гусей щипят, свиней режут, щи с зашеиной варят жирные-прежирные, и отец Илья, наш священник, добрый-предобрый старичок, теперь скоро пойдет он Христа славить, и с ним дьяки, попадьи и дьячихи идут, и с семинаристами, и все навеселе, а сам отец Илья много пить не может: в господском доме ему дворецкий рюмочку поднесет; в конторе тоже управитель с нянькой вышлет попотчует, отец Илья и раскиснет и ползет к нам на дворню, совсем чуть ножки волочит пьяненький: в первой с краю избе еще как-нибудь рюмочку прососет, а там уже более не может и все под ризой в бутылочку сливает. Так это все у него семейственно, даже в рассуждении кушанья, он если что посмачнее из съестного увидит, просит: "Дайте, – говорит, – мне в газетную бумажку, я с собой заверну". Ему обыкновенно скажут: "Нету, мол, батюшка, у нас газетной бумаги", – он не сердится, а возьмет так просто и не завернувши своей попадейке передаст, и дальше столь же мирно пойдет. Ах, судари, как это все с детства памятное житье пойдет вспоминаться, и понапрет на душу, и станет вдруг загнетать на печенях,

---

[21] Хлупь (хлуп) – кончик крестца у птицы.

43

что где ты пропадаешь, ото всего этого счастия отлучен, и столько лет на духу не был, и живешь невенчанный, и умрешь неотпетый, и охватит тебя тоска, и... дождешься ночи, выползешь потихоньку за ставку, чтобы ни жены, ни дети и никто бы тебя из поганых но видал, и начнешь молиться... и молишься... так молишься, что даже снег инда под коленами протает и где слезы падали – утром травку увидишь.

Рассказчик умолк и поник головою. Его никто не тревожил; казалось, все были проникнуты уважением к святой скорби его последних воспоминаний; но прошла минута, и Иван Северьяныч сам вздохнул, как рукой махнул; снял с головы своей монастырский колпачок и, перекрестясь, молвил:

– А все прошло, слава богу!

Мы дали ему немножко поотдохнуть и дерзнули на новые вопросы о том, как он, наш очарованный богатырь, выправил свои попорченные волосяною сечкою пятки и какими путями он убежал из татарской степи от своих Наташей и Колек и попал в монастырь?

Иван Северьяныч удовлетворил это любопытство с полною откровенностью, изменять которой он, очевидно, был вовсе не способен.

8

– Дорожа последовательностью в развитии заинтересовавшей нас истории Ивана Северьяновича, мы просили его прежде всего рассказать, какими необыкновенными средствами он избавился от своей щетинки и ушел из плена? Он поведал об этом следующее сказание:

– Я совершенно отчаялся когда-нибудь вернуться домой и увидать свое отечество. Помышление об этом даже мне казалось невозможным, и стала даже во мне самая тоска замирать. Живу, как статуй бесчувственный, и больше ничего; а иногда думаю, что вот же, мол, у нас дома в церкви этот самый отец Илья, который все газетной бумажки просит, бывало, на служении молится "о плавающих и путешествующих, страждущих и плененных", а я, бывало, когда это слушаю, все думаю: зачем? разве теперь есть война, чтобы о пленных молиться? А вот теперь и понимаю, зачем этак молятся, но не понимаю, отчего же мне от всех этих молитв никакой пользы нет, и, по малости сказать, хоша не неверую, а смущаюсь, и сам молиться не стал.

"Что же, – думаю, – молить, когда ничего от того не выходит".

А между тем вдруг однажды слышу-послышу: татарва что-то сумятятся.

Я говорю:

"Что такое?"

"Ничего, – говорят, – из вашей стороны два муллы пришли, от белого царя охранный лист имеют и далеко идут свою веру уставлять".

Я бросился, говорю:

"Где они?"

Мне показали на одну юрту, я и пошел туда, куда показали. Прихожу и вижу: там собрались много ших-задов и мало-задов, и мамов, и дербышей, и все, поджав ноги, на кошмах сидят, а посреди их два человека незнакомые, одеты хотя и по-дорожному, а видно, что духовного звания; стоят оба посреди этого сброда и слову божьему татар учат.

Я их как увидал, взрадовался, что русских вижу, и сердце во мне затрепетало, и упал я им в ноги и зарыдал. Они тоже этому моему поклону обрадовались и оба воскликнули:

"А что? а что! видите! видите? как действует благодать, вот она уже одного вашего коснулась, и он обращается от Магомета".

А татары отвечают, что это, мол, ничего не действует: это ваш Иван, он из ваших, из русских, только в плену у нас здесь проживает.

Миссионеры очень этим недовольны сделались. Не верят, что я русский, а я и встрял сам:

"Нет, – я говорю, – я, точно, русский! Отцы, – говорю, – духовные! смилуйтесь, выручите меня отсюда! я здесь уже одиннадцатый год в плену томлюсь, и видите, как изувечен: ходить не могу".

Они, однако, нимало на эти мои слова не уважили и отвернулись и давай опять свое дело продолжать: все проповедуют.

Я думаю: "Ну, что же на это роптать: они люди должностные, и, может быть, им со мною неловко иначе при татарах обойтися", – и оставил, а выбрал такой час, что они были одни в особливой ставке, и кинулся к ним и уже со всею откровенностью им все рассказал, что самую жестокую участь претерпеваю, и прошу их:

"Попугайте, – говорю, – их, отцы-благодетели, нашим батюшкой белым царем: скажите им, что он не велит азиатам своих подданных насильно в плену держать, или, еще лучше, выкуп за меня им дайте, а я вам служить пойду. Я, – говорю, – здесь живучи, ихнему татарскому языку отлично научился и могу вам полезным человеком быть".

А они отвечают:

"Что, – говорят, – сыне: выкупу у нас нет, а пугать, – говорят, – нам неверных не позволено, потому что и без того люди лукавые и непреданные, и с ними из политики мы вежливость соблюдаем".

"Так что же, – говорю, – стало быть, мне из-за этой политики так тут целый век у них и пропадать?"

"А что же, – говорят, – все равно, сыне, где пропадать, а ты молись: у бога много милости, может быть он тебя и избавит".

"Я, мол, молился, да уже сил моих нет и упование отложил".

"А ты, – говорят, – не отчаивайся, потому что это большой грех!"

"Да я, – говорю, – не отчаиваюсь, а только... как же вы это так... мне это очень обидно, что вы русские и земляки, и ничего пособить мне не хотите".

"Нет, – отвечают, – ты, чадо, нас в это не мешай, мы во Христе, а во Христе нет ни еллин, ни жид: наши земляки все послушенствующие. Нам все равны, все равны".

"Все?" – говорю.

"Да, – отвечают, – все, это наше научение от апостола Павла. Мы куда приходим, не ссоримся... это нам не подобает. Ты раб и, что делать, терпи, ибо и по апостолу Павлу, – говорят, – рабы должны повиноваться. А ты помни, что ты христианин, и потому о тебе нам уже хлопотать нечего, твоей душе и без нас врата в рай уже отверзты, а эти во тьме будут, если мы их не присоединим, так мы за них должны хлопотать".

– И показывают мне книжку.

"Вот ведь, – говорят, – видишь, сколько здесь у нас человек в этом реестре записано, – это все мы столько людей к нашей вере присоединили!"

Я с ними больше и говорить не стал и не видел их больше, как окромя одного, и то случаем: пригонил отколь-то раз один мой сынишка и говорит:

"У нас на озере, тятька, человек лежит".

Я пошел посмотреть: вижу, на ногах с колен чулки содраны, а с рук по локти перчатки сняты, татарва это искусно делают: обчертит да дернет, так шкуру и снимет, – а голова этого человека в сторонке валяется, и на лбу крест вырезан.

"Эх, – думаю, – не хотел ты за меня, земляк, похлопотать, и я тебя осуждал, а ты вот сподобился и венец страдания приял. Прости меня теперь ради Христа!"

И взял я его перекрестил, сложил его головку с туловищем, поклонился до земли, и закопал, и "Святый боже" над ним пропел, – а куда другой его товарищ делся, так и не знаю; но только тоже, верно, он тем же кончил, что венец приял, потому что у нас после по орде у татарок очень много образков пошло, тех самых, что с этими миссионерами были.

– А эти миссионеры даже и туда, в Рынь-пески, заходят?

– Как же-с, они ходят, но только все без пользы без всякой.

– Отчего же?

– Обращаться не знают как. Азията в веру приводить надо со страхом, чтобы он трясся от перепуга, а они им бога смирного проповедывают. Это поперву началу никак не годится, потому что азият смирного бога без угрозы ни за что не уважит и проповедников побьет.

– А главное, надо полагать, идучи к азиятам, денег и драгоценностей не надо при себе иметь.

– Не надо-с, а впрочем, все равно они не поверят, что кто-нибудь пришел да ничего при себе не принес; подумают, что где-нибудь в степи закопал, и пытать станут, и запытают.

– Вот разбойники!

– Да-с; так было при мне с одним жидовином: старый жидовин невесть откуда пришел и тоже о вере говорил. Человек хороший, и, видно, к вере своей усердный, и весь в таких лохмотках, что вся плоть его видна, а стал говорить про веру, так даже, кажется, никогда бы его не перестал слушать. Я с ним попервоначалу было спорить зачал, что какая же, мол, ваша вера, когда у вас святых нет, но он говорит: есть, и начал по талмуду читать, какие у них бывают святые... очень занятно, а тот талмуд, говорит, написал раввин Иовоз бен Леви, который был такой ученый, что грешные люди на него смотреть не могли; как взглянули, сейчас все умирали, через что бог позвал его перед самого себя и говорит: "Эй ты, ученый раввин, Иовоз бен Леви! то хорошо, что ты такой ученый, но только то нехорошо, что чрез тебя все мои жидки могут умирать. Но не на то, говорит, я их с Моисеем через степь перегнал и через море переправил. Пошел-ну ты за это вон из своего отечества и живи там, где бы тебя никто не мог видеть". А раввин Леви как пошел, то ударился до самого до того места, где был рай, и зарыл себя там в песок по самую шею, и пребывал в песке тринадцать лет, а хотя же и был засыпан по шею, но всякую субботу приготовлял себе агнца, который был печен огнем, с небеси нисходящим. И если комар или муха ему садилась на нос, чтобы пить его кровь, то они тоже сейчас были пожираемы небесным огнем... Азиятам это очень понравилось про ученого раввина, и они долго сего жидовина слушали, а потом приступили к нему и стали его допрашивать: где он, идучи к ним, свои деньги закопал? Жидовин батюшки как клялся, что денег у него нет, что его бог без всего послал, с одной мудростью, ну, однако, они ему не поверили, а сгребли уголья, где костер горел, разостлали на горячую золу коневью шкуру, положили на нее и стали потряхивать. Говори им да говори: где деньги? А как видят, что он весь почернел и голосу не подает:

"Стой, – говорят, – давай мы его по горло в песок закопаем: может быть, ему от этого проходит".

И закопали, но, однако, жидовин так закопанный и помер, и голова его долго потом из песку чернелась, но дети ее стали пужаться, так срубили ее и в сухой колодец кинули.

– Вот тебе и проповедуй им!

– Да-с; очень трудно, но а деньги у этого жидовина все-таки ведь были.

– Были?!

47

– Были-с; его потом волки тревожить стали и шакалки, и всего по кусочкам из песку повытаскали, и наконец добрались и до обуви. Тут сапожонки растормошили, а из подметки семь монет выкатились. Нашли их потом.

– Ну, а как же вы-то от них вырвались?

– Чудом спасен.

– Кто же это чудо сделал, чтобы вас избавить?

– Талафа.

– Это кто же такой этот Талафа: тоже татарин?

– Нет-с; он другой породы, индийской, и даже не простой индеец, а ихний бог, на землю сходящий.

Упрошенный слушателями, Иван Северьяныч Флягин рассказал нижеследующее об этом новом акте своей житейской драмокомедии.

9

– После того как татары от наших мисанеров избавились, опять прошел без мала год, и опять была зима, и мы перегнали косяки тюбеньковать на сторону поюжнее, к Каспию, и тут вдруг одного дня перед вечером пригонили к нам два человека, ежели только можно их за человеков считать. Кто их знает, какие они и откуда и какого рода и звания. Даже языка у них никакого настоящего не было, ни русского, ни татарского, а говорили слово по-нашему, слово по-татарски, а то промеж себя невесть по-каковски. Оба не старые, один черный, с большой бородой, в халате, будто и на татарина похож, но только халат у него не пестрый, а весь красный, и на башке острая персианская шапка; а другой рыжий, тоже в халате, но этакий штуковатый: все ящички какие-то при себе имел, и сейчас чуть ему время есть, что никто на него не смотрит, он с себя халат долой снимет и остается в одних штанцах и в курточке, а эти штанцы и курточка по-такому шиты, как в России на заводах у каких-нибудь немцев бывает. И все он, бывало, в этих ящичках что-то вертит да перебирает, а что такое у него там содержалось? – лихо его ведает. Говорили, будто из Хивы пришли коней закупать и хотят там у себя дома с кем-то войну делать, а с кем – не сказывают, но только все татарву против русских подущают. Слышу я, этот рыжий, – говорить он много не умеет, а только выговорит вроде как по-русски "нат-шаль-ник" и плюнет; но денег с ними при себе не было, потому что они, азияты, это знают, что если с деньгами в степь приехать, то оттоль уже с головой на плечах не выедешь, а манули они наших татар, чтобы им косяки коней на их реку, на Дарью, перегнать и там расчет сделать. Татарва и туда и сюда мыслями рассеялись и не знают: согласиться на это или нет? Думают, думают, словно золото копают, а, видно, чего-то боятся.

А те их то честью уговаривали, а потом тоже и пугать начали.

"Гоните, – говорят, – а то вам худо может быть: у нас есть бог Талафа, и он с нами свой огонь прислал. Не дай бог, как рассердится".

Татары того бога не знают и сомневаются, что он им сделать может в степи зимою с своим огнем, – ничего. Но этот чернобородый, который из Хивы приехал, в красном халате, говорит, что если, говорит, вы сомневаетесь, то Талафа вам сею же ночью свою силу покажет, только вы, говорит, если что увидите или услышите, наружу не выскакивайте, а то он сожжет. Разумеется, всем это среди скуки степной, зимней, ужасть как интересно, и все мы хотя немножко этой ужасти боимся, а рады посмотреть: что такое от этого индийского бога будет; чем он, каким чудом проявится?

Позабрались мы с женами и с детьми под ставки (под кибитки) рано и ждем... Все темно и тихо, как и во всякую ночь, только вдруг, так в первый сон, я слышу, что будто в степи что-то как вьюга прошипело и хлопнуло, и сквозь сон мне показалось, будто с небеси искры посыпались.

Схватился я, гляжу, и жены мои ворочаются, и ребята заплакали.

Я говорю:

"Цыть! заткните им глотки, чтобы сосали и не плакали".

Те зацмокотали, и стало опять тихо, а в темной степи вдруг опять вверх огонь зашипел... зашипело и опять лопнуло...

"Ну, – думаю, – однако, видно, Талафа-то не шутка!"

А он мало спустя опять зашипел, да уже совсем на другой манер, – как птица огненная, выпорхнул с хвостом, тоже с огненным, и огонь необыкновенно какой, как кровь красный, а лопнет, вдруг все желтое сделается и потом синее станет.

По становищу, слышу, все как умерло. Не слыхать этого, разумеется, никому нельзя, этакой пальбы, во все, значит, оробели и лежат под тулупами. Только слышно, что земля враз вздрогнет, затрясется и опять станет. Это, можно разуметь, кони шарахаются и все в кучу теснятся, да слышно раз было, как эти хивяки или индийцы куда-то пробегли, и сейчас опять по степи огонь как пустится змеем... Кони как зынули на то, да и понеслись... Татарва и страх позабыли, все повыскакали, башками трясут, вопят: "Алла! Алла!" – да в погоню, а те, хивяки, пропали, и следа их нет, только один ящик свой покинули по себе на память... Вот тут как все наши батыри угнали за табуном, а в стану одни бабы да старики остались, я и догляделся до этого ящика: что там такое? Вижу, в нем разные земли, и снадобья, и бумажные трубки: я стал раз одну эту трубку близко к костру рассматривать, а она как хлопнет, чуть мне огнем все глаза не выжгло, и вверх полетела, а там... бббаххх, звездами рассыпало...

49

"Эге, – думаю себе, – да это, должно, не бог, а просто фейверок, как у нас в публичном саду пускали", – да опять как из другой трубки бабахну, а гляжу, татары, кои тут старики остались, уже и повалились и ничком лежат кто где упал да только ногами дрыгают... Я было попервоначалу и сам испугался, но потом как увидал, что они этак дрыгают, вдруг совсем в иное расположение пришел и, с тех пор как в полон попал, в первый раз как заскриплю зубами, да и ну на них вслух какие попало незнакомые слова произносить. Кричу как можно громче:

"Парле-бьен-комса-шире-мир-ферфлюхтур-мин-адью-мусью!"

Да еще трубку с вертуном выпустил... Ну, тут уже они, увидав, как вертун с огнем ходит, все как умерли... Огонь погас, а они все лежат, и только нет-нет один голову поднимет, да и опять сейчас мордою вниз, а сам только пальцем кивает, зовет меня к себе. Я подошел и говорю:

"Ну, что? признавайся, чего тебе, проклятому: смерти или живота?", потому что вижу, что они уже страсть меня боятся.

"Прости, – говорят, – Иван, не дай смерти, а дай живота".

А в другом месте тоже и другие таким манером кивают и все прощенья и живота просят.

Я вижу, что хорошо мое дело заиграло: верно, уже я за все свои грехи оттерпелся, и прошу:

"Мать пресвятая владычица, Николай Угодник, лебедики мои, голубчики, помогите мне, благодетели!"

А сам татар строго спрашиваю:

"В чем и на какой конец я вас должен простить и животом жаловать?"

"Прости, – говорят, – что мы в твоего бога не верили".

"Ага, – думаю, – вон оно как я их пугнул", – да говорю: "Ну уж нет, братцы, врете, этого я вам за противность релегии ни за что не прощу!" Да сам опять зубами скрип да еще трубку распечатал.

Эта вышла с ракитою... Страшный огонь и треск.

Кричу я на татар:

"Что же: еще одна минута, и я вас всех погублю, если вы не хотите в моего бога верить".

"Не губи, – отвечают, – мы все под вашего бога согласны подойти".

Я и перестал фейверки жечь и окрестил их в речечке.

– Тут же, в это самое время и окрестили?

– В эту же самую минуту-с. Да и что же тут было долго время препровождать? Надо, чтобы они одуматься не могли. Помочил их по башкам водицей над прорубью, прочел "во имя отца и сына", и крестики, которые от мисанеров остались, понадевал на шеи, и велел им того убитого мисанера чтобы они за мученика почитали и за него молились, и могилку им показал.

– И они молились?

50

– Молились-с.

– Ведь они же никаких молитв христианских, чай, не знали, или вы их выучили?

– Нет; учить мне их некогда было, потому что я видел, что мне в это время бежать пора, а велел им: молитесь, мол, как до сего молились, по-старому, но только Аллу называть не смейте, а вместо него Иисуса Христа поминайте. Они так и приняли сие исповедание.

– Ну, а потом как же все-таки вы от этих новых христиан убежали с своими искалеченными ногами и как вылечились?

– А потом я нашел в тех фейверках едкую землю; такая, что чуть ее к телу приложишь, сейчас она страшно тело палит. Я ее и приложил и притворился, будто я болен, а сам себе все, под кошмой лежа, этой едкостью пятки растравливал и в две недели так растравил, что у меня вся как есть плоть на ногах взгноилась и вся та щетина, которую мне татары десять лет назад засыпали, с гноем вышла. Я как можно скорее обмогнулся, но виду в том не подаю, а притворяюсь, что мне еще хуже стало, и наказал я бабам и старикам, чтобы они все как можно усердней за меня молились, потому что, мол, помираю. И положил я на них вроде епитимьи пост, и три дня я им за юрты выходить не велел, а для большей еще острастки самый большой фейверк пустил и ушел...

– Но они вас не догнали?

– Нет; да и где им было догонять: я их так запостил и напугал, что они небось радешеньки остались и три дня носу из юрт не казали, а после хоть и выглянули, да уже искать им меня далеко было. Ноги-то у меня, как я из них щетину спустил, подсохли, такие легкие стали, что как разбежался, всю степь перебежал.

– И все пешком?

– А то как же-с, там ведь не проезжая дорога, встретить некого, а встретишь, так не обрадуешься, кого обретешь. Мне на четвертый день чувашин показался, один пять лошадей гонит, говорит: "Садись верхом".

Я поопасался и не поехал.

– Чего же вы его боялись?

– Да так... он как-то мне неверен показался, а притом нельзя было и разобрать, какой он религии, а без этого на степи страшно. А он, бестолковый, кричит:

"Садись, – кричит, – веселей, двое будем ехать".

Я говорю:

"А кто ты: может быть, у тебя бога нет?"

"Как, – говорит, – нет: это у татарина бока нет, он кобылу ест, а у меня есть бок".

"Кто же, – говорю, – твой бог?"

"А у меня, – говорит, – все бок: и солнце бок, и месяц бок, и звезды бок... все бок. Как у меня нет бок?"

"Все!.. гм... все, мол, у тебя бог, а Иисус Христос, – говорю, – стало быть, тебе не бог?"

"Нет, – говорит, – и он бок, и богородица бок, и Николач бок..."

"Какой, – говорю, – Николач?"

"А что один на зиму, один на лето живет".

Я его похвалил, что он русского Николая Чудотворца уважает.

"Всегда, – говорю, – его почитай, потому что он русский", – и уже совсем было его веру одобрил и совсем с ним ехать хотел, а он, спасибо, разболтался и выказался.

"Как же, – говорит, – я Николача почитаю: я ему на зиму пущай хоть не кланяюсь, а на лето ему двугривенный даю, чтоб он мне хорошенько коровок берег, да! Да еще на него одного не надеюсь, так Керемети[22] бычка жертвую".

Я и рассердился.

"Как же, – говорю, – ты смеешь на Николая Чудотворца не надеяться и ему, русскому, всего двугривенный, а своей мордовской Керемети поганой целого бычка! Пошел прочь, – говорю, – не хочу я с тобою... я с тобою не поеду, если ты так Николая Чудотворца не уважаешь".

И не поехал: зашагал во всю мочь, не успел опомниться, смотрю, к вечеру третьего дня вода завиднелась и люди. Я лег для опаски в траву и высматриваю: что за народ такой? Потому что боюсь, чтобы опять еще в худший плен не попасть, но вижу, что эти люди пищу варят... Должно быть, думаю, христиане... Подползоз еще ближе: гляжу, крестятся и водку пьют, – ну, значит, русские!.. Тут я и выскочил из травы и объявился. Это, вышло, ватага рыбная: рыбу ловили. Они меня, как надо землякам, ласково приняли и говорят:

"Пей водку!"

Я отвечаю:

"Я, братцы мои, от нее. с татарвой живучи, совсем отвык".

"Ну, ничего, – говорят, – здесь своя нация, опять привыкнешь: пей!"

Я налил себе стаканчик и думаю:

"Ну-ка, господи благослови, за свое возвращение!" – и выпил, а ватажники пристают, добрые ребята.

"Пей еще! – говорят, – ишь ты без нее как зачичкался".

Я и еще одну позволил и сделался очень откровенный: все им рассказал: откуда я и где и как пребывал. Всю ночь я им, у огня сидя, рассказывал и водку пил, и все мне так радостно было, что я опять на

---

[22] Керемети – согласно чувашским поверьям, добрые духи, которые живут в лесах.

святой Руси, но только под утро этак, уже костерок стал тухнуть и почти все, кто слушал, заснули, а один из них, ватажный товарищ, говорит мне:

"А паспорт же у тебя есть?"

Я говорю:

"Нет, нема".

"А если, – говорит, – нема, так тебе здесь будет тюрьма".

"Ну так я, – говорю, – я от вас не пойду; а у вас небось тут можно жить и без паспорта?"

А он отвечает:

"Жить, – говорит, – у нас без паспорта можно, но помирать нельзя".

Я говорю:

"Это отчего?"

"А как же, – говорит, – тебя поп запишет, если ты без паспорта?"

"Так как же, мол, мне на такой случай быть?"

"В воду, – говорит, – тебя тогда бросим на рыбное пропитание".

"Без попа?"

"Без попа".

Я, в легком подпитии будучи, ужасно этого испугался и стал плакать и жалиться, а рыбак смеется.

"Я, – говорит, – над тобою шутил: помирай смело, мы тебя в родную землю зароем".

Но я уже очень огорчился и говорю:

"Хороша, мол, шутка. Если вы этак станете надо мною часто шутить, так я и до другой весны не доживу".

И чуть этот последний товарищ заснул, я поскорее поднялся и пошел прочь, и пришел в Астрахань, заработал на поденщине рубль и с того часу столь усердно запил, что не помню, как очутился в ином городе, и сижу уже я в остроге, а оттуда меня по пересылке в свою губернию послали. Привели меня в наш город, высекли в полиции и в свое имение доставили. Графиня, которая меня за кошкин хвост сечь приказывала, уже померла, а один граф остался, но тоже очень состарился, и богомольный стал, и конскую охоту оставил. Доложили ему, что я пришел, он меня вспомнил и велел меня еще раз дома высечь и чтобы я к батюшке, к отцу Илье, на дух шел. Ну, высекли меня по-старинному, в разрядной избе, и я прихожу к отцу Илье, а он стал меня исповедовать и на три года не разрешает мне причастия...

Я говорю:

"Как же так, батюшка, я было... столько лет не причащамшись... ждал..."

"Ну, мало ли, – говорит, – что; ты ждал, а зачем ты, – говорит, – татарок при себе вместо жен держал... Ты знаешь ли, – говорит, – что я еще милостиво делаю, что тебя только от причастия отлучаю, а если бы тебя взяться как должно по правилу святых отец исправлять, так на тебе на живом надлежит всю одежду сжечь, но только ты, – говорит, – этого не бойся, потому что этого теперь по полицейскому закону не позволяется".

"Ну что же, – думаю, – делать: останусь хоть так, без причастия, дома поживу, отдохну после плена", – но граф этого не захотели. Изволили сказать:

"Я, – говорят, – не хочу вблизи себя отлученного от причастия терпеть".

И приказали управителю еще раз меня высечь с оглашением для всеобщего примера и потом на оброк пустить. Так и сделалось: выпороли меня в этот раз по-новому, на крыльце, перед конторою, при всех людях, и дали паспорт. Отрадно я себя тут-то почувствовал, через столько лет совершенно свободным человеком, с законною бумагою, и пошел. Намерениев у меня никаких определительных не было, но на мою долю бог послал практику.

– Какую же?

– Да опять все по той же, по конской части. Я пошел с самого малого ничтожества, без гроша, а вскоре очень достаточного положения достиг и еще бы лучше мог распорядиться, если бы не один предмет.

– Что же это такое, если можно спросить?

– Одержимости большой подпал от разных духов и страстей и еще одной неподобной вещи.

– Что же это такое за неподобная вещь вас обдержала?

– Магнетизм-с.

– Как! магнетизм?!

– Да-с, магнетическое влияние от одной особы.

– Как же вы чувствовали над собой ее влияние?

– Чужая воля во мне действовала, и я чужую судьбу исполнял.

– Вот тут, значит, к вам и пришла ваша собственная погибель, после которой вы нашли, что вам должно исполнить матушкино обещание, и пошли в монастырь?

– Нет-с, это еще после пришло, а до того со мною много иных разных приключений было, прежде чем я получил настоящее убеждение.

– Вы можете рассказать и эти приключения?

– Отчего же-с; с большим моим удовольствием.

– Так пожалуйста.

10

– Взявши я паспорт, пошел без всякого о: себе намерения, и пришел на ярмарку, и вижу, там цыган мужику лошадь меняет и безбожно его обманывает; стал ее силу пробовать, и своего конишку в просяной воз заложил, а мужикову лошадь в яблочный. Тяга в них, разумеется, хоть и равная, а мужикова лошадь преет, потому что ее яблочный дух обморачивает, так как коню этот дух страшно неприятен, а у цыгановой лошади, кроме того, я вижу, еще и обморок бывает, и это сейчас понять можно, потому что у нее на лбу есть знак, как был огонь ставлен, а цыган говорит: "Это бородавка". А мне мужика, разумеется, жаль, потому ему на оморочной лошади нельзя будет работать, так как она кувырнет, да и все тут, а к тому же я цыганов тогда смерть ненавидел через то, что от первых от них имел соблазн бродить, и впереди, вероятно, еще иное предчувствовал, как и оправдалось. Я эту фальшь в лошади мужичку и открыл, а как цыган стал со мною спорить, что не огонь жжен на лбу, а бородавка, я в доказательство моей справедливости ткнул коня шильцем в почку, он сейчас и шлеп на землю и закрутился. Взял я и мужикам хорошую лошадь по своим познаниям выбрал, а они мне за это вина, и угощенья, и две гривны денег, и очень мы тут погуляли. С того и пошло: и капитал расти и усердное пьянство, и месяца не прошло, как я вижу, что это хорошо: обвешался весь бляхами и коновальскою сбруею и начал ходить с ярмарки на ярмарку и везде бедных людей руководствую и собираю себе достаток и все магарычи пью; а между тем стал я для всех барышников-цыганов вез равно что божия гроза, и узнал стороною, что они собираются меня бить. Я от этого стал уклоняться, потому что их много, а я один, и они меня ни разу не могли попасть одного и вдоволь отколотить, а при мужиках не смели, потому что те за мою добродетель всегда стояли за меня. Тут они и пустили про меня дурную славу, что будто я чародей и не своею силою в твари толк знаю, но, разумеется, все это было пустяки: к коню я, как вам докладывал, имею дарование и готов бы его всякому, кому угодно, преподать, но только что, главное дело, это никому в пользу не послужит.

— Отчего же это не послужит в пользу?

— Не поймет-с никто, потому что на это надо не иначе как иметь дар природный, и у меня уже не раз такой опыт был, что я преподавал, но все втуне осталось; но позвольте, об этом после.

Когда моя слава по ярмаркам прогремела, что я насквозь коня вижу, то один ремонтер, князь, мне сто рублей давал:

"Открой, — говорит, — братец, твой секрет насчет понимания. Мне это дорого стоит".

А я отвечаю:

"Никакого у меня секрета нет, а у меня на это природное дарование".

Ну, а он пристает:

"Открой же мне, однако, как ты об этом понимаешь? А чтобы ты не думал, что я хочу как-нибудь, – вот тебе сто рублей".

Что тут делать? Я пожал плечами, завязал деньги в тряпицу и говорю: извольте, мол, я, что знаю, стану сказывать, а вы извольте тому учиться и слушать; а если не выучитесь и нисколько вам от того пользы не будет, за это я не отвечаю.

Он, однако, был и этим доволен и говорит: "Ну уж это не твоя беда, сколько я научусь, а ты только сказывай".

"Первое самое дело, – говорю, – если кто насчет лошади хочет знать, что она в себе заключает, тот должен иметь хорошее расположение в осмотре и от того никогда не отдаляться. С первого взгляда надо глядеть умно на голову и потом всю лошадь окидывать до хвоста, а не латошить, как офицеры делают. Тронет за зашеину, за челку, за храпок, за обрез и за грудной соколок или еще за что попало, а все без толку. От этого барышники кавалерийских офицеров за эту латошливость страсть любят. Барышник как этакую военную латОху увидал, сейчас начнет перед ним конем крутить, вертеть, во все стороны поворачивать, а которую часть не хочет показать, той ни за что не покажет, а там-то и фальшь, а фальшей этих бездна: конь вислоух – ему кожицы на вершок в затылке вырежут, стянут, и зашьют, и замажут, и он оттого ушки подберет, но ненадолго: кожа ослабнет, и уши развиснут. Если уши велики, – их обрезывают, – а чтобы ушки прямо стояли, в них рожки суют. Если кто паристых лошадей подбирает и если, например, один конь во лбу с звездочкой, – барышники уже так и зрят, чтобы такую звездочку другой приспособить: пемзою шерсть вытирают или горячую репу печеную приложат где надо, чтобы белая шерсть выросла, она сейчас и идет, но только всячески если хорошо смотреть, то таким манером ращенная шерстка всегда против настоящей немножко длиннее и пупится, как будто бородочка. Еще больше барышники обижают публику глазами: у иной лошади западинки ввалившись над глазом, и некрасиво, но барышник проколет кожицу булавкой, а потом приляжет губами и все в это место дует, и надует так, что кожа подымется и глаз освежеет, и красиво станет. Это легко делать, потому что если лошади на глаз дышать, ей это приятно, от теплого дыхания, и она стоит не шелохнется, но воздух выйдет, и у нее опять ямы над глазами будут. Против этого одно средство: около кости щупать, не ходит ли воздух. Но еще того смешнее, как слепых лошадей продают. Это точно комедия бывает. Офицерик, например, крадется к глазу коня с соломинкой, чтобы испытать, видит ли конь соломинку, а сам того не видит, что барышник в это время, когда лошади надо головой мотнуть, кулаком ее под брюхо или под бок толкает. А иной хоть и тихо гладит, но у него в перчатке гвоздик, и он будто гладит, а сам кольнет". И я своему ремонтеру против того, что здесь сейчас упомянул, вдесятеро более

56

объяснил, но ничего ему это в пользу не послужило: назавтра, гляжу, он накупил коней таких, что кляча клячи хуже, и еще зовет меня посмотреть и говорит:

"Ну-ка, брат, полюбуйся, как я наловчился коней понимать".

Я взглянул, рассмеялся и отвечаю, что, мол, и смотреть нечего:

"У этой плечи мясисты, – будет землю ногами цеплять; эта ложится – копыто под брюхо кладет и много что чрез годок себе килу намнет; а эта, когда овес ест, передней ногою топает и колено об ясли бьет", – и так всю покупку раскритиковал, и все правильно на мое вышло.

Князь на другой день и говорит:

"Нет, Иван, мне, точно, твоего дарования не понять, а лучше служи ты сам у меня конэсером и выбирай ты, а я только буду деньги платить".

Я согласился и жил отлично целые три года, не как раб и наемник, а больше как друг и помощник, и если бы не выходы меня одолели, так я мог бы даже себе капитал собрать, потому что, по ремонтирскому заведению, какой заводчик ни приедет, сейчас сам с ремонтером знакомится, а верного человека подсылает к конэсеру, чтобы как возможно конэсера на свою сторону задобрить, потому что заводчики знают, что вся настоящая сила не в ремонтере, а в том, если который имеет при себе настоящего конэсера. Я же был, как докладывал вам, природный конэсер и этот долг природы исполнял совестно: ни за что я того, кому служу, обмануть не мог. И мой князь это чувствовал и высоко меня уважал, и мы жили с ним во всем в полной откровенности. Он, бывало, если проиграется где-нибудь ночью, сейчас утром как встанет, идет в архалучке ко мне в конюшню и говорит:

"Ну что, почти полупочтеннейший мой Иван Северьяныч! Каковы ваши дела?" – Он все этак шутил, звал меня почти полупочтенный, но почитал, как увидите, вполне.

А я знал, что это обозначает, если он с такой шуткой идет, и отвечу, бывало:

"Ничего, мол: мои дела, слава богу, хороши, а не знаю, как ваше сиятельство, каковы ваши обстоятельства?"

"Мои, – говорит, – так довольно гадки, что даже хуже требовать не надо".

"Что же это такое, мол, верно, опять вчера продулись по-анамеднешнему?"

"Вы, – отвечает, – изволили отгадать, мой полупочтеннейший, продулся я-с, продулся".

"А на сколько, – спрашиваю, – вашу милость облегчило?"

Он сейчас же и ответит, сколько тысяч проиграл, а я покачаю головою да говорю:

"Продрать бы ваше сиятельство хорошо, да некому".

57

Он рассмеется и говорит:

"То и есть, что некому".

"А вот ложитесь, мол, на мою кроватку, я вам чистенький кулечек в голову положу, а сам вас постегаю".

Он, разумеется, и начнет подъезжать, чтобы я ему на реванж денег дал.

"Нет, ты, – говорит, – лучше меня не пори, а дай-ка мне из расходных денег на реванжик: я пойду отыграюсь и всех обыграю".

"Ну уж это, – отвечаю, – покорно вас благодарю, нет уже, играйте, да не отыгрывайтесь".

"Как, благодаришь! – начнет смехом, а там уже пойдет сердиться: – Ну, пожалуйста, – говорит, – не забывайся, прекрати надо мною свою опеку и подай деньги".

Мы спросили Ивана Северьяныча, давал ли он своему князю на реванж?

– Никогда, – отвечал он. – Я его, бывало, либо обману: скажу, что все деньги на овес роздал, либо просто со двора сбегу.

– Ведь он на вас небось за это сердился?

– Сердился-с; сейчас, бывало, объявляет: "Кончено-с; вы у меня, полупочтеннейший, более не служите".

Я отвечаю:

"Ну и что же такое, и прекрасно. Пожалуйте мой паспорт".

"Хорошо-с, – говорит, – извольте собираться: завтра получите ваш паспорт".

Но только назавтра у нас уже никогда об этом никакого разговору больше не было. Не более как через какой-нибудь час он, бывало, приходит ко мне совсем в другом расположении и говорит:

"Благодарю вас, мой премного-малозначащий, что вы имели характер и мне на реванж денег не дали".

И так он это всегда после чувствовал, что если и со мною что-нибудь на моих выходах случалось, так он тоже как брат ко мне снисходил.

– А с вами что же случалось?

– Я же вам объяснял, что выходы у меня бывали.

– А что это значит выходы?

– Гулять со двора выходил-с. Обучась пить вино, я его всякий день пить избегал и в умеренности никогда не употреблял, но если, бывало, что меня растревожит, ужасное тогда к питью усердие получаю и сейчас сделаю выход на несколько дней и пропадаю. А брало это меня и не заметишь отчего; например, когда, бывало, отпущаем коней, кажется, и не братья они тебе, а соскучаешь по них и запьешь. Особенно если отдалишь от себя такого коня, который очень красив, то так он, подлец, у тебя в

58

глазах и мечется, до того, что как от наваждения какого от него скрываешься, и сделаешь выход.

– Это значит – запьете?

– Да-с; выйду и запью.

– И надолго?

– М... н... н... это не равно-с, какой выход задастся: иногда пьешь, пока все пропьешь, и либо кто-нибудь тебя отколотит, либо сам кого побьешь, а в другой раз покороче удастся, в части посидишь или в канаве выспишься, и доволен, и отойдет. В таковых случаях я уже наблюдал правило и, как, бывало, чувствую, что должен сделать выход, прихожу к князю и говорю:

"Так и так, ваше сиятельство, извольте принять от меня деньги, а я пропаду".

Он уже и не спорит, а принимает деньги или только спросит, бывало:

"Надолго ли, ваша милость, вздумали зарядить?"

Ну, я отвечаю, судя по тому, какое усердие чувствую: на большой ли выход или на коротенький.

И я уйду, а он уже сам и хозяйничает и ждет меня, пока кончится выход, и все шло хорошо; но только ужасно мне эта моя слабость надоела, и вздумал я вдруг от нее избавиться; тут-то и сделал такой последний выход, что даже теперь вспомнить страшно.

11

Мы, разумеется, подговорились, чтобы Иван Северьяныч довершил свою любезность, досказав этот новый злополучный эпизод в своей жизни, а он, по доброте своей, всеконечно от этого не отказался и поведал о своем "последнем выходе" следующее:

– У нас была куплена с завода кобылица Дидона, молодая, золото-гнедая, для офицерского седла. Дивная была красавица: головка хорошенькая, глазки пригожие, ноздерки субтильные и открытенькие, как хочет, так и дышит; гривка легкая; грудь меж плеч ловко, как кораблик, сидит, а в поясу гибкая, и ножки в белых чулочках легкие, и она их мечет, как играет... Одним словом, кто охотник и в красоте имеет понятие, тот от наглядения на этакого животного задуматься может. Мне же она так по вкусу пришла, что я даже из конюшни от нее не выходил и все ласкал ее от радости. Бывало, сам ее вычищу и оботру ее всю как есть белым платочком, чтобы пылинки у нее в шерстке нигде не было, даже и поцелую ее в самый лобик, в завиточек, откуда шерсточка ее золотая расходилась... В эту пору у нас разом шли две ярмарки; одна в Л., другая в К., и мы с князем разделились: на одной я действую, а на другую он поехал. И вдруг я получаю от него письмо, что пишет "прислать, говорит, ко мне сюда таких-то и таких-то лошадей и Дидону". Мне неизвестно было, зачем он эту мою красавицу потребовал, на которую мой охотницкий глаз радовался. Но думал я, конечно, что кому-нибудь он ее, голубушку, променял, или продал, или, еще того вернее, проиграл в карты... И вот я отпустил с конюхами Дидону и ужасно растосковался и возжелал выход сделать. А положение мое в эту пору было совсем необыкновенное: я вам докладывал, что у меня всегда было такое заведение, что если нападет на меня усердие к выходу, то я, бывало, появляюсь к князю, отдаю ему все деньги, кои всегда были у меня на руках в большой сумме, и говорю: "Я на столько-то или на столько-то дней пропаду". Ну, а тут как мне это устроить, когда моего князя при мне нет? И вот я думаю себе: "Нет, однако, я больше не стану пить, потому что князя моего нет и выхода мне в порядке сделать невозможно, потому что денег отдать некому, а при мне сумма знатная, более как до пяти тысяч". Решил я так, что этого нельзя, и твердо этого решения и держусь, и усердия своего, чтобы сделать выход и хорошенько пропасть, не попущаю, но ослабления к этому желанию все-таки не чувствую, а, напротив того, больше и больше стремлюсь сделать выход. И наконец стал я исполняться одной мысли: как бы мне так устроить, чтобы и свое усердие к выходу исполнить, и княжеские деньги соблюсти? И начал я их с этою целию прятать и все по самым невероятным местам их прятал, где ни одному человеку на мысль не придет деньги положить... Думаю: "Что делать? видно, с собою не совладаешь, устрою, думаю, ненадежнее деньги, чтобы они были сохранны, и тогда отбуду свое усердие, сделаю выход". Но только напало на меня смущение: где я эти проклятые деньги спрячу? Куда я их ни положу, чуть прочь от того места отойду, сейчас мне входит в голову мысль, что их кто-то крадет. Иду и опять поскорее возьму и опять перепрятываю... Измучился просто я, их прятавши и по сеновалам, и по погребам, и по застрехам, и по другим таким неподобным местам для хранения, а чуть отойду, сейчас все кажется, что кто-нибудь видел, как я их хоронил, и непременно их отыщет, и я опять вернусь, и опять их достану, и ношу их с собою, а сам опять думаю: "Нет, уже бас та, видно мне не судьба в этот раз свое усердие исполнить". И вдруг мне пришла божественная мысль: ведь это, мол, меня бес томит этой страстью, пойду же я его, мерзавца, от себя святыней отгоню! И пошел я к ранней обедне, помолился, вынул из себя часточку и, выходя из церкви, вижу, что на стене Страшный суд нарисован и там в углу дьявола в геенне ангелы цепью бьют. Я остановился, посмотрел и помолился поусерднее святым ангелам, а дьяволу взял да, послюнивши, кулак в морду и сунул:

"На-ка, мол, тебе кукиш, на него что хочешь, то и купишь", – а сам после этого вдруг совершенно успокоился и, распорядившись дома чем надобно, пошел в трактир чай пить... А там, в трактире, вижу, стоит между гостей какой-то проходимец. Самый препустейший-пустой человек. Я его и прежде, этого человека, видал и почитал его не больше как за какого-нибудь шарлатана или паяца, потому что он все, бывало, по ярмаркам таскается и у господ по-французски пособия себе просит. Из благородных он будто бы был и в военной службе служил, но все свое промотал и в карты проиграл и ходит по миру... Тут его, в этом трактире, куда я пришел, услужающие молодцы выгоняют вон, а он не соглашается уходить и стоит да говорит:

"Вы еще знаете ли, кто я такой? Ведь я вам вовсе не ровня, у меня свои крепостные люди были, и я очень много таких молодцов, как вы, на конюшне для одной своей прихоти сек, а что я всего лишился, так на это была особая божия воля, и на мне печать гнева есть, а потому меня никто тронуть не смеет".

Те ему не верят и смеются, а он сказывает, как он жил, и в каретах ездил, и из публичного сада всех штатских господ вон прогонял, и один раз к губернаторше голый приехал, "а ныне, – говорит, – я за свои своеволия проклят и вся моя натура окаменела, и я ее должен постоянно размачивать, а потому подай мне водки! – я за нее денег платить не имею, но зато со стеклом съем".

Один гость и велел ему подать, чтобы посмотреть, как он будет стекло есть. Он сейчас водку на лоб хватил и как обещал, так честно и начал стеклянную рюмку зубами хрустать и перед всеми ее и съел, и все этому с восторгом дивились и хохотали. А мне его стало жалко, что благородный он человек, а вот за свое усердие к вину даже утробою жертвует. Думаю: надо ему дать хоть кишки от этого стекла прополоснуть, и велел ему на свой счет другую рюмку подать, но стекла есть не понуждал. Сказал: не надо, не ешь. Он это восчувствовал и руку мне подает.

"Верно, – говорит, – ты происхождения из господских людей?"

"Да, – говорю, – из господских".

"Сейчас, – говорит, – и видно, что ты не то, что эти свиньи. Гран-мерси[23], – говорит, – тебе за это".

Я говорю:

"Ничего, иди с богом".

"Нет, – отвечает, – я очень рад с тобою поговорить. Подвинься-ка, я возле тебя сяду".

"Ну, мол, пожалуй, садись".

Он возле меня и сел и начал сказывать, какой он именитой фамилии и важного воспитания, и опять говорит:

"Что это... ты чай пьешь?"

---

[23] большое спасибо (франц.)

"Да, мол, чай. Хочешь, и ты со мною пей".

"Спасибо, – отвечает, – только я чаю пить не могу".

"Отчего?"

"А оттого, – говорит, – что у меня голова не чайная, а у меня голова отчаянная: вели мне лучше еще рюмку вина подать!.." – И этак он и раз, и два, и три у меня вина выпросил и стал уже очень мне этим докучать. А еще больше противно мне стало, что он очень мало правды сказывает, а все-то куражится и невесть что о себе соплетет, а то вдруг беднится, плачет, и все о суете.

"Подумай, – говорит, – ты, какой я человек? Я – говорит, – самим богом в один год с императором создан и ему ровесник".

"Ну так что же, мол, такое?"

"А то, что какое же мое, несмотря на все это, положение? Несмотря на все это, я, – говорит, – нисколько не взыскан и вышел ничтожество, и, как ты сейчас видел, я ото всех презираем". – И с этими словами опять водки потребовал, но на сей раз уже велел целый графин подать, а сам завел мне преогромную историю, как над ним по трактирам купцы насмехаются, и в конце говорит:

"Они, – говорит, – необразованные люди, думают, что это легко такую обязанность несть, чтобы вечно пить и рюмкою закусывать? Это очень трудное, братец, призвание, и для многих даже совсем невозможное: по я свою натуру приучил, потому что вижу, что свое надо отбыть, и несу".

"Зачем же, – рассуждаю, – этой привычке так уже очень усердствовать? Ты ее брось".

"Бросить? – отвечает. – А-га, нет, братец, мне этого бросить невозможно".

"Почему же, – говорю, – нельзя?"

"А нельзя, – отвечает, – по двум причинам: во-первых, потому, что я, не напившись вина, никак в кровать не попаду, а все буду ходить; а во-вторых, самое главное, что мне этого мои христианские чувства не позволяют".

"Что же, мол, это такое? Что ты в кровать не попадешь, это понятно, потому что все пить ищешь; но чтобы христианские чувства тебе не позволяли этаку вредную пакость бросить, этому я верить не хочу".

"Да, вот ты, – отвечает, – не хочешь этому верить... Так и все говорят... А что, как ты полагаешь, если я эту привычку пьянствовать брошу, а кто-нибудь ее поднимет да возьмет: рад ли он этому будет или нет?"

"Спаси, мол, господи! Нет, я думаю, не обрадуется".

"А-га! – говорит. – Вот то-то и есть, а если уже это так надо, чтобы я страдал, так вы уважайте же меня, по крайней мере, за это, и вели мне еще графин водки подать!"

Я постучал еще графинчик, и сижу, и слушаю, потому что мне это стало казаться занятно, а он продолжает таковые слова:

"Оно, – говорит, – это так и надлежит, чтобы это мучение на мне кончилось, чем еще другому достанется, потому что я, – говорит, – хорошего рода и настоящее воспитание получил, так что даже я еще самым маленьким по-французски богу молился, но я был немилостивый и людей мучил, в карты своих крепостных проигрывал; матерей с детьми разлучал; жену за себя богатую взял и со света ее сжил, и наконец, будучи во всем сам виноват, еще на бога возроптал: зачем у меня такой характер? Он меня и наказал: дал мне другой характер, что нет во мне ни малейшей гордости, хоть в глаза наплюй, по щекам отдуй, только бы пьяным быть, про себя забыть".

"И что же, – спрашиваю, – теперь ты уже на этот характер не ропщешь?"

"Не ропщу, – отвечает, – потому что оно хотя хуже, но зато лучше".

"Как это, мол, так: я что-то не понимаю, как это: хуже, но лучше?"

"А так, – отвечает, – что теперь я только одно знаю, что себя гублю, а зато уже других губить не могу, ибо от меня все отвращаются. Я, – говорит, – теперь все равно что Иов на гноище[24], и в этом, – говорит, – все мое счастье и спасение", – и сам опять водку допил, и еще графин спрашивает, и молвит:

"А ты знаешь ли, любезный друг: ты никогда никем не пренебрегай, потому что никто не может знать, за что кто какой страстью мучим и страдает. Мы, одержимые, страждем, а другим зато легче. И сам ты если какую скорбь от какой-нибудь страсти имеешь, самовольно ее не бросай, чтобы другой человек не поднял ее и не мучился; а ищи такого человека, который бы добровольно с тебя эту слабость взял".

"Ну, где же, – говорю, – возможно такого человека найти! Никто на это не согласится".

– "Отчего так? – отвечает, – да тебе даже нечего далеко ходить: такой человек перед тобою, я сам и есть такой человек".

Я говорю:

"Ты шутишь?"

Но он вдруг вскакивает и говорит:

"Нет, не шучу, а если не веришь, так испытай".

"Ну как, – говорю, – я могу это испытывать?"

"А очень просто: ты желаешь знать, каково мое дарование? У меня ведь, брат, большое дарование: я вот, видишь, – я сейчас пьян... Так или нет: пьян я?"

---

[24] Согласно одной из библейских легенд, бог, чтобы испытать веру Иова, поразил его проказой, и Иов должен был уйти из города и сидеть в пепле и навозе.

Я посмотрел на него и вижу, что он совсем сизый, и весь осоловевши, и на ногах покачивается, и говорю:

"Да разумеется, что ты пьян".

А он отвечает:

"Ну, теперь отвернись на минуту на образ и прочитай в уме "Отче наш".

Я отвернулся и действительно, только "Отче наш", глядя на образ, в уме прочитал, а этот пьяный баринок уже опять мне командует:

"А ну-ка погляди теперь на меня? пьян я теперь или нет?"

Обернулся я и вижу, что он, точно ни в одном глазу у него ничего не было, и стоит, улыбается.

Я говорю:

"Что же это значит: какой это секрет?"

А он отвечает:

"Это, – говорит, – не секрет, а это называется магнетизм".

"Не понимаю, мол, что это такое?"

"Такая воля, – говорит, – особенная в человеке помещается, и ее нельзя ни пропить, ни проспать, потому что она дарована. Я, – говорит, – это тебе показал для того, чтобы ты понимал, что я, если захочу, сейчас могу остановиться и никогда не стану пить, но я этого не хочу, чтобы другой кто-нибудь за меня не запил, а я, поправившись, чтобы про бога не позабыл. Но с другого человека со всякого я готов и могу запойную страсть в одну минуту свести".

"Так сведи, – говорю, – сделай милость, с меня!"

"А ты, – говорит, – разве пьешь?"

"Пью, – говорю, – и временем даже очень усердно пью".

"Ну так не робей же, – говорит, – это все дело моих рук, и я тебя за твое угощение отблагодарю: все с тебя сниму".

"Ах, сделай милость, прошу, сними!"

"Изволь, – говорит, – любезный, изволь: я тебе это за твое угощение сделаю; сниму и на себя возьму", – и с этим крикнул опять вина и две рюмки.

Я говорю:

"На что тебе две рюмки?"

"Одна, – говорит, – для меня, другая – для тебя!"

"Я, мол, пить не стану".

А он вдруг как бы осерчал и говорит:

"Тссс! силянс![25] молчать! Ты теперь кто? – больной".

"Ну, мол, ладно, будь по-твоему: я больной".

"А я, – говорит, – лекарь, и ты должен мои приказания исполнять и

[25] молчание (франц.)

64

принимать лекарство", – и с этим налил и мне и себе по рюмке и начал над моей рюмкой в воздухе, вроде как архиерейский регент, руками махать.

Помахал, помахал и приказывает:

"Пей!"

Я было усумнился, но как, по правде сказать, и самому мне винца попробовать очень хотелось и он приказывает: "Дай, – думаю, – ни для чего иного, а для любопытства выпью!" – и выпил.

"Хороша ли, – спрашивает, – вкусна ли, или горька?"

"Не знаю, мол, как тебе сказать".

"А это значит, – говорит, – что ты мало принял", – и налил вторую рюмку и давай опять над нею руками мотать. Помотает-помотает и отряхнет, и опять заставил меня и эту, другую, рюмку выпить и вопрошает: "Эта какова?"

Я пошутил, говорю:

"Эта что-то тяжела показалась".

Он кивнул головой, и сейчас намахал третью, и опять командует: "Пей!" Я выпил и говорю:

"Эта легче, – и затем уже сам в графин стучу, и его потчую, и себе наливаю, да и пошел пить. Он мне в этом не препятствует, но только ни одной рюмки так просто, не намаханной, не позволяет выпить, а чуть я возьмусь рукой, он сейчас ее из моих рук выймет и говорит:

"Шу, силянс... атанде²⁶", – и прежде над нею руками помашет, а потом и говорит:

"Теперь готово, можешь принимать, как сказано".

И лечился я таким образом с этим баринком тут в трактире до самого вечера, и все был очень спокоен, потому что знаю, что я пью не для баловства, а для того, чтобы перестать. Попробую за пазухою деньги, и чувствую, что они все, как должно, на своем месте целы лежат, и продолжаю.

Барин мне тут, пивши со мною, про все рассказывал, как он в свою жизнь кутил и гулял, и особенно про любовь, и впоследи всего стал ссориться, что я любви не понимаю.

Я говорю:

"Что же с тем делать, когда я к этим пустякам не привлечен? Будет с тебя того, что ты все понимаешь и зато вон какой лонтрыгой²⁷ ходишь".

А он говорит:

"Шу, силянс! любовь – наша святыня!"

"Пустяки, мол".

---

²⁶ подождите (франц.)

²⁷ Лонтрыга (лантрига) – мот, гуляка.

"Мужик, – говорит, – ты и подлец, если ты смеешь над священным сердца чувством смеяться и его пустяками называть".

"Да, пустяки, мол, оно и есть".

"Да ты понимаешь ли, – говорит, – что такое "краса, природы совершенство"?

"Да, – говорю, – я в лошади красоту понимаю".

А он как вскочит и хотел меня в ухо ударить.

"Разве лошадь, – говорит, – краса, природы совершенство?"

Но как время было довольно поздно, то ничего этого он мне доказать не мог, а буфетчик видит, что мы оба пьяны, моргнул на нас молодцам, а те подскочили человек шесть и сами просят... "пожалуйте вон", а сами подхватили нас обоих под ручки, и за порог выставили, и дверь за нами наглухо на ночь заперли.

Вот тут и началось такое наваждение, что хотя этому делу уже много-много лет прошло, но я и по сие время не могу себе понять, что тут произошло за действие и какою силою оно надо мною творилось, но только таких искушений и происшествий, какие я тогда перенес, мне кажется, даже ни в одном житии в Четминеях[28] нет.

12

– Первым делом, как я за дверь вылетел, сейчас же руку за пазуху и удостоверился, здесь ли мой бумажник? Оказалось, что он при мне. "Теперь, – думаю, – вся забота, как бы их благополучно домой донести". А ночь была самая темная, какую только можете себе вообразить. В лете, знаете, у нас около Курска бывают такие темные ночи, но претеплейшие и премягкие: по небу звезды как лампады навешаны, а понизу темнота такая густая, что словно в ней кто-то тебя шарит и трогает... А на ярмарке всякого дурного народа бездна бывает, и достаточно случаев, что иных грабят и убивают. Я же хоть силу в себе и ощущал, но думаю, во-первых, я пьян, а во-вторых, что если десять или более человек на меня нападут, то и с большою силою ничего с ними не сделаешь, и оберут, а я хоть и был в кураже, но помнил, что когда я, не раз вставая и опять садясь, расплачивался, то мой компаньон, баринок этот, видел, что у меня с собою денег тучная сила. И потому вдруг мне, знаете, впало в голову: нет ли с его стороны ко вреду моему какого-нибудь предательства? Где он взаправду? вместе нас вон выставили, а куда же он так спешно делся?

---

28 Четминей (Четьи-Минеи) – книга житий святых, расположенных в порядке празднования их памяти.

Стою я и потихоньку оглядываюсь и, имени его не зная, потихоньку зову так:

"Слышишь, ты? – говорю, – магнетизер, где ты?"

А он вдруг, словно бес какой, прямо у меня перед глазами вырастает и говорит:

"Я вот он".

А мне показалось, что будто это не тот голос, да и впотьмах даже и рожа не его представляется.

"Подойди-ка, – говорю, – еще поближе". И как он подошел, я его взял за плечи, и начинаю рассматривать, и никак не могу узнать, кто он такой? как только его коснулся, вдруг ни с того ни с сего всю память отшибло. Слышу только, что он что-то по-французски лопочет: "ди-ка-ти-ли-ка-ти-пе", а я в том ничего не понимаю.

"Что ты такое, – говорю, – лопочешь?"

А он опять по-французски:

"Ди-ка-ти-ли-ка-типе".

"Да перестань, – говорю, – дура, отвечай мне по-русски, кто ты такой, потому что я тебя позабыл".

Отвечает:

"Ди-ка-ти-ли-ка-типе: я магнетизер".

"Тьфу, мол, ты, пострел этакой! – и на минутку будто вспомню, что это он, но стану в него всматриваться, и вижу у него два носа!.. Два носа, да и только! А раздумаюсь об этом – позабуду, кто он такой...

"Ах ты, будь ты проклят, – думаю, – и откуда ты, шельма, на меня навязался?" – и опять его спрашиваю:

"Кто ты такой?"

Он опять говорит:

"Магнетизер".

"Провались же, – говорю, – ты от меня: может быть, ты черт?"

"Не совсем, – говорит, – так, а около того".

Я его в лоб и стукнул, а он обиделся и говорит:

"За что же ты меня ударил? я тебе добродетельствую и от усердного пьянства тебя освобождаю, а ты меня бьешь?"

А я, хоть что хочешь, опять его не помню и говорю:

"Да кто же ты, мол, такой?"

Он говорит:

"Я твой довечный друг".

"Ну, хорошо, мол, а если ты мой друг, так ты, может быть, мне повредить можешь?"

"Нет, – говорит, – я тебе такое пти-ком-пе представлю, что ты себя иным человеком ощутишь.

"Ну, перестань, – говорю, – пожалуйста, врать".

"Истинно, – говорит, – истинно: такое пти-ком-пе..."

"Да не болтай ты, – говорю, – черт, со мною по-французски: я не понимаю, что то за пти-ком-пе!"

"Я, – отвечает, – тебе в жизни новое понятие дам".

"Ну, вот это, мол, так, но только какое же такое ты можешь мне дать новое понятие?"

"А такое, – говорит, – что ты постигнешь красу, природы совершенство".

"Отчего же я, мол, вдруг так ее и постигну?"

"А вот пойдем, – говорит, – сейчас увидишь".

"Хорошо, мол, пойдем".

И пошли. Идем оба, шатаемся, но все идем, а я не знаю куда, и только вдруг вспомню, что кто же это такой со мною, и опять говорю:

"Стой! говори мне, кто ты? иначе я не пойду".

Он скажет, и я на минутку как будто вспомню, и спрашиваю:

"Отчего же это я позабываю, кто ты такой?"

А он отвечает:

"Это, – говорит, – и есть действие от моего магнетизма; но только ты этого не пугайся, это сейчас пройдет, только вот дай-я в тебя сразу побольше магнетизму пущу".

И вдруг повернул меня к себе спиною и ну у меня в затылке, в волосах пальцами перебирать... Так чудно: копается там, точно хочет мне взлезть в голову.

Я говорю:

"Послушай, ты... кто ты такой! что ты там роешься?"

"Погоди, – отвечает, – стой: я в тебя свою силу магнетизм перепущаю".

"Хорошо, – говорю, – что ты силу перепущаешь, а может, ты меня обокрасть хочешь?"

Он отпирается.

"Ну так постой, мол, я деньги попробую".

Попробовал – деньги целы.

"Ну, теперь, мол, верно, что ты не вор", – а кто он такой – опять позабыл, но только уже не помню, как про то и спросить, а занят тем, что чувствую, что уже он совсем в меня сквозь затылок точно внутрь влез и через мои глаза на свет смотрит, а мои глаза ему только словно как стекла.

"Вот, – думаю, – штуку он со мной сделал!"

"А где же теперь, – спрашиваю, – мое зрение?"

"А твоего, – говорит, – теперь уже нет".

"Что, мол, это за вздор, что нет?"

"Так, – отвечает, – своим зрением ты теперь только то увидишь, чего нету".

"Вот, мол, еще притча! Ну-ка, давай-ка я понатужусь".

Вылупился, знаете, во всю мочь, и вижу, будто на меня из-за всех углов темных разные мерзкие рожи на ножках смотрят, и дорогу мне перебегают, и на перекрестках стоят, ждут и говорят: "Убьем его и возьмем сокровище". А передо мною опять мой вихрястенький баринок, и рожа у него вся светом светится, а сзади себя слышу страшный шум и содом, голоса и бряцанье, и гик, и визг, и веселый хохот. Осматриваюсь и понимаю, что стою, прислонясь спиною к какому-то дому, а в нем окна открыты, и в середине светло, и оттуда те разные голоса, и шум, и гитара ноет, а передо мною опять мой баринок, и все мне спереди по лицу ладонями машет, а потом по груди руками ведет, против сердца останавливается, напирает, и за персты рук схватит, встряхнет полегонечку, и опять машет, и так трудится, что даже, вижу, он сделался весь в поту.

Но только тут, как мне стал из окон дома свет светить и я почувствовал, что в сознание свое прихожу, то я его перестал опасаться и говорю:

"Ну, послушай ты, кто ты такой ни есть: черт, или дьявол, или мелкий бес, а только, сделай милость, или разбуди меня, или рассыпься".

А он мне на это отвечает:

"Погоди, – говорит, – еще не время: еще опасно, ты еще не можешь перенести".

Я говорю:

"Чего, мол, такого я не могу перенести?"

"А того, – говорит, – что в воздушных сферах теперь происходит".

"Что же я, мол, ничего особенного не слышу?"

А он настаивает, что будто бы я не так слушаю, и говорит мне божественным языком:

"Ты, – говорит, – чтобы слышать, подражай примерно гуслеигрателю, како сей подклоняет низу главу и, слух прилагая к пению, подвивает бряцало рукою".

"Нет, – думаю, – да что же это такое? Это даже совсем на пьяного человека речи не похоже, как он стал разговаривать!"

А он на меня глядит и тихо по мне руками водит, а сам продолжает в том же намерении уговаривать.

"Так, – говорит, – купно струнам, художне соударяемым единым со другими, гусли песнь издают и гуслеигратель веселится, сладости ради медовныя".

То есть просто, вам я говорю, точно я не слова слышу, а вода живая мимо слуха струит, и я думаю: "Вот тебе и пьяничка! Гляди-ка, как он еще хорошо может от божества говорить!" А мой баринок этим временем перестал егозиться и такую речь молвит:

"Ну, теперь довольно с тебя; теперь проснись, – говорит, – и подкрепись!"

И с этим принагнулся, и все что-то у себя в штанцах в кармашке долго искал, и наконец что-то оттуда достает. Гляжу, это вот такохонький, махонький-махонький кусочек сахарцу, и весь в сору, видно оттого, что там долго валялся. Обобрал он с него коготками этот сор, пообдул и говорит:

"Раскрой рот".

Я говорю:

"Зачем?" – а сам рот раззявил. А он воткнул мне тот сахарок в губы и говорит:

"Соси, – говорит, – смелее; это магнитный сахар-ментор: он тебя подкрепит".

Я уразумел, что хоть это и по-французски он говорил, но насчет магнетизма, и больше его не спрашиваю, а занимаюсь, сахар сосу, а кто мне его дал, того уже не вижу. Отошел ли он куда впотьмах в эту минуту или так куда провалился, лихо его ведает, но только я остался один и совсем сделался в своем понятии и думаю: чего же мне его ждать? мне теперь надо домой идти. Но опять дело: не знаю – на какой я такой улице нахожусь и что это за дом, у которого я стою? И думаю: да уже дом ли это? может быть, это все мне только кажется, а все это наваждение... Теперь ночь, – все спят, а зачем тут свет?.. Ну, а лучше, мол, попробовать... зайду посмотрю, что здесь такое: если тут настоящие люди, так я у них дорогу спрошу, как мне домой идти, а если это только обольщение глаз, а не живые люди... так что же опасного? я скажу: "Наше место свято: чур меня" – и все рассыпется.

13

– Вхожу я с такою отважною решимостью на крылечко, перекрестился и зачурался, ничего: дом стоит, не шатается, и вижу: двери отворены, и впереди большие длинные сени, а в глубине их на стенке фонарь со свечою светит. Осмотрелся я и вижу налево еще две двери, обе циновкой обиты, и над ними опять этакие подсвечники с зеркальными звездочками. Я и думаю: что же это такое за дом: трактир как будто не трактир, а видно, что гостиное место, а какое – не разберу. Но только вдруг вслушиваюсь и слышу, что из-за этой циновочной двери льется песня... томная-претомная, сердечнейшая, и поет ее голос, точно колокол малиновый, так за душу и щипет, так и берет в полон. Я и слушаю и никуда далее не иду, а в это время дальняя дверка вдруг растворяется, и я вижу, вышел из нее

70

высокий цыган в шелковых штанах, а казакин бархатный, и кого-то перед собою скоро выпроводил в особую дверь под дальним фонарем, которую я спервоначала и не заметил. Я, признаться, хоть не хорошо рассмотрел, кого это он спровадил, но показалось мне, что это он вывел моего магнетизера и говорит ему вслед:

"Ладно, ладно, не обижайся, любезный, на этом полтиннике, а завтра приходи: если нам от него польза будет, так мы тебе за его приведение к нам еще прибавим".

И с этим дверь на защелку защелкнул и бегит ко мне будто ненароком, отворяет передо мною дверь, что под зеркальцем, и говорит:

"Милости просим, господин купец, пожалуйте наших песен послушать! Голоса есть хорошие".

И с этим дверь передо мною тихо навстежь распахнул... Так, милостивые государи, меня и обдало не знаю чем, но только будто столь мне сродным, что я вдруг весь там очутился. Комната этакая обширная, но низкая, и потолок повихнут, пузом вниз лезет, все темно, закоптело, и дым от табаку такой густой, что люстра наверху висит, так только чуть ее знать, что она светится. А внизу в этом дымище люди... очень много, страсть как много людей, и перед ними этим голосом, который я слышал, молодая цыганка поет. Притом, как я взошел, она только последнюю штучку тонко-претонко, нежно дотянула и спустила на нет, и голосок у нее замер... Замер ее голосок, и с ним в одно мановение точно все умерло... Зато через минуту все как вскочат, словно бешеные, и ладошами плещут и кричат. А я только удивляюсь: откуда это здесь так много народу и как будто еще все его больше и больше из дыму выступает? "Ух, – думаю, – да не дичь ли это какая-нибудь вместо людей?" Но только вижу я разных знакомых господ ремонтеров и заводчиков и так просто богатых купцов и помещиков узнаю, которые до коней охотники, и промежду всей этой публики цыганка ходит этакая... даже нельзя ее описать как женщину, а точно будто как яркая змея, на хвосте движет и вся станом гнется, а из черных глаз так и жжет огнем. Любопытная фигура! А в руках она держит большой поднос, на котором по краям стоят много стаканов с шампанским вином, а посредине куча денег страшная. Только одного серебра нет, а то и золото, и ассигнации, и синие синицы, и серые утицы, и красные косачи, – только одних белых лебедей нет[29]. Кому она подаст стакан, тот сейчас вино выпьет и на поднос, сколько чувствует усердия, денег мечет, золото или ассигнации: а она его тогда в уста поцелует и поклонится. И обошла она первый ряд и второй – гости вроде как

---

[29] Ассигнации различались по цвету: "синие синицы" – пять рублей, "серые утицы" – десять рублей, "красные косачи" – двадцать пять рублей, "белые лебеди" – сто и двести рублей.

полукругом сидели – и потом проходит и самый последний ряд, за которым я сзади за стулом на ногах стоял, и было уже назад повернула, не хотела мне подносить, но старый цыган, что сзади ее шел, вдруг как крикнет:

"Грушка!" – и глазами на меня кажет. Она взмахнула на него ресничищами... ей-богу, вот этакие ресницы, длинные-предлинные, черные, и точно они сами по себе живые и, как птицы какие, шевелятся, а в глазах я заметил у нее, как старик на нее повелел, то во всей в ней точно гневом дунуло. Рассердилась, значит, что велят ей меня потчевать, но, однако, свою должность исполняет: заходит ко мне за задний ряд, кланяется и говорит:

"Выкушай, гость дорогой, про мое здоровье!"

А я ей даже и отвечать не могу: такое она со мною сразу сделала! Сразу, то есть, как она передо мною над подносом нагнулась и я увидал, как это у нее промеж черных волос на голове, будто серебро, пробор вьется и за спину падает, так я и осатанел, и весь ум у меня отняло. Пью ее угощенье, а сам через стакан ей в лицо смотрю и никак не разберу: смугла она или бела она, а меж тем вижу, как у нее под тонкою кожею, точно в сливе на солнце, краска рдеет и на нежном-виске жилка бьет... "Вот она, – думаю, – где настоящая-то красота, что природы совершенство называется; магнетизер правду сказал: это совсем не то, что в лошади, в продажном звере".

И вот я допил стакан до дна и стук им об поднос, а она стоит да дожидается, за что ласкать будет. Я поскорее спустил на тот конец руку в карман, а в кармане все попадаются четвертаки, да двугривенные, да прочая расхожая мелочь. Мало, думаю; недостойно этим одарить такую язвинку, и перед другими стыдно будет! А господа, слышу, не больно тихо цыгану говорят:

"Эх, Василий Иванов, зачем ты велишь Груше этого мужика угощать? нам это обидно".

А он отвечает:

"У нас, господа, всякому гостю честь и место, и моя дочь родной отцов цыганский обычай знает; а обижаться вам нечего, потому что вы еще пока не знаете, как иной простой человек красоту и талант оценить может. На это разные примеры бывают".

А я, это слышучи, думаю:

"Ах вы, волк вас ешь! Неужели с того, что вы меня богатое, то у вас и чувств больше? Нет уже, что будет, то будет: после князю отслужу, а теперь себя не постыжу и сей невиданной красы скупостью не унижу".

Да с этим враз руку за пазуху, вынул из пачки сторублевого лебедя, да и шаркнул его на поднос. А цыганочка сейчас поднос в одну ручку переняла, а другою мне белым платком губы вытерла и своими устами так

72

слегка даже как и не поцеловала, а только будто тронула устами, а вместо того точно будто ядом каким провела, и прочь отошла.

Она отошла, а я было на том же месте остался, но только тот старый цыган, этой Груши отец, и другой цыган подхватили меня под руку, и волокут вперед, и сажают в самый передний ряд, рядом с исправником и с другими господами.

Мне было, признаться, на это и неохота: я не хотел продолжать и хотел вон идти; но они просят, и не пущают, и зовут:

"Груша! Грунюшка, останови гостя желанного!"

И та выходит и... враг ее знает, что она умела глазами делать: взглянула, как заразу какую в очи, пустила, а сама говорит:

"Не обидь: погости у нас на этом месте".

"Ну уж тебя ли, – говорю, – кому обидеть можно", – и сел.

А она меня опять поцеловала, и опять то же самое осязание: как будто ядовитою кисточкою уста тронет и во всю кровь до самого сердца болью прожжет.

И после этого начались опять песни и пляски, и опять другая цыганка с шампанеей пошла. Тоже и эта хороша, но где против Груши! Половины той красоты нет, и за это я ей на поднос зацепил из кармана четвертаков и сыпнул... Господа это взяли в пересмех, но мне все равно, потому я одного смотрю, где она, эта Грушенька, и жду, чтобы ее один голос без хора слышать, а она не поет. Сидит с другими, подпевает, но сОлу не делает, и мне ее голоса не слыхать, а только роток с белыми зубками видно... "Эх ты, – думаю, – доля моя сиротская: на минуту зашел и сто рублей потерял, а вот ее-то одну и не услышу!" Но на мое счастье не одному мне хотелося ее послушать: и другие господа важные посетители все вкупе закричали после одной перемены:

"Груша! Груша! "Челнок", Груша! "Челнок"![30]

Вот цыганы покашляли, и молодой ее брат взял в руки гитару, а она запела. Знаете... их пение обыкновенно достигательное и за сердца трогает, а я как услыхал этот самый ее голос, на который мне еще из-за двери манилось, расчувствовался. Ужасно мне как понравилось! Начала она так как будто грубовато, мужественно, эдак: "Мо-о-ре во-оо-о-ет, мо-ре сто-нет". Точно в действительности слышно, как и море стонет и в нем челночок поглощенный бьется. А потом вдруг в голосе совсем другая перемена, обращение к звезде: "Золотая, дорогая, предвещательница дня, при тебе беда земная недоступна до меня". И опять новая обратность, чего не ждешь. У них все с этими с обращениями: то плачет, томит, просто душу из тела вынимает, а потом вдруг как хватит совсем в другом роде, и

---

[30] "Челнок" – песня на слова Д. Давыдова "И моя звездочка".

точно сразу опять сердце вставит... Так и тут она это "море"-то с "челном" всколыхала, а другие как завизжат всем хором:

Джа-ла-ла. Джа-ла-ла.
Джа-ла-ла прингала!
Джа-ла-ла принга-ла.
Гай да чепурингаля!
Гей гоп-гай, та гара!
Гей гоп-гай, та гара!

И потом Грушенька опять пошла с вином и с подносом, а я ей опять из-за пазухи еще одного лебедя... На меня все оглядываться стали, что я их своими подарками ниже себя ставлю; так что им даже совестно после меня класть, а я решительно уже ничего не жалею, потому моя воля, сердце выскажу, душу выкажу, и выказал. Что Груша раз ни споет, то я ей за то лебедя, и уже не считаю, сколько их выпустил, а даю да и кончено, и зато другие ее все разом просят петь, она на все их просьбы не поет, говорит "устала", а я один кивну цыгану: не можно ли, мол, ее понудить? тот сейчас на ее глазами поведет, она и поет. И много-с она пела, песня от песни могучее, и покидал я уже ей много, без счету лебедей, а в конце, не знаю, в который час, но уже совсем на заре, точно и в самом деле она измаялась, и устала, и, точно с намеками на меня глядя, завела: "Отойди, не гляди, скройся с глаз моих". Этими словами точно гонит, а другими словно допрашивает: "Иль играть хочешь ты моей львиной душой и всю власть красоты испытать над собой". А я ей еще лебедя! Она меня опять поневоле поцеловала, как ужалила, и в глазах точно пламя темное, а те, другие, в этот лукавый час напоследях как заорут:

Ты восчувствуй, милая,

Как люблю тебя, драгая! –

и все им подтягивают да на Грушу смотрят, и я смотрю да подтягиваю: "ты восчувствуй!" А потом цыгане как хватят: "Ходи, изба, ходи, печь; хозяину негде лечь" – и вдруг все в пляс пошли... Пляшут и цыгане, пляшут и цыганки, и господа пляшут: все вместе вьются, точно и в самом деле вся изба пошла. Цыганки перед господами носятся, и те поспевают, им вслед гонят, молодые с посвистом, а кои старше с покрехтом. На местах, гляжу, уже никого и не остается... Даже от которых бы степенных мужчин и в жизнь того скоморошества не ожидал, и те все поднимаются. Посидит-посидит иной, кто посолиднее, и сначала, видно, очень стыдится идти, а только глазом ведет либо усом дергает, а потом один враг его плечом дернет, другой ногой мотнет, и смотришь, вдруг вскочит и хоть не умеет плясать, а пойдет такое ногами выводить, что ни к чему годно! Исправник толстый-претолстый, и две дочери у него были замужем, а и тот с зятьями своими тут же заодно пыхтит, как сом, и пятками месит, а гусар-ремонтер, ротмистр богатый и собой молодец, плясун залихватский, всех ярче действует: руки в боки, а каблуками навыверт стучит, перед всеми идет – козырится, взагреб валяет, а с Грушей встренется – головой тряхнет, шапку к ногам ее ронит и кричит: "Наступи, раздави, раскрасавица!" – и она... Ох, тоже плясунья была! Я видал, как пляшут актерки в театрах, да что все это, тьфу, все равно что офицерский конь без фантазии на параде для одного близиру манежится, невесть чего ерихонится, а огня-жизни нет. Эта же краля как пошла, так как фараон плывет – не колыхнется, а в самой, в змее, слышно, как и хрящ хрустит и из кости в кость мозжечок идет, а станет, повыгнется, плечом ведет и бровь с носком ножки на одну линию строит... Картина! Просто от этого виденья на ее танец все словно свой весь ум потеряли: рвутся к ней без ума, без памяти: у кого слезы на глазах, а кто зубы скалит, но все кричат:

"Ничего не жалеем: танцуй!" – деньги ей так просто Зря под ноги мечут, кто золото, кто ассигнации. И все тут гуще и гуще завеялось, и я лишь один сижу, да и то не знаю, долго ли утерплю, потому что не могу глядеть, как она на гусарову шапку наступает... Она ступит, а меня черт в жилу щелк; она опять ступит, а он меня опять щелк, да, наконец, думаю: "Что же мне так себя всуе мучить! Пущу и я свою душу погулять вволю", – да как вскочу, отпихнул гусара, да и пошел перед Грушею вприсядку... А чтобы она на его, гусарову, шапку не становилась, такое средство изобрел, что, думаю, все вы кричите, что ничего не жалеете, меня тем не удивите: а вот что я ничего не жалею, так я то делом-правдою докажу, да сам прыгну, и сам из-за пазухи ей под ноги лебедя и кричу: "Дави его! Наступай!" Она было не того... даром, что мой лебедь гусарской шапки дороже, а она и на лебедя не глядит, а все норовит за гусаром; да только старый цыган, спасибо, это заметил, да как на нее топнет... Она и поняла и пошла за мной... Она на меня плывет, глаза вниз спустила, как змеища-горынище, ажно гневом землю жжет, а я перед ней просто в подобии беса скачу, да все, что раз прыгну, то под ножку ей мечу лебедя... Сам ее так уважаю, что думаю: не ты ли, проклятая, и землю и небо сделала? а сам на нее с дерзостью кричу: "Ходи шибче", – да все под ноги ей лебедей, да раз руку за пазуху пущаю, чтобы еще одного достать, а их, гляжу, там уже всего с десяток осталось... "Тьфу ты, – думаю, – черт же вас всех побирай!" – скомкал их всех в кучку, да сразу их все ей под ноги и выбросил, а сам взял со стола бутылку шампанского вина, отбил ей горло и крикнул:

"Сторонись, душа, а то оболью!" – да всю сразу и выпил за ее здоровье, потому что после этой пляски мне пить страшно хотелось.

14

– Ну, и что же далее? – вопросили Ивана Северьяныча.

– Далее действительно все так воспоследовало, как он обещался.

– Кто обещался?

– А магнетизер, который это на меня навел: он как обещался от меня пьяного беса отставить, так его и свел, и я с той поры никогда больше ни одной рюмки не пил. Очень он это крепко сделал.

– Ну-с, а как же вы с князем-то своим за выпущенных лебедей кончили?

– А я и сам не знаю, как-то очень просто: как от этих цыганов доставился домой, и не помню, как лег, но только слышу, князь стучит и зовет, а я хочу с коника[31] встать, но никак края не найду и не могу сойти. В одну сторону поползу – не край, в другую оборочусь – и здесь тоже краю нет... Заблудил на конике, да и полно!.. Князь кричит: "Иван Северьяныч!" А я откликаюсь: "Сейчас!" – а сам лазию во все стороны и все не найду края, и наконец думаю: ну, если слезть нельзя, так я же спрыгну, и размахнулся да как сигану как можно дальше, и чувствую, что меня будто что по морде ударило и вокруг меня что-то звенит и сыпется, и сзади тоже звенит и опять сыпется, и голос князя говорит денщику: "Давай огня скорей!"

А я стою, не трогаюсь, потому что не знаю, наяву или во сне я все это над собою вижу, и полагаю, что я все еще на конике до края не достиг; а наместо того, как денщик принес огонь, я вижу, что я на полу стою, мордой в хозяйскую горку с хрусталем запрыгнул и поколотил все...

– Как же вы это так заблудились?

– Очень просто: думал, что я, по всегдашнему своему обыкновению, на конике сплю, а я, верно, придя от цыган, прямо на пол лег, да все и ползал, края искал, а потом стал прыгать... и допрыгал до горки. Блуждал, потому этот... магнетизер, он пьяного беса от меня свел, а блудного при мне поставил... Я тут же и вспомнил его слова, что он говорил: "как бы хуже не было, если питье бросить", – и пошел его искать – хотел просить, чтобы он лучше меня размагнетизировал на старое, но его не застал. Он тоже много на себя набрал и сам не вынес, и тут же, напротив цыганов, у шинкарки так напился, что и помер.

– А вы так и остались замагнетизированы?

– Так и остался-с.

– И долго же на вас этот магнетизм действовал?

– Отчего же долго ли? он, может быть, и посейчас действует.

---

[31] Коник – ларь, сундук с подъемной крышкой.

– А все-таки интересно знать, как же вы с князем-то?.. Неужто так и объяснения у вас никакого не было за лебедей?

– Нет-с, объяснение было, только не важное. Князь тоже приехал проигравшись и на реванж у меня стал просить. Я говорю:

"Ну уже это оставьте: у меня ничего денег нет".

Он думает, шутка, а я говорю:

"Нет, исправди, у меня без вас большой выход был".

Он спрашивает:

"Куда же, мол, ты мог пять тысяч на одном выходе деть?.."

Я говорю:

"Я их сразу цыганке бросил..."

Он не верит.

Я говорю:

"Ну, не верьте; а я вам правду говорю".

Он было озлился и говорит:

"Запри-ка двери, я тебе задам, как казенные деньги швырять, – а потом, это вдруг отменив, и говорит: – Не надо ничего, я и сам такой же, как ты, беспутный".

И он в комнате лег свою ночь досыпать, а я на сеновал тоже опять спать пошел. Опомнился же я в лазарете и слышу, говорят, что у меня белая горячка была и хотел будто бы я вешаться, только меня, слава богу, в длинную рубашку спеленали. Потом выздоровел я и явился к князю в его деревню, потому что он этим временем в отставку вышел, и говорю:

"Ваше сиятельство, надо мне вам деньги отслужить".

Он отвечает:

"Пошел к черту".

Я вижу, что он очень на меня обижен, подхожу к нему и нагинаюсь.

"Что, – говорит, – это значит?"

"Да оттрепите же, – прошу, – меня, по крайней мере, как следует!"

А он отвечает:

"А почему ты знаешь, что я на тебя сержусь, а может быть, я тебя вовсе и виноватым не считаю".

"Помилуйте, – говорю, – как же еще я не виноват, когда я этакую область денег расшвырял? Я сам знаю, что меня, подлеца, за это повесить мало".

А он отвечает:

"А что, братец, делать, когда ты артист".

"Как, – говорю, – это так?"

"Так, – отвечает, – так, любезнейший Иван Северьяныч, вы, мой полупочтеннейший, артист.

"И понять, – говорю, – не могу".

"Ты, – говорит, – не думай что-нибудь худое, потому" что и я сам тоже артист".

"Ну, вот это, – думаю, – понятно: видно, не я один до белой горячки подвизался".

А он встал, ударил об пол трубку и говорит:

"Что тут за диво, что ты перед ней бросил, что при себе имел, я, братец, за нее то отдал, чего у меня нет и не было".

Я во все глаза на него вылупился.

"Батюшка, мол, ваше сиятельство, помилосердуйте, что вы это говорите, мне это даже слушать страшно".

"Ну, ты, – отвечает, – очень не пугайся: бог милостив, и авось как-нибудь выкручусь, а только я за эту Грушу в табор полсотни тысяч отдал".

Я так и ахнул:

"Как, – говорю, – полсотни тысяч! за цыганку? да стоит ли она этого, аспидка?"

"Ну, вот это, – отвечает, – вы, полупочтеннейший, глупо и не по-артистически заговорили... Как стоит ли? Женщина всего на свете стоит, потому что она такую язву нанесет, что за все царство от нее не вылечишься, а она одна в одну минуту от нее может исцелить".

А я все думаю, что все это правда, а только сам все головою качаю и говорю:

"Этакая, мол, сумма! целые пятьдесят тысяч!"

"Да, да, – говорит, – и не повторяй больше, потому что спасибо, что и это взяли, а то бы я и больше дал... все, что хочешь, дал бы".

"А вам бы, – говорю, – плюнуть, и больше ничего".

"Не мог, – говорит, – братец, не мог плюнуть".

"Отчего же?"

"Она меня красотою и талантом уязвила, и мне исцеленья надо, а то я с ума сойду. А ты мне скажи: ведь правда: она хороша? А? правда, что ли? Есть отчего от нее с ума сойти?.."

Я губы закусил и только уже молча головой трясу:

"Правда, мол, правда!"

"Мне, – говорит князь, – знаешь, мне ведь за женщину хоть умереть, так ничего не стоит. Ты можешь ли это понимать, что умереть нипочем?"

"Что же, – говорю, – тут непонятного, краса, природы совершенство..."

"Как же ты это понимаешь?"

"А так, – отвечаю, – и понимаю, что краса, природы совершенство, и за это восхищенному человеку погибнуть... даже радость!"

"Молодец, – отвечает мой князь, – молодец вы, мой почти полупочтеннейший и премногомалозначащий Иван Северьянович! именно-с, именно гибнуть-то и радостно, и вот то-то мне теперь и сладко, что я для нее всю мою жизнь перевернул: и в отставку вышел, и имение заложил, и с этих пор стану тут жить, человека не видя, а только все буду одной ей в лицо смотреть".

Тут я еще ниже спустил голос и шепчу:

"Как, – говорю, – будете ей в лицо смотреть? Разве она здесь?"

А он отвечает:

"А то как же иначе? разумеется, здесь".

"Может ли, – говорю, – это быть?"

"А вот ты, – говорит, – постой, я ее сейчас приведу. Ты артист, – от тебя я ее не скрою".

И с этим оставил меня, а сам вышел за дверь. Я стою, жду и думаю:

"Эх, нехорошо это, что ты так утверждаешь, что на одно на ее лицо будешь смотреть! Наскучит!" Но в подробности об этом не рассуждаю, потому что как вспомню, что она здесь, сейчас чувствую, что у меня даже в боках жарко становится, и в уме мешаюсь, думаю: "Неужели я ее сейчас увижу?" А они вдруг и входят: князь впереди идет и в одной руке гитару с широкою алой лентой несет, а другою Грушеньку, за обе ручки сжавши, тащит, а она идет понуро, упирается и не смотрит, а только эти ресничищи черные по щекам как будто птичьи крылья шевелятся.

Ввел ее князь, взял на руки и посадил, как дитя, с ногами в угол на широкий мягкий диван; одну бархатную подушку ей за спину подсунул, другую – под правый локоток подложил, а ленту от гитары перекинул через плечо и персты руки на струны поклал. Потом сел сам на полу у дивана и голову склонил к ее алому сафьяновому башмачку и мне кивает: дескать, садись и ты.

Я тихонечко опустился у порожка на пол, тоже подобрал под себя ноги и сижу, гляжу на нее. Тихо настало так, что даже тощо делается. Я сидел-сидел, индо колени разломило, а гляну на нее, она все в том же положении, а на князя посмотрю: вижу, что он от темноты у себя весь ус изгрыз, а ничего ей не говорит.

Я ему и киваю: дескать, что же вы, прикажите ей петь! А он обратно мне пантомину дает в таком смысле, что, дескать, не послушает.

И опять оба сидим на полу да ждем, а она вдруг начала как будто бредить, вздыхать да похлипывать, и по реснице слезка струит, а по струнам пальцы, как осы, ползают и рокочут... И вдруг она тихо-тихо, будто плачет, запела: "Люди добрые, послушайте про печаль мою сердечную".

Князь шепчет: "Что?"

А я ему тоже шепотом по-французски отвечаю:

"Пти-ком-пе", – говорю, и сказать больше нечего, а она в эту минуту вдруг как вскрикнет: "А меня с красоты продадут, продадут", – да как швырнет гитару далеко с колен, а с головы сорвала косынку и пала ничком на диван, лицо в ладони уткнула и плачет, и я, глядя на нее, плачу, и князь... тоже и он заплакал, но взял гитару и точно не пел, а, как будто службу служа, застонал: "Если б знала ты весь огонь любви, всю тоску души моей пламенной", – да и ну рыдать. И поет и рыдает: "Успокой меня, неспокойного, осчастливь меня, несчастливого". Как он так жестоко взволновался, она, вижу, внемлет сим его слезам и пению и все стала тишать, усмиряться и вдруг тихо ручку из-под своего лица вывела и, как мать, нежно обвила ею его голову...

Ну, тут мне стало понятно, что она его в этот час пожалела и теперь сейчас успокоит и исцелит всю тоску души его пламенной, и я встал потихоньку, незаметно, и вышел.

– И, верно, тут-то вы и в монастырь пошли? – вопросил некто рассказчика.

– Нет-с: еще не тут, а позже, – отвечал Иван Северьяныч и добавил, что ему еще надлежало прежде много в свете от этой женщины видеть, пока над ней все, чему суждено было, исполнилось, и его зачеркнуло.

Слушатели, разумеется, приступили с просьбою хотя вкратце рассказать им историю Групп, и Иван Северьяныч это исполнил.

15

– Видите, – начал Иван Северьяныч, – мой князь был человек души доброй, но переменчивой. Чего он захочет, то ему сейчас во что бы то ни стало вынь да положи – иначе он с ума сойдет, и в те поры ничего он на свете за это достижение не пожалеет, а потом, когда получит, не дорожит счастьем. Так это у него и с этой цыганкой вышло, и ее, Грушин, отец и все те ихние таборные цыганы отлично сразу в нем это поняли и запросили с него за нее невесть какую цену, больше как все его домашнее состояние позволяло, потому что было у него хотя и хорошее именьице, но разоренное. Таких денег, какие табор за Грушу назначил, у князя тогда налицо не было, и он сделал для того долг и уже служить больше не мог.

Знавши все эти его привычки, я много хорошего от него не ожидал и для Груши, и так на мое вышло. Все он к ней ластился, безотходно на нее смотрел и дышал, и вдруг зевать стал и все меня в компанию призывать начал.

"Садись, – говорит, – послушай".

Я беру стул, сажусь где-нибудь поближе к дверям и слушаю. Так и часто доводилось: он, бывало, ее попросит петь, а она скажет:

"Перед кем я стану петь! Ты, – говорит, – холодный стал, а я хочу, чтобы от моей песни чья-нибудь душа горела и мучилась".

Князь сейчас опять за мною и посылает, и мы с ним двое ее и

слушаем; а потом Груша и сама стала ему напоминать, чтобы звать меня, и начала со мною обращаться очень дружественно, и после ее пения не раз у нее в покоях чай пил вместе с князем, но только, разумеется, или за особым столом, или где-нибудь у окошечка, а если когда она одна оставалась, то завсегда попросту рядом с собою меня сажала. Вот так прошло сколько времени, а князь все смутнее начал становиться и один раз мне и говорит:

"А знаешь что, Иван Северьянов, так и так, ведь дела мои очень плохи".

Я говорю:

"Чем же они плохи? Слава богу, живете как надо, и все у вас есть".

А он вдруг обиделся.

"Как, – говорит, – вы, мой полупочтеннейший, глупы, "все есть"? что же это такое у меня есть?"

Да все, мол, что нужно".

"Неправда, – говорит, – я обеднел, я теперь себе на бутылку вина к обеду должен рассчитывать. Разве это жизнь? Разве это жизнь?"

"Вот, – думаю, – что тебя огорчает", – и говорю:

"Ну, если когда вина недостача, еще не велика беда, потерпеть можно, зато есть что слаще и вина и меду".

Но он понял, что я намекаю на Грушу, и как будто меня устыдился, и сам ходит, рукою машет, а сам говорит:

"Конечно... конечно... разумеется... но только... Вот я теперь полгода живу здесь и человека у себя чужого не видал..."

"А зачем, мол, он вам, чужой-то человек, когда есть душа желанная?"

Князь вспыхнул.

"Ты, – говорит, – братец, ничего не понимаешь: все хорошо одно при другом".

"А-га! – думаю, – вот ты что, брат, запел?" – и говорю:

"Что же, мол, теперь делать?"

"Давай, – говорит, – станем лошадьми торговать. Я хочу, чтобы ко мне опять ремонтеры и заводчики ездили".

Пустое это и не господское дело лошадьми торговать, но, думаю, чем бы дитя ни тешилось, абы не плакало, и говорю: "Извольте".

И начали мы с ним заводить ворок. Но чуть за это принялись, князь так и унесся в эту страсть: где какие деньжонки добудет, сейчас покупать коней, и все берет, хватает зря; меня не слушает... Накупили обельму[32], а продажи нет... Он сейчас же этого не стерпел и коней бросил да давай что попало городить: то кинется необыкновенную мельницу строить, то шорную мастерскую завел, и все от всего убытки и долги, а более всего

---

[32] Обельма – множество, куча.

расстройство в характере... Постоянно он дома не сидит, а летает то туда, то сюда да чего-то ищет, а Груша одна и в таком положении... в тягости. Скучает. "Мало, – говорит, – его вижу", – а перемогает себя и великатится; чуть заметит, что он день-другой дома заскучает, сейчас сама скажет:

"Ты бы, – говорит, – изумруд мой яхонтовый, куда-нибудь поехал, прогулялся, что тебе со мною сидеть: я проста, неученая".

Этих слов он, бывало, сейчас застыдится, и руки у нее целует, и дня-два-три крепится, а зато потом как выкатит, так уже и завьется, а ее мне заказывает.

"Береги, – говорит, – ее, полупочтенный Иван Северьянов, ты артист, ты не такой, как я, свистун, а ты настоящий, высокой степени артист, и оттого ты с нею как-то умеешь так говорить, что вам обоим весело, а меня от этих "изумрудов яхонтовых" в сон клонит".

Я говорю:

"Почему же это так? ведь это слово любовное".

"Любовное, – отвечает, – да глупое и надоедное".

Я ничего не ответил, а только стал от этого времени к ней запросто вхож: когда князя нет, я всякий день два раза на день ходил к ней во флигель чай пить и как мог ее развлекал.

А развлекать было оттого, что она, бывало, если разговорится, все жалуется:

"Милый мой, сердечный мой друг Иван Северьянович, – возговорит, – ревность меня, мой голубчик, тягостно мучит".

Ну, я ее, разумеется, уговариваю:

"Чего, – говорю, – очень мучиться: где он ни побывает, все к тебе воротится".

А она всплачет, и руками себя в грудь бьет, и говорит:

"Нет, скажи же ты мне... не потаи от меня, мой сердечный друг, где он бывает?"

"У господ, – говорю, – у соседей или в городе".

"А нет ли, – говорит, – там где-нибудь моей с ним разлучницы? Скажи мне: может, он допреж меня кого любил и к ней назад воротился, или не задумал ли он, лиходей мой, жениться?" – А у самой при этом глаза так и загорятся, даже смотреть ужасно.

Я ее утешаю, а сам думаю:

"Кто его знает, что он делает", – потому что мы его мало в то время и видели.

Вот как вспало ей это на мысль, что он жениться хочет, она и ну меня просить:

"Съезди, такой-сякой, голубчик Иван Северьянович, в город; съезди, доподлинно узнай о нем все как следует и все мне без потайки выскажи".

Пристает она с этим ко мне все больше и больше и до того меня разжалобила, что думаю:

"Ну, была не была, поеду. Хотя ежели что дурное об измене узнаю, всего ей не выскажу, но посмотрю и приведу дело в ясность".

Выбрал такой предлог, что будто бы надо самому ехать лекарств для лошадей у травщиков набрать, и поехал, но поехал не спроста, а с хитрым подходом.

Груше было неизвестно и людям строго-настрого наказано было от нее скрывать, что у князя, до этого случая с Грушею, была в городе другая любовь – из благородных, секретарская дочка Евгенья Семеновна. Известная она была во всем городе большая на фортепьянах игрица, и предобрая барыня, и тоже собою очень хорошая, и имела с моим князем дочку, но располнела, и он ее, говорили, будто за это и бросил. Однако, имея в ту пору еще большой капитал, он купил этой барыне с дочкою дом, и они в том доме доходцами и жили. Князь к этой к Евгенье Семеновне, после того как ее наградил, никогда не заезжал, а люди наши, по старой памяти, за ее добродетель помнили и всякий приезд все, бывало, к ней захаживали, потому что ее любили и она до всех до наших была ужасно какая ласковая и князем интересовалась.

Вот я приехал в город прямо к ней, к этой доброй барыне, и говорю:

"Я, матушка Евгенья Семеновна, у вас остановился".

Она отвечает:

"Ну что же; очень рада. Только отчего же, – говорит, – ты к князю не едешь, на его квартиру?"

"А разве, – говорю, – он здесь, в городе?"

"Здесь, – отвечает. – Он уже другая неделя здесь и дело какое-то заводит".

"Какое, мол, еще дело?"

"Фабрику, – говорит, – суконную в аренду берет".

"Господи! мол, еще что такое он задумал?"

"А что, – говорит, – разве это худо?"

"Ничего, – говорю, – только что-то мне это удивительно".

Она улыбается.

"Нет, а ты, – говорит, – вот чему подивись, что князь мне письмо прислал, чтобы я нынче его приняла, что он хочет на дочь взглянуть".

"И что же, – говорю, – вы ему, матушка Евгенья Семеновна, разрешили?"

Она пожала плечами и отвечает:

"Что же, пусть приедет, на дочь посмотрит", – и с этим вздохнула и задумалась, сидит спустя голову, а сама еще такая молодая, белая да вальяжная, а к тому еще и обращение совсем не то, что у Груши... та ведь больше ничего, как начнет свое "изумрудный да яхонтовый", а эта совсем другое... Я ее и взревновал.

"Ох, – думаю себе, – как бы он на дитя-то как станет смотреть, то чтобы на самое на тебя своим несытым сердцем не глянул! От сего тогда моей Грушеньке много добра не воспоследует". И в таком размышлении сижу я у Евгеньи Семеновны в детской, где она велела няньке меня чаем поить, а у дверей вдруг слышу звонок, и горничная прибегает очень радостная и говорит нянюшке:

"Князенька к нам приехал!"

Я было сейчас же и поднялся, чтобы на кухню уйти, но нянюшка Татьяна Яковлевна разговорчивая была старушка из московских: страсть любила все высказать и не захотела через это слушателя лишиться, а говорит:

"Не уходи, Иван Голованыч, а пойдем вот сюда в гардеробную, за шкапу сядем, она его сюда ни за что не поведет, а мы с тобою еще разговорцу проведем".

Я и согласился, потому что, по разговорчивости Татьяны Яковлевны, надеялся от нее что-нибудь для Груши полезное сведать, и как от Евгеньи Семеновны мне был лодиколонный пузыречек рому к чаю выслан, а я сам уже тогда ничего не пил, то и думаю: подпущу-ка я ей, божьей старушке, в чаек еще вот этого разговорцу из пузыречка, авось она, по благодати своей, мне тогда что-нибудь и совраст, чего бы без того и не высказала.

Удалились мы из детской и сидим за шкапами, а эта шкапная комнатка была узенькая, просто сказать – коридор, с дверью в конце, а та дверь как раз в ту комнату выходила, где Евгенья Семеновна князя приняла, и даже к тому к самому дивану, на котором они сели. Одним словом, только меня от них разделила эта запертая дверь, с той стороны материей завешенная, а то все равно будто я с ними в одной комнате сижу, так мне все слышно.

Князь как вошел, и говорит:

"Здравствуй, старый друг! испытанный!"

А она ему отвечает:

"Здравствуйте, князь! Чему я обязана?"

А он ей:

"Об этом, – говорит, – после поговорим, а прежде дай поздороваться и позволь в головку тебя поцеловать, – и мне слышно, как он ее в голову чмокнул и спрашивает про дочь. Евгенья Семеновна отвечает, что она, мол, дома.

"Здорова?"

"Здорова", – говорит.

"И выросла небось?"

Евгенья Семеновна рассмеялась и отвечает:

"Разумеется, – говорит, – выросла".

Князь спрашивает:

"Надеюсь, что ты мне ее покажешь?"

"Отчего же, – отвечает, – с удовольствием", – и встала с места, вошла в детскую и зовет эту самую няню, Татьяну Яковлевну, с которою я угощаюсь.

"Выведите, – говорит, – нянюшка, Людочку к князю".

Татьяна Яковлевна плюнула, поставила блюдце на стол и говорит:

"О, пусто бы вам совсем было, только что сядешь, в самый аппетит, с человеком поговорить, непременно и тут отрывают и ничего в свое удовольствие сделать не дадут! – и поскорее меня барыниными юбками, которые на стене висели, закрыла и говорит: – "Посиди", – а сама пошла с девочкой, а я один за шкапами остался и вдруг слышу, князь девочку раз и два поцеловал и потетешкал на коленах и говорит:

"Хочешь, мой анфан[33], в карете покататься?"

Та ничего не отвечает; он говорит Евгенье Семеновне:

"Же ву при[34], – говорит, – пожалуйста, пусть она с нянею в моей карете поездит, покатается".

Та было ему что-то по-французскому, дескать, зачем и пуркуа, но он ей тоже вроде того, что, дескать, "непременно надобно", и этак они раза три словами перебросились, и потом Евгенья Семеновна нехотя говорит нянюшке:

"Оденьте ее и поезжайте".

Те и поехали, а эти двоичкой себе остались, да я у них под сокрытьем на послухах, потому что мне из-за шкапов и выйти нельзя, да и сам себе я думал: "Вот же когда мой час настал и я теперь настоящее исследую, что у кого против Груши есть в мыслях вредного?"

16

– Пустившись на этакое решение, чтобы подслушивать, я этим не удовольнился, а захотел и глазком что можно увидеть и всего этого достиг: стал тихонечко ногами на табуретку и сейчас вверху дверей в пазу щелочку присмотрел и жадным оком приник к ней. Вижу, князь сидит на диване, а барыня стоит у окна, и, верно, смотрит, как ее дитя в карету сажают.

Карета отъехала, и она оборачивается и говорит:

---

[33] дитя (франц.)

[34] я вас прошу (франц.)

"Ну, князь, я все сделала, как вы хотели: скажите же теперь, что у вас за дело такое ко мне?"

А он отвечает:

"Ну что там дело!.. дело не медведь, в лес не убежит, а ты прежде подойди-ка сюда ко мне: сядем рядом, да поговорим ладом, по-старому, по-бывалому".

Барыня стоит, руки назад, об окно опирается и молчит, а сама бровь супит. Князь просит:

"Что же, – говорит, – ты: я прошу, – мне говорить с тобой надо".

Та послушалась, подходит, он сейчас, это видя, опять шутит:

"Ну, мол, посиди, посиди, по-старому", – и обнять ее хотел, но она его отодвинула и говорит:

"Дело, князь, говорите, дело: чем я могу вам служить?"

"Что же это, – спрашивает князь, – стало быть, без разговора все начистоту выкладать?"

"Конечно, – говорит, – объясняйте прямо, в чем дело? мы ведь с вами коротко знакомы, – церемониться нечего".

"Мне деньги нужны", – говорит князь.

Та молчит и смотрит.

"И не много денег", – молвил князь.

"А сколько?"

"Теперь всего тысяч двадцать".

Та опять не отвечает, а князь и ну расписывать, – что: "Я, – говорит, – суконную фабрику покупаю, но у меня денег ни гроша нет, а если куплю ее, то я буду миллионер; я, – говорит, – все переделаю, все старое уничтожу и выброшу и начну яркие сукна делать да азиатам в Нижний продавать. Из самой гадости, говорит, вытку, да ярко выкрашу, и все пойдет, и большие деньги наживу, а теперь мне только двадцать тысяч на задаток за фабрику нужно".

Евгенья Семеновна говорит:

"Где же их достать?"

А князь отвечает:

"Я и сам не знаю, но надо достать, а потом расчет у меня самый верный: у меня есть человек – Иван Голован, из полковых конэсеров, очень неумен, а золотой мужик – честный, и рачитель, и долго у азиатов в плену был и все их вкусы отлично знает, а теперь у Макария стоит ярмарка, я пошлю туда Голована заподрядиться и образцов взять, и задатки будут... тогда... я, первое, сейчас эти двадцать тысяч отдам..."

И он замолк, а барыня помолчала, воздохнула и начинает:

"Расчет, – говорит, – ваш, князь, верен".

"Не правда ли?"

"Верен, – говорит, – верен; вы так сделаете: вы дадите за фабрику задаток, вас после этого станут считать фабрикантом; в обществе заговорят, что ваши дела поправились..."

"Да".

"Да; и тогда..."

"Голован наберет у Макария заказов и задатков, и я верну долг и разбогатею".

"Нет, позвольте, не перебивайте меня: вы прежде поднимите всем этим на фу-фу предводителя, и пока он будет почитать вас богачом, вы женитесь на его дочери и тогда, взявши за ней ее приданое, в самом деле разбогатеете".

"Ты так думаешь?" – говорит князь.

А барыня отвечает:

"А вы разве иначе думаете?"

"А ну, если ты, – говорит, – все понимаешь, так дай бог твоими устами да нам мед пить".

"Нам?"

"Конечно, – говорит, – тогда всем нам будет хорошо: ты для меня теперь дом заложишь, а я дочери за двадцать тысяч десять тысяч процента дам".

– Барыня отвечает:

"Дом ваш: вы ей его подарили, вы и берите его, если он вам нужен".

Он было начал, что: "Нет, дескать, дом не мой; а ты ее мать, я у тебя прошу... разумеется, только в таком случае, если ты мне веришь..."

А она отвечает:

"Ах, полноте, – говорит, – князь, то ли я вам, – говорит, – верила! Я вам жизнь и честь свою доверяла".

"Ах да, – говорит, – ты про это... Ну, спасибо тебе, спасибо, прекрасно... Так завтра, стало быть, можно прислать тебе подписать закладную?"

"Присылайте, – говорит, – я подпишу".

"А тебе не страшно?"

"Нет, – говорит, – я уже то потеряла, после чего мне нечего бояться".

"И не жаль? говори: не жаль? верно, еще ты любишь меня немножечко? Что? или просто сожалеешь? а?"

Она на эти слова только засмеялась и говорит:

"Полноте, князь, пустяки болтать. Не хотите ли вы, лучше я велю вам моченой морошки с сахаром подать? У меня она нынче очень вкусная".

Он, должно быть, обиделся: не того, видно, совсем ожидал – встает и улыбается:

"Нет, – говорит, – кушай сама свою морошку, а мне теперь не до сладостей. Благодарю тебя и прощай", – и начинает ей руки целовать, а тем временем как раз и карета назад возвратилась.

Евгенья Семеновна и подает ему на прощанье руку, а сама говорит:

"А как же вы с вашей черноокой цыганкой сделаетесь?"

А он себя вдруг рукой по лбу и вскрикнул:

"Ах, и вправду! какая ты всегда умная! Хочешь верь, хочешь не верь, а я всегда о твоем уме вспоминаю, и спасибо тебе, что ты мне теперь про этот яхонт напомнила!"

"А вы, – говорит, – будто про нее так и позабыли?"

"Ей-богу, – говорит, – позабыл. И из ума вон, а ее, дуру, ведь действительно надо устроить".

"Устраивайте, – отвечает Евгенья Семеновна, – только хорошенечко: она ведь не русская прохладная кровь с парным молоком, она не успокоится смирением и ничего не простит ради прошлого".

"Ничего, – отвечает, – как-нибудь успокоится".

"Она любит вас, князь? Говорят, даже очень любит?"

"Страсть надоела; но, слава богу, на мое счастье, они с Голованом большие друзья".

"Что же вам из этого?" – спрашивает Евгенья Семеновна.

"Ничего; дом им куплю и Ивана в купцы запишу, перевенчаются и станут жить".

А Евгенья Семеновна покачала головою и, улыбнувшись, промолвила:

"Эх вы, князенька, князенька, бестолковый князенька: где ваша совесть?"

А князь отвечает:

"Оставь, пожалуйста, мою совесть. Ей-богу, мне теперь не до нее: мне когда бы можно было сегодня Ивана Голована сюда вытребовать".

Барыня ему и сказала, что Иван Голован, говорит, в городе и даже у меня и приставши. Князь очень этому обрадовался и велел как можно скорее меня к нему прислать, а сам сейчас от нее и уехал.

Вслед за этим пошло у нас все живою рукою, как в сказке. Надавал князь мне доверенностей и свидетельств, что у него фабрика есть, и научил говорить, какие сукна вырабатывает, и услал меня прямо из города к Макарью, так что я Груши и повидать не мог, а только все за нее на князя обижался, что как он это мог сказать, чтобы ей моею женой быть? У Макарья мне счастие так и повалило: набрал я от азиатов и заказов, и денег, и образцов, и все деньги князю выслал, и сам приехал назад и своего моста узнать не могу... Просто все как будто каким-нибудь волшебством здесь переменилось: все подновлено, словно изба, к празднику убранная, а флигеля, где Груша жила, и следа нет: срыт, и на его месте новая постройка поставлена. Я так и ахнул и кинулся: где же Груша? а про нее никто и не ведает; и люди-то в прислуге все новые, наемные и прегордые, так что и доступу мне прежнего к князю нет. Допреж сего у нас с ним все было по-военному, в простоте, а теперь стало все на политике, и что мне надо князю сказать, то не иначе как через камердинера.

Я этого так терпеть не люблю, что ни одной бы минуты здесь не остался и сейчас бы ушел, но только мне очень было жаль Грушу, и никак я не могу узнать: где же это она делась? Кого из старых людей ни вспрошу – все молчат: видно, что строго заказано. Насилу у одной дворовой старушки добился, что Грушенька еще недавно тут была и всего, говорит, ден десять как с князем в коляске куда-то отъехала и с тех пор назад не вернулась. Я к кучерам, кои возили их: стал спрашивать, и те ничего не говорят. Сказали только, что князь будто своих лошадей на станции сменил и назад отослал, а сам с Грушею куда-то на наемных поехал. Куда ни метнусь, нет никакого следа, да и полно: погубил он ее, что ли, злодей, ножом, или пистолетом застрелил и где-нибудь в лесу во рву бросил да сухою листвою призасыпал, или в воде утопил... От страстного человека ведь все это легко может статься; а она ему помеха была, чтобы жениться, потому что ведь Евгенья Семеновна правду говорила: Груша любила его, злодея, всею страстной своею любовью цыганскою, каторжной, и ей было то не снесть и не покориться, как Евгенья Семеновна сделала, русская христианка, которая жизнь свою перед ним как лампаду истеплила. В этой цыганское пламище-то, я думаю, дымным костром вспыхнуло, как он ей насчет свадьбы сказал, и она тут небось неведомо что зачертила, вот он ее и покончил.

Так я все чем больше эту думу в голове содержу, тем больше уверяюсь, что иначе это быть не могло, и не могу смотреть ни на какие сборы к его венчанью с предводительскою дочкою. А как свадьбы день пришел и всем людям роздали цветные платки и кому какое идет по его должности новое платье, я ни платка, ни убора не надел, а взял все в конюшне в своем чуланчике покинул, и ушел с утра в лес, и ходил, сам не знаю чего, до самого вечера, все думал: не попаду ли где на ее тело убитое? Вечер пришел, я и вышел, сел на крутом берегу над речкою, а за рекою весь дом огнями горит, светится, и праздник идет; гости гуляют, и музыка гремит, далеко слышно. А я все сижу да гляжу уже не на самый дом, а в воду, где этот свет весь отразило и струями рябит, как будто столбы ходят, точно водяные чертоги открыты. И стало мне таково грустно, таково тягостно, что даже, чего со мною и в плену не было, начал я с невидимой силой говорить и, как в сказке про сестрицу Аленушку сказывают, которую брат звал, зову ее, мою сиротинушку Грунюшку, жалобным голосом.

"Сестрица моя, моя, – говорю, – Грунюшка! откликнись ты мне, отзовись мне; откликнися мне; покажися мне на минуточку!" И что же вы изволите думать: простонал я этак три раза, и стало мне жутко, и зачало все казаться, что ко мне кто-то бежит; и вот прибежал, вокруг меня веется, в уши мне шепчет и через плеча в лицо засматривает, и вдруг на меня из темноты ночной как что-то шаркнет!.. И прямо на мне и повисло и колотится...

17

– Я от страха даже мало на землю не упал, но чувств совсем не лишился, и ощущаю, что около меня что-то живое и легкое, точно как подстреленный журавль, бьется и вздыхает, а ничего не молвит.

Я сотворил в уме молитву, и что же-с? – вижу перед своим лицом как раз лицо Груши...

"Родная моя! – говорю, – голубушка! живая ли ты или с того света ко мне явилася? Ничего, – говорю, – не потаись, говори правду: я тебя, бедной сироты, и мертвою не испугаюсь".

А она глубоко-глубоко из глубины груди вздохнула и говорит:

"Я жива".

"Ну, и слава, мол, богу".

"Только я, – говорит, – сюда умереть вырвалась".

"Что ты, – говорю, – бог с тобой, Грунюшка: зачем тебе умирать. Пойдем жить счастливою жизнью: я для тебя работать стану, а тебе, сиротиночке, особливую келейку учрежу, и ты у меня живи заместо милой сестры".

А она отвечает:

"Нет, Иван Северьяныч, нет, мой ласковый, мил-сердечный друг, прими ты от меня, сироты, на том твоем слове вечный поклон, а мне, горькой цыганке, больше жить нельзя, потому что я могу неповинную душу загубить".

Пытаю ее:

"Про кого же ты это говоришь? про чью душу жалеешь?"

А она отвечает:

"Про ее, про лиходея моего жену молодую, потому что она – молодая душа, ни в чем не повинная, а мое ревнивое сердце ее все равно стерпеть не может, и я ее и себя погублю".

"Что ты, мол, перекрестись: ведь ты крещеная, а что душе твоей будет?"

"Не-е-е-т, – отвечает, – я и души не пожалею, пускай в ад идет. Здесь хуже ад!"

Вижу, вся женщина в расстройстве и в исступлении ума: я ее взял за руки и держу, а сам вглядываюсь и дивлюсь, как страшно она переменилась и где вся ее красота делась? тела даже на ней как нет, а только одни глаза среди темного лица как в ночи у волка горят и еще будто против прежнего вдвое больше стали, да недро разнесло, потому что тягость ее тогда к концу приходила, а личико в кулачок сжало, и по щекам черные космы трепятся. Гляжу на платьице, какое на ней надето, а платьице темное, ситцевенькое, как есть все в клочочках, а башмачки на босу ногу.

"Скажи, – говорю, – мне: откуда же ты это сюда взялась; где ты была и отчего такая неприглядная?"

А она вдруг улыбнулась и говорит:

"Что?.. чем я нехороша?.. Хороша! Это меня так убрал милсердечный друг за любовь к нему за верную: за то, что того, которого больше его любила, для него позабыла и вся ему предалась, без ума и без разума, а он меня за то в крепкое место упрятал и сторожей настановил, чтобы строго мою красоту стеречь..."

И с этим вдруг-с как захохочет и молвит с гневностью:

"Ах ты, глупая твоя голова княженецкая: разве цыганка барышня, что ее запоры удержат? Да я захочу, я сейчас брошуся и твоей молодой жене горло переем".

Я вижу, что она сама вся трясется от ревнивой муки, и думаю: дай я ее не страхом ада, а сладким воспоминанием от этих мыслей отведу, и говорю:

"А ведь как, мол, он любил-то тебя! Как любил! Как ноги-то твои целовал... Бывало, на коленях перед диваном стоит, как ты поешь, да алую туфлю твою и сверху и снизу в подошву общелует..."

Она это стала слушать, и вечищами своими черными водит по сухим щекам, и, в воду глядя, начала гулким тихим голосом:

"Любил, – говорит, – любил, злодей, любил, ничего не жалел, пока не был сам мне по сердцу, а полюбила его – он покинул. А за что?.. Что она, моя разлучница, лучше меня, что ли, или больше меня любить его станет... Глупый он, глупый!.. Не греть солнцу зимой против летнего, не видать ему век любви против того, как я любила; так ты и скажи ему: мол, Груша, умирая, так тебе ворожила и на рок положила".

Я тут и рад, что она разговорилась, и пристал, спрашиваю:

"Да что это такое у вас произошло и через что все это сталося?"

А она всплескивает руками и говорит:

"Ах, ни черезо что ничего не было, а все через одно изменство... Нравиться ему я перестала, вот и вся причина, – и сама, знаете, все это говорит, а сама начинает слезами хлепать. – Он, – говорит, – платьев мне по своему вкусу таких нашел, каких тягостной не требуется: узких да с талиями, я их надену, выстроюсь, а он сердится, говорит: "Скинь; не идет тебе"; не надену их, в роспашне покажусь, еще того вдвое обидится, говорит: "На кого похожа ты?" Я все поняла, что уже не воротить мне его, что я ему опротивела..."

И с этим совсем зарыдала и сама вперед смотрит, а сама шепчет:

"Я, – говорит, – давно это чуяла, что не мила ему стала, да только совесть его хотела узнать, думала: ничем ему не досажу и до гляжусь его жалости, а он меня и пожалел..."

И рассказала-с она мне насчет своей последней с князем разлуки такую пустяковину, что я даже не понял, да и посейчас не могу понять: на чем коварный человек может с женщиною вековечно расстроиться?

18

– Рассказала Груша мне, что как ты, говорит, уехал да пропал, то есть это когда я к Макарью отправился, князя еще долго домой не было: а до меня, говорит, слухи дошли, что он женится... Я от тех слухов страшно плакала и с лица спала... Сердце болело, и дитя подкатывало... думала: оно у меня умрет в утробе. А тут, слышу, вдруг и говорят: "Он едет!" Все во мне затрепетало... Кинулась я к себе во флигель, чтобы как можно лучше к нему одеться, изумрудные серьги надела и тащу со стены из-под простыни самое любимое его голубое маревое платье с кружевом, лиф без горлышка... Спешу, одеваю, а сзади спинка не сходится... я эту спинку и не застегнула, а так, поскорее, сверху алую шаль набросила, чтобы не видать, что не застегнуто, и к нему на крыльцо выскочила... вся дрожу и себя не помню, как крикнула:

"Золотой ты мой, изумрудный, яхонтовый!" – да обхватила его шею руками и замерла...

Дурнота с нею сделалась.

"А прочудилась я, – говорит, – у себя в горнице... на диване лежу и все вспоминаю: во сне или наяву я его обнимала; но только была, – говорит, – со мною ужасная слабость", – и долго она его не видала... Все посылала за ним, а он не шел.

Наконец он приходит, а она и говорит:

"Что же ты меня совсем бросил-позабыл?"

А он говорит:

"У меня есть дела".

Она отвечает:

"Какие, – говорит, – такие дела? Отчего же их прежде не было? Изумруд ты мой бралиянтовый!" – да и протягивает опять руки, чтобы его обнять, а он наморщился и как дернет ее изо всей силы крестовым шнурком за шею...

"На счастье, – говорит, – мое, шелковый шнурочек у меня на шее не крепок был, перезнял (перегнил) и перервался, потому что я давно на нем ладанку носила, а то бы он мне горло передушил; да я полагаю так, что он того именно и хотел, потому что даже весь побелел и шипит:

"Зачем ты такие грязные шнурки носишь?"

А я говорю:

"Что тебе до моего шнурка; он чистый был, а это на мне с тоски почернел от тяжелого пота".

А он:

"Тьфу, тьфу, тьфу", – заплевал, заплевал и ушел, а перед вечером входит сердитый и говорит:

"Поедем в коляске кататься!" – и притворился, будто ласковый, и в голову меня поцеловал: а я, ничего не опасаясь, села с ним и поехала. Ехали мы долго и два раза лошадей переменяли, а куда едем – никак не доспрошусь у него, но вижу, настало место лесное и болотное, непригожее, дикое. И приехали среди леса на какую-то пчельню, а за пчельнею – двор, и тут встречают нас три молодые здоровые девки-однодворки в мареновых красных юбках и зовут меня "барыней". Как я из коляски выступила, они меня под руки выхватили и прямо понесли в комнату, совсем убранную.

Меня что-то сразу от всего этого, и особливо от этих однодворок, замутило, и сердце мое сжалось.

"Что это, – спрашиваю его, – какая здесь станция?"

А он отвечает:

"Это ты здесь теперь будешь жить".

Я стала плакать, руки его целовать, чтобы не бросал меня тут, а он и не пожалел: толкнул меня прочь и уехал..."

Тут Грушенька умолкла и личико вниз спустила, а потом вздыхает и молвит:

"Уйти хотела; сто раз порывалась – нельзя: те девки-однодворки стерегут и глаз не спущают... Томилась я, да наконец вздумала притвориться и прикинулась беззаботною, веселою, будто гулять захотела. Они меня гулять в лес берут, да все за мной смотрят, а я смотрю по деревьям, по верхам ветвей да по кожуре примечаю – куда сторона на полдень, и вздумала, как мне от этих девок уйти, и вчера то исполнила. Вчера после обеда вышла я с ними на полянку, да и говорю:

"Давайте, – говорю, – ласковые, в жмурки по полянке бегать".

Они согласились.

"А наместо глаз, – говорю, – станем друг дружке руки назад вязать, чтобы задом ловить".

Они и на то согласны.

Так и стали. Я первой руки за спину крепко-накрепко завязала, а с другою за куст забежала, да и эту там спутала, а на ее крик третья бежит, я и третью у тех в глазах силком скрутила; они кричат, а я, хоть тягостная, ударилась быстрей коня резвого: все по лесу да по лесу и бежала целую ночь и наутро упала у старых бортей в густой засеке. Тут подошел ко мне старый старичок, говорит – неразборчиво шамкает, а сам весь в воску и ото всего от него медом пахнет, и в желтых бровях пчелки ворочаются. Я ему сказала, что я тебя, Ивана Северьяныча, видеть хочу, а он говорит:

"Кличь его, молодка, раз под ветер, а раз супротив ветра: он затоскует и пойдет тебя искать, – вы и встретитесь". Дал он мае воды испить и медку на огурчике подкрепиться. Я воды испила и огурчик съела, и опять пошла, и все тебя звала, как он велел, то по ветру, то против ветра – вот и встретились. Спасибо!" – и обняла меня, и поцеловала, и говорит:

"Ты мне все равно что милый брат".

Я говорю:

"И ты мне все равно что сестра милая", – а у самого от чувства слезы пошли.

А она плачет и говорит:

"Знаю я, Иван Северьяныч, все знаю и разумею; один ты и любил меня, мил-сердечный друг мой, ласковый. Докажи же мне теперь твою последнюю любовь, сделай, что я попрошу тебя в этот страшный час".

"Говори, – отвечаю, – что тебе хочется?"

"Нет; ты, – говорит, – прежде поклянись чем страшнее в свете есть, что сделаешь, о чем просить стану".

Я ей своим спасеньем души поклялся, а она говорит:

"Это мало: ты это ради меня преступишь. Нет, ты, – говорит, – страшней поклянись".

"Ну, уже я, мол, страшнее этого ничего не могу придумать".

"Ну так я же, – говорит, – за тебя придумала, а ты за мной поспешай, говори и не раздумывай".

Я сдуру пообещался, а она говорит:

"Ты мою душу прокляни так, как свою клял, если меня не послушаешь".

"Хорошо", – говорю, – и взял да ее душу проклял.

"Ну, так послушай же, – говорит, – теперь же стань поскорее душе моей за спасителя; моих, – говорит, – больше сил нет так жить да мучиться, видючи его измену и надо мной надругательство. Если я еще день проживу, я и его и ее порешу, а если их пожалею, себя решу, то навек убью свою душеньку... Пожалей меня, родной мой, мой миленый брат; ударь меня раз ножом против сердца".

Я от нее в сторону да крещу ее, а сам пячуся, а она обвила ручками мои колени, а сама плачет, сама в ноги кланяется и увещает:

"Ты, – говорит, – поживешь, ты богу отмолишь и за мою душу и за свою, не погуби же меня, чтобы я на себя руку подняла... Н... н... н... у..."

Иван Северьяныч страшно наморщил брови и, покусав усы, словно выдохнул из глубины расходившейся груди:

– Нож у меня из кармана достала... розняла... из ручки лезвие выправила... и в руки мне сует... А сама... стала такое несть, что терпеть нельзя...

"Не убьешь, – говорит, – меня, я всем вам в отместку стану самою стыдной женщиной".

Я весь задрожал, и велел ей молиться, и колоть ее не стал, а взял да так с крутизны в реку спихнул...

Все мы, выслушав это последнее признание Ивана Северьяныча, впервые заподозрили справедливость его рассказа и хранили довольно долгое молчание, но наконец кто-то откашлянулся и молвил:

– Она утонула?..

– Залилась, – отвечал Иван Северьяныч.

– А вы же как потом?

– Что такое?

– Пострадали небось?

– Разумеется-с.

19

– Я бежал оттоль, с того места, сам себя не понимая, а помню только, что за мною все будто кто-то гнался, ужасно какой большой и длинный, и бесстыжий, обнагощенный, а тело все черное и голова малая, как луковочка, а сам весь обростенький, в волосах, и я догадался, что это если не Каин, то сам губитель-бес, и все я от него убегал и звал к себе ангела-хранителя. Опомнился же я где-то на большой дороге, под ракиточкой. И такой это день был осенний, сухой, солнце светит, а холодно, и ветер, и пыль несет, и желтый лист крутит; а я не знаю, какой час, и что это за место, и куда та дорога ведет, и ничего у меня на душе нет, ни чувства, ни определения, что мне делать; а думаю только одно, что Грушина душа теперь погибшая и моя обязанность за нее отстрадать и ее из ада выручить. А как это сделать – не знаю и об этом тоскую, но только вдруг меня за плечо что-то тронуло: гляжу – это хворостинка с ракиты пала и далеконько так покатилась, покатилася, и вдруг Груша идет, только маленькая, не больше как будто ей всего шесть или семь лет, и за плечами у нее малые крылышки; а чуть я ее увидал, она уже сейчас от меня как выстрел отлетела, и только пыль да сухой лист вслед за ней воскурились.

Думаю я: это непременно ее душа за мной следует, верно, она меня манит и путь мне кажет. И пошел. Весь день я шел сам не знаю куда и невмоготу устал, и вдруг нагоняют меня люди, старичок со старушкою на телеге парою, и говорят:

"Садись, бедный человек, мы тебя подвезем".

Я сел. Они едут и убиваются.

"Горе, – говорят, – у нас: сына в солдаты берут; а капиталу не имеем, нанять не на что".

Я старичков пожалел и говорю:

"Я бы за вас так, без платы, пошел, да у меня бумаг нет".

А они говорят:

"Это пустяки: то уже наше дело; а ты только назовись, как наш сын, Петром Сердюковым".

"Что же, – отвечаю, – мне все равно: я своему ангелу Ивану Предтече буду молитвить, а называться я могу всячески, как вам угодно".

Тем и покончили, и отвезли они меня в другой город, и сдали меня там вместо сына в рекруты, и дали мне на дорогу монетою двадцать пять рублей, а еще обещались во всю жизнь помогать. Я эти деньги, что от них взял, двадцать пять рублей, сейчас положил в бедный монастырь – вклад за Грушину душу, а сам стал начальство просить, чтобы на Кавказ меня определить, где я могу скорее за веру умереть. Так и сделалось, и я пробыл на Кавказе более пятнадцати лет и никому не открывал ни настоящего своего имени, ни звания, а все назывался Петр Сердюков и только на Иванов день богу за себя молил, через Предтечу-ангела. И позабыл уже я сам про все мое прежнее бытие и звание, и дослуживаю таким манером последний год, как вдруг на самый на Иванов день были мы в погоне за татарами, а те напаскудили и ушли за реку Койсу. Тех Койс в том месте несколько: которая течет по Андии, так и зовется андийская, которая по Аварии[35], зовется аварийская Койса, а то корикумуйская и кузикумуйская, и все они сливаются, и от сливу их зачинается Сулак-река. Но все они и по себе сами быстры и холодны, особливо андийская, за которую татарва ушли. Много мы их тут без счету, этих татаров, побили, но кои переправились за Койсу, – те сели на том берегу за камнями, и чуть мы покажемся, они в нас палят. Но палят с такою сноровкою, что даром огня не тратят, а берегут зелье на верный вред, потому что знают, что у нас снаряду не в пример больше ихнего, и так они нам вредно чинят, что стоим мы все у них в виду, они, шельмы, ни разу в нас и не пукнут. Полковник у нас был отважной души и любил из себя Суворова представлять, все, бывало, "помилуй бог" говорил и своим примером отвагу давал. Так он и тут сел на бережку, а ноги разул и по колени в эту холоднищую воду опустил, а сам хвалится:

---

[35] Авария – бывшее Аварское ханство. С 1864 года – Аварский округ (современный Дагестан).

"Помилуй бог, – говорит, – как вода тепла: все равно что твое парное молочко в доеночке. Кто, благодетели, охотники на ту сторону переплыть и канат перетащить, чтобы мост навесть?"

Сидит полковник и таким манером с нами растабарывает, а татары с того бока два ствола ружей в щель выставили, а не стреляют. Но только что два солдатика-охотнички вызвались и поплыли, как сверкнет пламя, и оба те солдатика в Койсу так и нырнули. Потянули мы канат, пустили другую пару, а сами те камни, где татары спрятавшись, как роем, пулями осыпаем, но ничего им повредить не можем, потому что пули наши в камни бьют, а они, анафемы, как плюнут в пловцов, так вода кровью замутилась, и опять те два солдатика юркнули. Пошли за ними и третья пара, и тоже середины Койсы не доплыли, как татары и этих утопили. Тут уже за третьего парою и мало стало охотников, потому что видимо всем, что это не война, а просто убийство, а наказать злодеев надобно. Полковник и говорит:

"Слушайте, мои благодетели. Нет ли из вас кого такого, который на душе смертный грех за собой знает? Помилуй бог, как бы ему хорошо теперь своей кровью беззаконие смыть?"

Я и подумал:

"Чего же мне лучше этого случая ждать, чтобы жизнь кончить? благослови, господи, час мой!" – и вышел, разделся, "Отчу" прочитал, на все стороны начальству и товарищам в землю ударил и говорю в себе: "Ну, Груша, сестра моя названая, прими за себя кровь мою!" – да с тем взял в рот тонкую бечеву, на которой другим концом был канат привязан, да, разбежавшись с берегу, и юркнул в воду.

Вода страсть была холодна: у меня даже под мышками закололо, и грудь мрет, судорога ноги тянет, а я плыву... Поверху наши пули летят, а вокруг меня татарские в воду шлепают, а меня не касаются, и я не знаю: ранен я или не ранен, но только достиг берега... Тут татарам меня уже бить нельзя, потому что я как раз под ущельем стал, и чтобы им стрелять в меня, надо им из щели высунуться, а наши их с того берега пулями как песком осыпают. Вот я стою под камнями и тяну канат, и перетянул его, и мосток справили, и вдруг наши сюда уже идут, а я все стою и как сам из себя изъят, ничего не понимаю, потому что думаю: видел ли кто-нибудь то, что я видел? А я видел, когда плыл, что надо мною Груша летела, и была она как отроковица примерно в шестнадцать лет, и у нее крылья уже огромные, светлые, через всю реку, и она ими меня огораживала... Однако, вижу, никто о том ни слова не говорит: ну, думаю, надо мне самому это рассказать. Как меня полковник стал обнимать и сам целует, а сам хвалит:

"Ой, помилуй бог, – говорит, – какой ты, Петр Сердюков, молодец!"

А я отвечаю:

"Я, ваше высокоблагородие, не молодец, а большой грешник, и меня ни земля, ни вода принимать не хочет".

Он вопрошает:

"В чем твой грех?"

А я отвечаю:

"Я, – говорю, – на своем веку много неповинных душ погубил", – да и рассказал ему ночью под палаткою все, что вам теперь сказывал.

Он слушал, слушал, и задумался, и говорит:

"Помилуй бог, сколько ты один перенес, а главное, братец, как ты хочешь, а тебя надо в офицеры произвесть. Я об этом представление пошлю".

Я говорю:

"Как угодно, а только пошлите и туда узнать, не верно ли я показываю, что я цыганку убил?"

"Хорошо, – говорит, – и об этом пошлю".

И послали, но только ходила, ходила бумага и назад пришла с неверностью. Объяснено, что никогда, говорят, у нас такого происшествия ни с какою цыганкою не было, а Иван-де Северьянов хотя и был и у князя служил, только он через заочный выкуп на волю вышел и опосля того у казенных крестьян Сердюковых в доме помер.

Ну что тут мне было больше делать: чем свою вину доказывать?

А полковник говорит:

"Не смей, братец, больше на себя этого врать: это ты как через Койсу плыл, так ты от холодной воды да от страху в уме немножко помешался, и я, – говорит, – очень за тебя рад, что это все неправда, что ты наговорил на себя. Теперь офицером будешь; это, брат, помилуй бог как хорошо".

Тут я даже и сам мыслями растерялся: точно ли я спихнул Грушу в воду или это мне тогда все от страшной по ней тоски сильное воображение было?

И сделали-с меня за храбрость офицером, но только как я все на своей истине стоял, чтобы открыть свою запрошедшую жизнь, то чтобы от этого мне больше беспокойства не иметь, пустили меня с Георгием в отставку.

"Поздравляем, – говорят, – тебя, ты теперь благородный и можешь в приказные идти; помилуй бог, как спокойно, – и письмо мне полковник к одному большому лицу в Петербург дал. – Ступай, – говорит, – он твою карьеру и благополучие совершит". Я с этим письмом и добрался до Питера, но не посчастливило мне насчет карьеры.

– Чем же?

– Долго очень без места ходил, а потом на фиту попал, и оттого стало еще хуже.

– Как на фиту? что это значит?

– Тот покровитель, к которому я насчет карьеры был прислан, в адресный стол справщиком определил, а там у всякого справщика своя буква есть, по какой кто справке заведует. Иные буквы есть очень хорошие, как, например, буки, или покой, или како: много на них фамилиев начинается, и справщику есть доход, а меня поставили на фиту. Самая ничтожная буква, очень на нее мало пишется, и то еще из тех, кои по всем видам ей принадлежат, все от нее отлынивают и лукавят: кто чуть хочет благородиться, сейчас себя самовластно вместо фиты через ферт ставит. Ищешь-ищешь его под фитою – только пропащая работа, а он под фертом себя проименовал. Никакой пользы нет, а сиди на службе; ну, я и вижу, что дело плохо, и стал опять наниматься, по старому обыкновению, в кучера, но никто не берет; говорят: ты благородный офицер, и военный орден имеешь, тебя ни обругать, ни ударить непристойно... Просто хоть повеситься, но я благодаря бога и с отчаянности до этого себя не допустил, а чтобы с голоду не пропасть, взял да в артисты пошел.

– Каким же вы были артистом?

– Роли представлял.

– На каком театре?

– В балагане на Адмиралтейской площади. Там благородством не гнушаются и всех принимают: есть и из офицеров, и столоначальники, и студенты, а особенно сенатских очень много.

– И понравилась вам эта жизнь?

– Нет-с.

– Чем же?

– Во-первых, разучка вся и репетиция идут на страстной неделе[36] или перед масленицей, когда в церкви поют: "Покаяния отверзи ми двери", а во-вторых, у меня роль была очень трудная.

– Какая?

– Я демона изображал.

– Чем же это особенно трудно?

– Как же-с: в двух переменах танцевать надо и кувыркаться, а кувыркнуться страсть неспособно, потому что весь обшит лохматой шкурой седого козла вверх шерстью; и хвост долгий на проволоке, но он постоянно промеж ног путается, а рога на голове за что попало цепляются, а годы уже стали не прежние, не молодые, и легкости нет; а потом еще во все продолжение представления расписано меня бить. Ужасно как это докучает. Палки эдакие, положим, пустые, из холстины сделаны, а в средине хлопья, но, однако, скучно ужасно это терпеть, что все по тебе хлоп да хлоп, а иные к тому еще с холоду или для смеху излавчаются и бьют довольно больно. Особенно из сенатских приказных, которые в этом опытные и дружные: все за своих стоят, а которые попадутся военные, они

---

[36] Страстная неделя – последняя неделя великого поста.

тем ужасно докучают, и все это продолжительно начнут бить перед всей публикой с полдня, как только полицейский флаг поднимается, и бьют до самой до ночи, и все, всякий, чтобы публику утешить, норовит громче хлопнуть. Ничего приятного нет. А вдобавок ко всему со мною и здесь неприятное последствие вышло, после которого я должен был свою роль оставить.

– Что же это такое с вами случилось?

– Принца одного я за вихор подрал.

– Как принца?

– То есть не настоящего-с, а театрашного: он из сенатских был, коллежский секретарь, но у нас принца представлял.

– За что же вы его прибили?

– Да стоило-с его еще и не эдак. Насмешник злой был и выдумщик и все над всеми шутки выдумывал.

– И над вами?

– И надо мною-с; много шуток строил: костюм мне портил; в грельне, где мы, бывало, над угольями грелися и чай пили, подкрадется, бывало, и хвост мне к рогам прицепит или еще что глупое сделает на смех, а я не осмотрюсь да так к публике выбегу, а хозяин сердится; но я за себя все ему спускал, а он вдруг стал одну фею обижать. Молоденькая такая девочка, из бедных дворяночек, богиню Фортуну она у нас изображала и этого принца от моих рук спасать должна была. И роль ее такая, что она вся в одной блестящей тюли выходит и с крыльями, а морозы большие, и у нее у бедной ручонки совсем посинели, зашлись, а он ее допекает, лезет к ней, и когда мы втроем в апофезе в подпол проваливаемся, за тело ее щипет. Мне ее очень жаль стало: я его и оттрепал.

– И чем же это кончилось?

– Ничего; в провале свидетелей не было, кроме самой этой феи, а только наши сенатские все взбунтовались и не захотели меня в труппе иметь; а как они первые там представители, то хозяин для их удовольствия меня согнал.

– И куда же вы тогда делись?

– Совсем без крова и без пищи было остался, но эта благородная фея меня питала, но только мне совестно стало, что ей, бедной, самой так трудно достается, и я все думал-думал, как этого положения избавиться? На фиту не захотел ворочаться, да и к тому на ней уже другой бедный человек сидел, мучился, так я взял и пошел в монастырь.

– От этого только?

– Да ведь что же делать-с? деться было некуда. А тут хорошо.

– Полюбили вы монастырскую жизнь?

– Очень-с; очень полюбил, – здесь покойно, все равно как в полку, много сходственного, все тебе готовое: и одет, и обут, и накормлен, и начальство смотрит и повиновения спрашивает.

– А вас это повиновение иногда не тяготит?

– Для чего же-с? что больше повиноваться, то человеку спокойнее жить, а особенно в моем послушании и обижаться нечем: к службам я в церковь не хожу иначе, как разве сам пожелаю, а исправляю свою должность по-привычному, скажут: "запрягай, отец Измаил" (меня теперь Измаилом зовут), – я запрягу; а скажут: "отец Измаил, отпрягай", – я откладываю.

– Позвольте, – говорим, – так это что же такое, выходит, вы и в монастыре остались... при лошадях?

– Постоянно-с в кучерах. В монастыре этого моего звания офицерского не опасаются, потому что я хотя и в малом еще постриге[37], а все же монах и со всеми сравнен.

– А скоро же вы примете старший постриг?[38]

– Я его не приму-с.

– Это почему?

– Так... достойным себя не почитаю.

– Это все за старые грехи или заблуждения?

– Д-д-а-с. Да и вообще зачем? я своим послушанием очень доволен и живу в спокойствии.

– А вы рассказывали кому-нибудь прежде всю свою историю, которую теперь нам рассказали?

– Как же-с; не раз говорил; да что же, когда справок нет... не верят, так и в монастырь светскую ложь занес и здесь из благородных числюсь. Да уже все равно доживать: стар становлюсь.

История очарованного странника, очевидно, приходила к концу, оставалось полюбопытствовать только об одном: как ему повелось в монастыре.

20

Так как наш странник доплыл в своем рассказе до последней житейской пристани – до монастыря, к которому он, по глубокой вере его, был от рождения предназначен, и так как ему здесь, казалось, все столь благоприятствовало, то приходилось думать, что тут Иван Северьянович

---

[37] Малый постриг – обряд посвящения в духовное звание младшего чина без наложения строгих правил.

[38] Старший постриг – обряд посвящения в монахи пожизненно с наложением строгих правил.

более уже ни на какие напасти не натыкался; однако же вышло совсем иное. Один из наших сопутников вспомнил, что иноки, по всем о них сказаниям, постоянно очень много страдают от беса, и вопросил:

– А скажите, пожалуйста, бес вас в монастыре не искушал? ведь он, говорят, постоянно монахов искушает?

Иван Северьянович бросил из-под бровей спокойный взгляд на говорящего и отвечал:

– Как же не искушать? Разумеется, если сам Павел-апостол от него не ушел и в послании пишет, что "ангел сатанин был дан ему в плоть", то мог ли я, грешный и слабый человек, не претерпеть его мучительства.

– Что же вы от него терпели?

– Многое-с.

– В каком же роде?

– Все разные пакости, а сначала, пока я его не пересилил, были даже и соблазны.

– А вы и его, самого беса, тоже пересилили?

– А то как же иначе-с? Ведь это уже в монастыре такое призвание, но я бы этого, по совести скажу, сам не сумел, а меня тому один совершенный старец научил, потому что он был опытный и мог от всякого искушения пользовать. Как я ему открылся, что мне все Груша столь живо является, что вот словно ею одною вокруг меня весь воздух дышит, то он сейчас кинул в уме и говорит:

"У Якова-апостола сказано: "Противустаньте дьяволу, и побежит от вас", и ты, – говорит, – противустань". И тут наставил меня так делать, "что ты, – говорит, – как если почувствуешь сердцеразжижение и ее вспомнишь, то и разумей, что это, значит, к тебе приступает ангел сатанин, и ты тогда сейчас простирайся противу его на подвиг: перво-наперво стань на колени. Колени у человека, – говорит, – первый инструмент: как на них падешь, душа сейчас так и порхнет вверх, а ты тут, в сем возвышении, и бей поклонов земных елико мощно, до изнеможения, и изнуряй себя постом, чтобы заморить, и дьявол как увидит твое протягновение на подвиг, ни за что этого не стерпит и сейчас отбежит, потому что он опасается, как бы такого человека своими кознями еще прямее ко Христу не привести, и помыслит: "Лучше его оставить и не искушать, авось-де он скорее забудется". Я стал так делать, и действительно все прошло.

– Долго же вы себя этак мучили, пока от вас ангел сатаны отступал?

– Долго-с; и все одним измором его, врага этакого, брал, потому что он другого ничего не боится: вначале я и до тысячи поклонов ударял и дня по четыре ничего не вкушал и воды не пил, а потом он понял, что ему со мною спорить не ровно, и оробел, и слаб стал: чуть увидит, что я горшочек пищи своей за окно выброшу и берусь за четки, чтобы поклоны считать, он уже понимает, что я не шучу и опять простираюсь на подвиг, и убежит. Ужасно ведь, как он боится, чтобы человека к отраде упования не привести.

– Однако же, положим... он-то... Это так: вы его преодолели, но ведь сколько же и сами вы от него перетерпели?

– Ничего-с; что же такое, я ведь угнетал гнетущего, а себе никакого стеснения не делал.

– И теперь вы уже совсем от него избавились?

– Совершенно-с.

– И он вам вовсе не является?

– В соблазнительном женском образе никогда-с больше не приходит, а если порою еще иногда покажется где-нибудь в уголке в келье, но уже в самом жалостном виде: визжит, как будто поросеночек издыхает. Я его, негодяя, теперь даже и не мучу, а только раз перекрещу и положу поклон, он и перестанет хрюкать.

– Ну и слава богу, что вы со всем этим так справились.

– Да-с; я соблазны большого беса осилил, но, доложу вам, – хоть это против правила, – а мне мелких бесенят пакости больше этого надокучили.

– А бесенята разве к вам тоже приставали?

– Как же-с; положим, что хотя они по чину и самые ничтожные, но зато постоянно лезут...

– Что же такое они вам делают?

– Да ведь ребятишки, и притом их там, в аду, очень много, а дела им при готовых харчах никакого нет, вот они и просятся на землю поучиться смущать, и балуются, и чем человек хочет быть в своем звании солиднее, тем они ему больше досаждают.

– Что же такое они, например... чем могут досаждать?

– Подставят, например, вам что-нибудь такое или подсунут, а опрокинешь или расшибешь и кого-нибудь тем смутишь и разгневаешь, а им это первое удовольствие, весело: в ладоши хлопают и бежат к своему старшему: дескать, и мы смутили, дан нам теперь за то грошик. Ведь вот из чего бьются... Дети.

– Чем же именно им, например, удавалось вас смутить?

– Да вот, например, у нас такой случай был, что один жид в лесу около монастыря удавился, и стали все послушники говорить, что это Иуда и что он по ночам по обители ходит и вздыхает, и многие были о том свидетели. А я об нем и не сокрушался, потому что думал: разве мало у нас, что ли, жидов осталось; но только раз ночью сплю в конюшне и вдруг слышу, кто-то подошел и морду в дверь через поперечную перекладину всунул и вздыхает. Я сотворил молитву, – нет, все-таки стоит. Я перекрестил: все стоит и опять вздохнул. "Ну что, мол, я тебе сделаю: молиться мне за тебя нельзя, потому что ты жид, да хоть бы и не жид, так я благодати не имею за самоубийц молить, а пошел ты от меня прочь в лес или в пустыню". Положил на него этакое заклятие, он и отошел, а я опять заснул, но на другую ночь он, мерзавец, опять приходит и опять вздыхает... мешает спать, да и все тут. Как ни терпел, просто сил нет! Тьфу ты, невежа, думаю, мало ему в лесу или на паперти места, чтобы еще непременно сюда в конюшню ко мне ломиться? Ну, нечего делать, видно, надо против тебя хорошее средство изобретать: взял и на другой день на двери чистым углем большой крест написал, и как пришла ночь, я и лег спокойно, думаю себе: уж теперь не придет, да только что с этим заснул, а он и вот он, опять стоит и опять вздыхает! Тьфу ты, каторжный, ничего с ним не поделаешь! Всю как есть эту ночь он меня этак пугал, а утром, чуть ударили в первый колокол к заутрене, я поскорее вскочил и бегу, чтоб пожаловаться настоятелю, а меня встречает звонарь, брат Диомид, и говорит:

"Чего ты такой пужаный?"

Я говорю:

"Так и так, такое мне во всю ночь было беспокойство, и я иду к настоятелю".

А брат Диомид отвечает:

"Брось, – говорит, – и не ходи, настоятель вчера себе в нос пиявку ставил и теперь пресердитый и ничего тебе в этом деле не поможет, а я тебе, если хочешь, гораздо лучше его могу помогать".

Я говорю:

"А мне совершенно все равно; только сделай милость, помоги, – я тебе за это старые теплые рукавицы подарю, тебе в них зимою звонить будет очень способно".

"Ладно", – отвечает.

И я ему рукавицы дал, а он мне с колокольни старую церковную дверь принес, на коей Петр-апостол написан, и в руке у него ключи от царства небесного.

"Вот это-то, – говорит, – и самое важное есть ключи: ты этою дверью только заставься, так уже через нее никто не пройдет".

Я ему мало в ноги от радости не поклонился и думаю: чем мне этою дверью заставляться да потом ее отставлять, я ее лучше фундаментально прилажу, чтобы она мне всегда была ограждением, и взял и учинил ее на самых надежных плотных петлях, а для безопаски еще к ней самый тяжелый блок приснастил из булыжного камня, и все это исправил в тишине в один день до вечера и, как пришла ночная пора, лег в свое время и сплю. Но только, что же вы изволите думать: слышу – опять дышит! просто ушам своим не верю, что это можно, ан нет: дышит, да и только! да еще мало этого, что дышит, а прет дверь... При старой двери у меня

104

изнутри замок был, а в этой, как я более на святость ее располагался, замка не приладил, потому что и времени не было, то он ее так и пихает, и все раз от разу смелее, и, наконец, вижу, как будто морда просунулась, но только дверь размахнулась на блоке и его как свистнет со всей силы назад... А он отскочил, видно, почесался, да, мало обождавши, еще смелее, и опять морда, а блок ее еще жестче щелк... Больно, должно быть, ему показалось, и он усмирел и больше не лезет, я и опять заснул, но только прошло мало времени, а он, гляжу, подлец, опять за свое взялся, да еще с новым искусством. Уже нет того, чтобы бодать и прямо лезть, а полегонечку рогами дверь отодвинул, и как я был с головою полушубком закрыт, так он вдруг дерзко полушубок с меня долой сорвал да как лизнет меня в ухо... Я больше этой наглости уже не вытерпел: спустил руку под кровать и схватил топор да как тресну его, слышу – замычал и так и бякнул на месте. "Ну, – думаю, – так тебе и надо" – а вместо того, утром, гляжу, никакого жида нет, а это они, подлецы, эти бесенята, мне вместо его корову нашу монастырскую подставили.

– И вы ее поранили?

– Так и прорубил топором-с! Смущение ужасное было в монастыре.

– И вы, чай, неприятности какие-нибудь за это имели?

– Получил-с; отец игумен сказали, что это все оттого мне представилось, что я в церковь мало хожу, и благословили, чтобы я, убравшись с лошадьми, всегда напереди у решетки для возжигания свеч стоял, а они тут, эти пакостные бесенята, еще лучше со мною подстроили и окончательно подвели. На самого на мокрого спаса, на всенощной, во время благословения хлебов, как надо по чину, отец игумен и иеромонах стоят посреди храма, а одна богомолочка старенькая подает мне свечечку и говорит:

"Поставь, батюшка, празднику".

Я подошел к аналою, где положена икона "Спас на водах", и стал эту свечечку лепить, да другую уронил. Нагнулся, эту поднял, стал прилепливать, – две уронил. Стал их вправлять, ан, гляжу, – четыре уронил. Я только головой качнул, ну, думаю, это опять непременно мне пострелята досаждают и из рук рвут... Нагнулся и поспешно с упавшими свечами поднимаюсь да как затылком махну под низ об подсвечник... а свечи так и посыпались. Ну, тут я рассердился да взял и все остальные свечи рукой посбивал. "Что же, – думаю, – если этакая наглость пошла, так лучше же я сам поскорее все это опрокину".

– И что же с вами за это было?

– Под суд меня за это хотели было отдать, да схимник, слепенький старец Сысой, в земляном затворе у нас живет, так он за меня заступился.

"За что, – говорит, – вы его будете судить, когда это его сатанины служители" смутили".

Отец игумен его послушались и благословили меня без суда в пустой погреб опустить.

– Надолго же вас в погреб посадили?

– А отец игумен не благословили, на сколько именно времени, а так сказали только, что "посадить", я все лето до самых до заморозков тут и сидел.

– Ведь это, надо полагать, скука и мучение в погребе, не хуже, чем в степи?

– Ну нет-с: как же можно сравнить? здесь и церковный звон слышно, и товарищи навещали. Придут, сверху над ямой станут, и поговорим, а отец казначей жернов мне на веревке велели спустить, чтобы я соль для поварни молол. Какое же сравнение со степью или с другим местом.

– А потом когда же вас вынули? верно, при морозах, потому что холодно стало?

– Нет-с, это не потому, совсем не для холода, а для другой причины, так как я стал пророчествовать.

– Пророчествовать?!

– Да-с, я в погребу наконец в раздумье впал, что какой у меня самоничтожный дух и сколько я через него претерпеваю, а ничего не усовершаюсь, и послал я одного послушника к одному учительному старцу спросить: можно ли мне у бога просить, чтобы другой более соответственный дух получить? А старец наказал мне сказать, что "пусть, – говорит, – помолится, как должно, и тогда, чего нельзя ожидать, ожидает".

Я так и сделал: три ночи все на этом инструменте, на коленях, стоял в своей яме, а духом на небо молился и стал ожидать себе иного в душе совершения. А у нас другой инок Геронтий был, этот был очень начитанный и разные книги и газеты держал, и дал он мне один раз читать житие преподобного Тихона Задонского[39], и когда, случалось, мимо моей ямы идет, всегда, бывало, возьмет да мне из-под ряски газету кинет.

"Читай, – говорит, – и усматривай полезное: во рву это тебе будет развлечение".

Я, в ожидании невозможного исполнения моей молитвы, стал покамест этим чтением заниматься: как всю соль, что мне на урок назначено перемолоть, перемелю и начинаю читать, и начитал я сначала у преподобного Тихона, как посетили его в келий пресвятая владычица и святые апостолы Петр и Павел. Писано, что угодник божий Тихон стал тогда просить богородицу о продлении мира на земле, а апостол Павел ему громко ответил знамение, когда не станет мира, такими словами:

---

[39] Тихон Задонский – воронежский епископ, "чудотворец", "Житие" которого было издано в 1862 году.

106

"Егда, – говорит, – все рекут мир и утверждение, тогда нападает на них внезапу всегубительство". И стал я над этими апостольскими словами долго думать и все вначале никак этого не мог понять: к чему было святому от апостола в таких словах откровение? На конец того начитываю в газетах, что постоянно и у нас, и в чужих краях неумолчными усты везде утверждается повсеместный мир. И тут-то исполнилось мое прошение, и стал я вдруг понимать, что сближается реченное: "Егда рекут мир, нападает внезапу всегубительство", и я исполнился страха за народ свой русский и начал молиться и всех других, кто ко мне к яме придет, стал со слезами увещевать, молитесь, мол, о покорении под нозе царя нашего всякого врага и супостата, ибо близ есть нам всегубительство. И даны были мне слезы, дивно обильные!.. все я о родине плакал. Отцу игумену и доложили, что, говорят, наш Измаил в погребе стал очень плакать и войну пророчествовать. Отец игумен и благословили меня за это в пустую избу на огород перевесть и поставить мне образ "Благое молчание", пишется Спас с крылами тихими, в виде ангела, но в Саваофовых чинах заместо венца, а ручки у груди смирно сложены. И приказано мне было, чтобы я перед этим образом всякий день поклоны клал, пока во мне провещающий дух умолкнет. Так меня с этим образом и заперли, и я так до весны взаперти там и пребывал в этой избе и все "Благому молчанию" молился, но чуть человека увижу, опять во мне дух поднимается, и я говорю. На ту пору игумен лекаря ко мне прислали посмотреть: в рассудке я не поврежден ли? Лекарь со мною долго в избе сидел, вот этак же, подобно вам, всю мою повесть слушал и плюнул:

"Экий, – говорит, – ты, братец, барабан: били тебя, били, и все никак еще не добьют".

Я говорю:

"Что же делать? Верно, так нужно".

А он, все выслушавши, игумену сказал:

"Я, – говорит, – его не могу разобрать, что он такое: так просто добряк, или помешался, или взаправду предсказатель. Это, – говорит, – по вашей части, а я в этом несведущ, мнение же мое такое: прогоните, – говорит, – его куда-нибудь подальше пробегаться, может быть, он засиделся на месте".

Вот меня и отпустили, и я теперь на богомоление в Соловки к Зосиме и Савватию благословился и пробираюсь. Везде был, а их не видал и хочу им перед смертью поклониться.

– Отчего же "перед смертью"? Разве вы больны?

– Нет-с, не болен; а все по тому же случаю, что скоро надо будет воевать.

– Позвольте: как же это вы опять про войну говорите?

– Да-с.

– Стало быть, вам "Благое молчание" не помогло?

– Не могу знать-с: усиливаюсь, молчу, а дух одолевает.

– Что же он?

– Все свое внушает: "ополчайся".

– Разве вы и сами собираетесь идти воевать?

– А как же-с? Непременно-с: мне за народ очень помереть хочется.

– Как же вы: в клобуке и в рясе пойдете воевать?

– Нет-с; я тогда клобучок сниму, а амуничку надену.

Проговорив это, очарованный странник как бы вновь ощутил на себе наитие вещательного духа и впал в тихую сосредоточенность, которой никто из собеседников не позволил себе прервать ни одним новым вопросом. Да и о чем было его еще больше расспрашивать? повествования своего минувшего он исповедал со всею откровенностью своей простой души, а провещания его остаются до времени в руке сокрывающего судьбы свои от умных и разумных и только иногда открывающего их младенцам.

ОСКОРБЛЕННАЯ НЕТЭТА

Историческая повесть

> Потрясенный дух склонен к суеве-рию.
> *Тацит, I, 28*

> Грех не велик, если ей на теле, и стройном и гибком,
> Дерзкой рукой изомнешь туники воздушные складки.
> Спутаешь волны кудрей и вмиг на чело молодое
> Тучку досады нагонишь с зарницами быстрыми гнева!
> Кто же не любит смотреть на то, как с досады мгновенной
> Слезы красавица льет? Но знай: непристойно, преступно
> Вызвать из груди ее поток безутешных рыданий,
> Чтобы, беснуясь, она металась, кричала от горя.
> Чтобы ногтями своими себе же царапала щеки!
> Скиф необузданный тот, преступный и гнусный, безумный
> Изверг, кто милой своей такое нанес оскорбленье!
> Боги соступят с небес и тяжко его покарают.
> *Катулл*

I

При императоре Тиверии[40] произошло в Риме одно чрез-вычайно возмутительное событие, отмеченное Флавием в его "Древностях иудейских".

Старая религия доживала свой век. По внешности ее держались все, но по внутреннему убеждению уже очень немногие верили в ее святость и в ее спасительное значение для человека. Сомнение в истинах этой отживавшей свое время веры не было чуждо и самим жрецам. Напротив, в них даже более, чем во всех других людях, давно поселилось неверие ко всему, во что они учили верить других, но так как для них было выгодно, чтобы люди почитали их способными руководить велениями богов, то они поддер-живали народные суеверия и извлекали из них для себя вы-годы. С этой целью жрецы от времени до времени сочиняли и

---

[40] Тиберий (Тиверий) (42 до н. э. – 37 н. э.) – римский император (с 14 г.) династии Юлиев-Клавдиев.

распускали в народе удивительные рассказы про разные неимоверные дела, которые будто бы происходили в их хра-мах, и это всегда имело двоякие последствия. Такие расска-зы одновременно возбуждали негодование образованных людей, которые видели в этих рассказах богохульство и ложь, рассчитанные на то, чтобы обмануть людей необразо-ванных и легковерных, и за то собрать с них приношения на молитвы; а в необразованных и легковерных людях это будило склонность к суеверию и предавало их в руки жре-цов, между которыми были люди, умевшие хорошо притво-ряться и прославлявшиеся за свое благочестие, которого, в сущности, они не имели.

Одним из таких жрецов был главный жрец капища Изиды в Риме, по имени Хрем.

Он пользовался в разных слоях римского населения славою священнослужителя, которого особенно любит всеблагопомощная богиня Изида и всякое его моление ис-полняет сама или через посредство Анубиса, златокудрого бога.

Хрем с большою для себя выгодою пользовался славою, и все это сходило ему благополучно, пока не пришло время и через него произошло в Риме "невероятное и ужасное" событие.

Событие это, вызванное безумною любовью богатого молодого человека к молодой замужней красавице строгих нравственных правил, имело последствиями обнаружение страшных злоупотреблений в римском храме богини Изиды, открывших обманы в ее таинствах, за чем последовали казни жрецов и других обманщиков и уничтожение самого храма.

И все это произошло через весьма скромную и благо нравную женщину, целомудрию которой была нанесена несносная обида, соделавшаяся причиной удивительного конца ее страданий.

Вот в чем было дело.

Жил в Риме достаточный гражданин по имени Сатурнин. Он был прославленный своею храбростью мечебоец, и когда достиг уже пожилых лет, то в консульство Квинта Плавтия и Секста Папиния[41] получил почетную должность в отряде императорских телохранителей и, появляясь часто перед Тиверием, имел редкое счастье понравиться этому мрачному и подозрительному государю и внушил ему к себе без особенного старания такое доверие, что Тиверий выразил особенное удовольствие видеть его на страже у сво-его жилища. А как скоро такое благоволение императора было замечено высшими военными властями, то лица эти и сами поспешили оказывать Сатурнину всякие милости и так расположили его службу, что он почти постоянно находился во дворце

---

[41] Квинт Плавтий и Секст Папиний Аллений были консулами в 36 г.

цезаря. Это же сделало Сатурнина извест-ным и во всем Риме, и многие стали перед ним ласкательствовать и искать с ним сближения. А когда он овдовел, неожиданно потеряв первую жену Ауфилену, причинив-шую ему в течение десяти лет супружеской жизни много досаждений и покрывшую имя его бесславием своего поведения, то нашлось много достаточных людей, которые об-наруживали горячие и спешные заботы, чтобы породнить-ся с Сатурнином посредством вовлечения его в новый брач-ный союз с кем-нибудь из своих дочерей или других близких родственниц.

Но как для осуществления этих забот нужно было согла-сие тех лиц, которые должны были вступить во второй брак с Сатурнином, то дело это представляло некоторую труд-ность, так как храбрый мечебоец имел наружность, кото-рая не могла быть во вкусе молодых римских девушек, любивших видеть в мужчине красоту и изящную стат-ность. Сатурнин хотя был и высок ростом, и силен, но был очень длиннорук, и в его фигуре не было никакой гибкос-ти и благородства, а его незлое и даже, можно сказать, доб-рое лицо носило следы легковерия и тупости. Притом оно было обезображено сильно заросшим лбом и отвислыми апатическими губами, в которых не было видно никакой энергии.

Знакомые, знавшие жизнь его с первою женою Ауфиленою, которая утонула, катаясь на лодке с молодым другом Сатурнина, мечебойцем Бибулом, хотя и жалели о том, что Ауфилена не хранила покой Сатурнина, но тут же призна-вали между собою, что хранить верность к нему для такой живой женщины, какова была белокудрая Ауфилена, было б и трудно.

Дурным находили только то, что она без сожаления тра-тила на своих часто сменяемых избранников достояние своего доверчивого и простоватого мужа, за что, как дума-ли, Ауфилену и покарали боги: так как последний ее из-бранник и ложный друг Сатурнина, богошествнный Би-бул, погубил ее, наскучив ее нежностью, которая, при нера-венстве их лет, казалась ему тягостною. За это он не только изнурял ее средства, которые она в свою очередь брала у мужа, но обращался с ней не иначе как с видимою для всех презрительностью и наконец однажды заманил ее притвор-ною ласкою в загородную корчму, и оттуда Ауфилена уже не возвращалась, так как они с Бибулом поехали вдвоем ка-таться на лодке в море, и там произошло нечто такое, при чем лодка их опрокинулась. Юный Бибул спасся, держась в воде за борт лодки, а более слабая и нежная Ауфилена не успела схватиться за край лодки и потонула.

Молва же народная прямо утверждала, что Бибул, не-сносно наскучив Ауфиленою, решился от нее избавиться и, сломав ей руки, столкнул ее в воду.

Об этом и говорили простолюдины, которые толклись при таверне, откуда отплыли Бибул с женою Сатурнина, и все знакомцы Бибула: роскошник Фуфидий, известный щеголь Руфил, философ Будаций, весельчак Фундаций и другие праздные люди большого достатка, проводив-шие веселые ночи в загородном доме богатой вдовы Фаволии, не желавшей стеснять себя узами нового брака и про-водившей веселую жизнь без внимания к общественным толкам.

Вообще Сатурнин, приятный императору, не имел тех качеств, которыми он мог нравиться женщинам, а между тем сам он этого не замечал и, будучи очень женолюбив, не хотел оставаться вдовцом после смерти Ауфилены и простер свои виды насчет одной из девиц, отличавшейся превосходною красотою и благонравием, а притом имевшей и хороший достаток.

II

Девица, к которой почувствовал расположение пожи-лой Сатурнин и пожелал взять ее за себя замуж, называлась Нетэта. Ей в это время едва лишь исполнилось четырнад-цать лет, и она обращала на себя внимание всех своею нео-быкновенною милотою. Она не принадлежала к именитому и знатному роду, но, однако, имела свое родословие: отец ее, суровый римлянин по имени Пакувий, был в числе мечебойцев в египетских войсках Антония[42]. Он служил при дворе Клеопатры и, может быть, участвовал в последнем предательстве ее победителю, от которого зато и получил жизнь и дозволение возвратиться на родину, в Рим. Пакувий был женат на египтянке, которая была род-ственницею одного из приближенных жрецов Клеопатры, разделивших до конца ее последнюю судьбу. Жену Пакувия звали Атис.

Атис была молода и красива, любила утехи жизни и счи-тала вправе желать их и любоваться ими, так как она при-несла своему, мужу приданое, которое, по тогдашнему не-высокому положению Пакувия при дворе Клеопатры, сле-довало считать весьма значительным. Пакувий был много старше своей жены и не имел склонности к тому, что влекло к себе его избалованную жену. Вследствие этого в союзе их не было согласия, и брак их долго оставался бездетным, но Атис стала просить богиню Изиду, чтобы та дала ей детей, и когда пребыла три ночи в моленьях об этом в

---

[42] Антоний Марк (ок. 83 – 30 до н.э.) – римский полководец, консул с 44 г., имевший в управлении восточные области Римской державы. Царица Египта Клеопатра (69 – 30 до н.э.) была его любовницей, а затем супругой. Потерпев поражение в борьбе с Октавианом (30 г.), оба они покончили жизнь самоубийством.

храме богини, прошение ее было услышано, и у Атис родился прекрасный ребенок, девочка, которую назвали Нетис, а в родственном круге называли Нетэтой.

Дитя это почиталось обязанным своим происхождени-ем не одним простым причинам союза ее родителей, но также и божественному участию бога Анубиса или Диони-са, вечно присутствующего в храмах Изиды и восполняю-щего все, что угодно облагодетельствовать богине.

Замечательная красота девочки еще более закрепила за нею всеобщую уверенность, что в происхождении ее на свет божество оказало особенное участие. Нетэту почитали так-же богорожденной, как Бибула, виновника смерти первой жены Сатурнина, пышной Ауфилены, и это никого не удивляло и не казалось особенно странным, так как такое участие богов в семейных радостях людей в это время почи-талось за возможное и весьма вожделенное и входило в пре-делы благоверия. А дети, в рождении которых признавалось особенное участие того или другого бога, у правоверных людей пользовались высшим вниманием, и если они обла-дали какими-либо счастливыми качествами или дарови-ями, то все это относилось к их божественному происхож-дению. И с ними не наблюдали условий общественного ра-венства, а, напротив, почитали их за превосходнейших и достойных самого лучшего с ними обхождения.

Если же и были вольномыслители, которые находили такое участие богов в делах людей как бы неуместным и подверженным сомнению, то они хранили это про себя и не высказывали своих мнений иначе как в кружке людей им единомысленных, ибо иначе боялись, что неверие их может послужить им к пагубе.

Нетэта была дочь очень красивой матери, но затмевала ее своей красотой, и Атис очень радовалась, что дочь ее была столь прекрасна, что о ней знали в Риме как об одной из красивейших женщин.

Пакувий и Атис с Нетэтою жили в небольшом собствен-ном доме у Тибра, недалеко от густонаселенной части горо-да, где среди больших зданий прятался храм богини Изиды – с виду весьма небольшой, но, в сущности, очень по-местительный и имевший много пристроек на земле и под землею.

Атис была близка к храму Изиды, как потому, что имела крепкую веру в заступление этой богини, даровавшей ей превосходную дочь, так и потому, что во дни, когда она в слезах уезжала с мужем из Александрии, египетский жрец Изиды, молившийся с Атис о даровании ей ребенка, уте-шил ее тем, что она не будет одна и на чужбине, и что в Риме и везде с нею пребудет милость Изиды. А чтобы Атис верила в это еще тверже, египетский жрец наказал ей явить себя в Риме тамошнему старшему врачу (sic) Изиды, престарелому Хрему. И печальная Атис как только достигла Рима после скучного плавания через море, так сейчас же побежа-ла к храму святейшей богини и была утешена тем, что уви-дала, сколь прав был египетский жрец, обещавший ей по-всеместную защиту Изиды.

Хрем сразу узнал Атис и, встретив ее с улыбкой, прямо назвал ее по имени. Он сказал ей, чтобы она открыла ему лицо лежавшего на руках ее ребенка, и точно так же произ-нес вслух имя Нетэты, коснулся до ее детского лба своими перстами и вдобавок сказал им обеим:

— Дверь милосердой богини будет открыта всегда для обеих вас вместе. И каждая порознь, которой что нужно, тоже может себе попросить пред святыми изваяниями благопомощной! Всегда притекайте к Изиде, и с вами вечно пребудет Изида!

И Атис нестрашно сделалось в Риме, и она здесь устрои-лась и прожила столько лет, что ее Нетэта выросла и стала из многих отличаться замечательною красотою. Ей шел уже пятнадцатый год, и – по тогдашним обычаям в Риме – ее уже пора было устраивать замуж.

III

Несмотря на то, что мать Нетэты выросла при дворе Клеопатры, где не ярко цвела добродетель, и собственное прошлое Атис не было безупречно, она вела свою дочь очень просто, содержала ее в тишине домашнего круга и приучала к хозяйству и женским рукоделиям, а от событий общественной жизни ее устраняла, и потому Нетэта вырос-ла в неведении о всем разнообразии жизни.

Воспитанная в семье, державшейся старинной набож-ности, при которой люди желали верить в постоянное вме-шательство божества во все житейские дела и поступки, Не-тэта удерживала в себе это настроение и для того часто хо-дила молиться в храм Изиды и Анубиса, где была известна всем жрецам и старшему первосвященнику Хрему, у кото-рого она и была несколько раз в его прекрасном помеще-нии, в сокрытом подземелье храма.

Храм же Изиды в Риме был невелик, и как император Тиверий не благоволил к культу этого исповедания, то жре-цы Изидины старались как можно меньше себя оказывать, и для того молельщики к ним собирались без скликания, в сумеречное время, а жрецы не выходили без крайней нуж-ды из храма, в котором они, несмотря на не особенно боль-шие размеры храма, имели все необходимое для их не толь-ко достаточной, но даже и приятной жизни. Всех жрецов при римском храме Изиды было четырнадцать, и при них незначительное число низших прислужников, особенно ловких для исполнения самых разнообразных поручений. Старший же был Хрем, о котором сказано выше, и от него все зависело в храме. А сам он только по самым важным делам спрашивал себе распорядка из Египта.

С этим-то старым жрецом и были знакомы особенно именитые прихожане храма, и в числе таковых были оба дома, как тот, из которого шла родом Нетэта, так и дом Сатурнина.

Когда красивая дочь сурового Пакувия и Атис стала блистать своей красотою в Риме, многие искали знакомств с этим семейством, и хотя дом Пакувия не выходил из раз-ряда домов людей среднего достатка и старик Пакувий был нелюдим и суров, а жена его Атис не имела надлежащей привычки к хорошему обхождению, – в дом их сделались вхожи: роскошный Фуфидий, сенатор Помпедий, молодой щеголь Руфил, обладатель огромных богатств по имени Персии, известнейший лакомка Фуск, проедавший второе наследство, Лелий-поэт, историк Фунданий и двусмислен-ный Зет, Мена-глашатай, весельчак, всех смешивший, – Фунданий, Фурний, певец Амфиона, светской жизни зна-ток Булаций, скучающий философ, и еще много других, одиноких людей, имеющих видное положение.

В числе сих последних был и овдовевший Сатурнин. Все они имели неодинаковые цели для посещения дома Пакувия, и большинство из них льнуло сюда с видами, которых не смели бы обнаружить явно. Но зато юный Фунданий вдруг утратил всю свою веселость и прямо стал искать руки юной Нетэты и, может быть, получил бы ее, если бы ему вдруг не объявился соперник в лице скучаю-щего Булация, который, наскучив своею философскою скукою, искал обновления жизни в союзе с прелест-ным ребенком.

Тогда, прежде чем Пакувий и Атис могли взвесить соот-ветственные выгоды одного и другого предложения, у Не-тэты неожиданно объявился еще третий жених. Это был Сатурнин, который, казалось, будто даже мало на нее и смотрел из-под своего волосатого лба, но ему-то и суждено было получить себе в супружество юную Нетэту.

Успех его был основан на недоразумении и обмане глашатого Мены, который, часто видаясь с Сатурнином, умел подсмотреть его никем другим не замеченную склон-ность к Нетэте и, выпытав у него признание в этом, узнал также, что он не имеет смелости обнаружить свое намере-ние, потому что боится множества бывающих в доме Пакувия особ, которым, вероятно, будет оказано предпочте-ние, а он будет отвергнут и сделается предметом издева-тельства со стороны шалуна Фундания и других молодых насмешников.

Тогда Мена-глашатай сказал ему, не хочет ли он ему прозакладывать всего одну тысячу аттических драхм за то, что он сделает всех посещающих дом Пакувия безопасными Сатурнину и высватает ему Нетэту. А как Сатурнин страст-но влюбился в тихую и изящную Нетэту и имел у себя состо-яния около тридцати тысяч драхм, то он не пожалел обречь из них одну тысячу глашатаю Мене, если только он уладит дело, на которое вызвался. Мена же не взял без пользы ты-сячу аттических драхм у Сатурнина, а действительно, обойдя всех, ласково взиравших на Нетэту, быстро и благополуч-но высватал ее для Сатурнина.

Все пути, которыми шел к этой цели Мена-глашатай, в подробностях остались неизвестными, но говорили, будто он употребил при этом имя Тиверия, на что не имел будто никакого права. Встретив Пакувия, Мена будто бы стал говорить ему под великим секретом, до чего странен ха-рактер мрачного Тиверия, который не отличает многих истинных заслуг и, напротив, удостаивает случайно самых мелочных забот таких грубых и маловажных людей, как Сатурнин.

И, заинтересовав таким вступлением Пакувия, кото-рый стал его внимательно слушать, вдруг как бы спохватил-ся и воскликнул:

– Ах, что я делаю! Я говорю тебе об этом, тогда как это тебя же ближе всех и касается!

И когда от этого Пакувием овладело еще более страст-ное любопытство и он позвал Мену в дом и стал угощать его, тогда этот открыл ему, будто равнодушный ко всем зас-лугам Тиверий, ко всеобщему удивлению, стал до того от-личать преданность ему Сатурнина, что обращает внима-ние на унылость, не сходящую с лица Сатурнина с тех пор, как тот лишился Ауфилены и нынче угнетаем безнадеж-ной любовью к девушке, которая нравится ему своим добронравием и с которою он надеялся быть счастливым и уврачевать в своем сердце раны, нанесенные другими поступ-ками его первой невоздержанной жены, за поведение которой ему надоело переносить злые шутки римских на-смешников.

Пакувий сейчас же пожелал узнать, что же мешает Сатурнину в достижении его счастья. А глашатай ему отвечал:

– Сатурнин опасается, что ты и жена твоя не отдадите ему вашу дочь в супруги, и тогда люди над ним станут еще более смеяться – все, которые завидуют милостям, явле-мым ему цезарем.

– Как! – воскликнул Пакувий. – Так преданный слуга нашего цезаря Сатурнин желает жениться на нашей Нетэ-те?

– Ну да! – отвечал ему Мена-глашатай. – Храбрый и верный Сатурнин, который имеет счастье усугубить покой цезаря своим нахождением при его особе, полюбил твою кроткую дочь Нетэту.

– Так для чего же он давно не сказал мне об этом?

– Я тебе говорю, что он боялся быть отвергнутым и за то подвергнуть себя еще большим насмешкам.

– Он напрасно этого боялся!

Тогда Мена увидел, что Пакувий не будет противиться исканиям

Сатурнина и тысяча драхм, полученных за ус-пешное сватовство, останется его заработком, и он стал смело хвалить разум Пакувия и представлять ему многочис-ленные выгоды от родственного сближения с Сатурнином, обратившим на себя внимание цезаря, вообще равнодуш-ного ко всем заслугам.

Пакувий же как человек, проведший жизнь в грубых ус-ловиях военной среды, в самом деле был согласен выдать Нетэту за Сатурнина, как потому, что карьера Сатурнина при дворце Тиверия напоминала Пакувию его собственную солдатскую верность, которою он снискал расположение египетской царицы и Антония, так и потому, что слишком красивая и кроткая дочь не возбуждала в сердце Пакувия особенной нежности, а напротив, была для него причиною беспокойств от посещения дома его множеством лиц, кото-рые, наверно, смеялись между собою над его солдатскою необразованностью и, во всяком случае, изрядно ему надо-ели.

Притом же он преимущества всех сенаторов, певцов и поэтов считал гораздо менее высокими и прочными, чем преимущества воина, отличаемого вниманием цезаря, ко-торый верит в его преданность себе и на него полагается.

А потому Пакувий с первого же раза был согласен вы-дать Нетэту за Сатурнина и немедленно позвал к себе Атис и тут же сообщил ей при Мене о своем решении...

Но Атис не была так скороспешна. Она понимала в сер-дечных делах больше, чем Пакувий, и хотя не противилась желанию мужа выдать Нетэту за пожилого Сатурнина, но вспомнила, как сама она, выдаваемая таким же образом за Пакувия – по расчетам Хармионы, – терзалась и покуша-лась задушить себя, набив рот и нос глиною, а потому она предостерегла мужа, чтобы не говорить об этом сразу Нетэ-те, а прежде приготовить ее к этому, для чего и предложила самый практический способ.

Жена Пакувия была женщина очень набожная и осо-бенно почитала богиню Изиду, в темных притворах велико-лепного храма которой в Александрии с нею свершилося чудо, даровавшее ей дочь с чертами божественной красоты и душевного благородства. Получив такой залог благодат-ного внимания богини, Атис еще более усилила в себе по-чтение к Изиде и веру в ее скорую помощь во всех трудных случаях жизни. И потому отвечала мужу, что прежде, чем дать решительный ответ Сатурнину через глашатая Мену, она считает благочестивым и должным пойти в храм Изиды, помещавшийся в то время за Тибром, и, помолясь там перед своей заступницей, просить совета и помощи у жреца святилища, досточтимого Хрема, который еще благослов-лял ее брак с Пакувием в Египте и осенил своим благослове-нием приход в мир Нетэты.

IV

Выслушав такой ответ от жены, Пакувий, который тоже отличался набожностью и не любил вольнодумцев, нашел рассуждение Атис прекрасным и достойным того, чтобы быть исполненным, а потому, указав рукою на жену, сказал:

— Я одобряю ее намерение: пусть она и Нетэта в самом деле сходят к владычице Изиде и, укрепив ум свой молит-вой, откроют все дело достопочтенному Хрему. Это опыт-ный и мудрый советник. Когда мы соединились узами бра-ка с Атис в Египте, Хрем не был так стар, как нынче, и не имел еще важного положения между жрецами александ-рийского Изидина храма, но и тогда он умел дать добрый совет Атис, и мы сделали дело, за которое нас не оставляли вниманием ни Хармиона, ни сама Клеопатра, ни даже Ан-тоний. Теперь же Хрем в здешнем храме Изиды имеет глав-ное место, и Кронид[43], убелив его голову сверху, исполнил ее внутри светом всякой мудрости. А потому мы можем счи-тать, что благодаря рассудительности Атис дело это постав-лено на самый надежный путь. Если бы я стал настаивать сам, я бы, конечно, настоял на своем, но мы могли бы иметь какие-нибудь непредвиденные хлопоты и неприятности с ребячьими малосмыслиями Нетэты... Ты знаешь... Сатурнин ведь годами, я думаю, немногим чем будет моло-же меня и собой не красавец, и притом она с ним ведь ни-когда ни о чем не говорила и может его дичиться, так как все они, девочки, глупы, и в головах у них, как у всех жен-щин, много пустого. К счастью нашему, есть еще то, что покуда наши женщины набожны и послушны к тому, что получают как веление свыше. Вот... Я надеюсь, что ты те-перь меня понял.

И когда Мена ему в знак согласия качнул головою, то Пакувий встал с места и, положив на плечо кисть руки, ска-зал:

— Будь же покоен за все, добрый Мена, и хотя мне при-ятно бы дольше иметь тебя милым гостем, но не надобно все о себе только думать. Иди и успокой скорей Сатурнина.

Пусть взоры цезаря не читают более напрасной тоски в лице его верного охранителя. А через три дня ты приходи к нам за ответом, и я надеюсь, что ответ будет добрый... О, не-пременно он всем будет в пользу! Сегодня уже поздно... Завтра Атис изготовит по-египетски свиную голову и еще возьмет кое-что и пойдет с дочерью к храму... Хе-хе-хе! Достопочтенный Хрем, да, достопочтенный, прекрасно служит тем, кто прибегает под покров и защиту великой богини...

---

[43] Кронид – в греческой мифологии верховное божество Зевс (сын титана Крона), культ которого слился в эпоху древнего Рима с культом местного бога Юпитера.

И Пакувий медленно и потихоньку подвигал Мену к выходной двери и прошептал ему у порога на ухо:

– Но не забудь, что люди на всех ступенях величия ос-таются людьми, и досточтимый отец наш Хрем, нынешний главный жрец святейшей Изиды, и нынче, как встарь, ког-да я приходил к нему влюбленным вертопрахом, чтобы по-просить его предстательства за меня у богини, терпеть не может, чтобы люди приходили его беспокоить с пустыми руками. Да и в самом деле, ведь это глупо. Жрецы тоже име-ют свои надобности, и если кто хочет через них получить помощь и выгоды свыше, тот должен быть вежлив, мой добрый Мена, он должен не затруднять служителя бессмер-тной дарами... Не правда ли? Кто хочет иметь помощника, тот должен, Мена, с ним по-товарищески делиться. Про-щай, добрый Мена!

– Прощай, многоопытный Пакувий! – ответил Мена и прямо из этого дома отправился за Тибр к удаленному и отчасти сокрытому за другими постройками, темному и как бы томительному храму Изиды.

Там глашатай после немалых поисков нашел совсем безволосого старика, который молча его выслушал и уда-лился, выслав к нему через некоторое время другого челове-ка, а этот взял его за руку и повел совершенно темным пере-ходом к светозарному храму.

И здесь Мена открыл жрецу свою надобность и поло-жил перед ним триста аттических драхм на молитвы перед изображением святейшей Изиды, получил утешительную надежду, что владычица, вероятно, изберет лучшее, что нужно для пользы к ней прибегающих, и не укоснит завтра же изъявить чрез него свою волю Атис и Нетэте.

И сталось все так, как подал надежду жрец Хрем, при-нявший от Мены свою долю драхм на молитвы перед святейшей Изидой. Едва лишь Атис с юной Нетэтой на другой день только пришли и стали со своими дарами под порти-ком храма, как их поманил к себе в закрытое место таин-ственно Хрем и сказал им:

– Здравствуйте, богом любимые мать и невеста, обре-ченная богиней для утешения достойного Сатурнина! При-вет вам и радость! Богиня избавила преданного ей Сатурни-на от коварной Ауфилены и желает излить свои щедроты на тебя, Нетэта! Иди и поклонись Матери нашей Изиде и по-лучи от нее полноту бытия[44].

Этим словом и особенно своею решительною поспеш-ностью жрец до того связал волю набожно воспитанной Не-тэты, что она ничего не

---

[44] Изида имела много наименований; из "Истории религий" епископа Хрисанфа (т. II, стр. 59) видно, что эту богиню называли "тысячеименною", но самые употребительнейшие названия были: Полнота, Владычица, Мать и Заступница.

возражала и безропотно подчини-лась тому, что приняла за волю богини Изиды.

Сатурнин вступил в брак с Нетэтой, и свадьба их была отпразднована несколько скупо, так как Пакувий был скуп, а Сатурнин ненаходчив, да и оба они притом были рады развязаться с обширным знакомством, образовавшимся в ту пору, когда милая Нетэта расцветала в отеческом доме.

Женясь, Сатурнин стал вести самую тихую жизнь и из-бегал всяких знакомств, что все приписывали его ревности, но что на самом деле происходило просто оттого, что супру-ги были совершенно счастливы в своем тихом доме. Добрый Сатурнин нежил и баловал свою юную красавицу жену, как нежное дитя, а Нетэта не желала ничего более, как неизменя-емости этой спокойной жизни, оставлявшей ее в стороне от всех треволнений жизни, о которой ей рассказывал ужас-ные страсти, возвращаясь из царского дворца, Сатурнин.

Так прошло четыре года, и во все это время Нетэта не показывалась нигде в общественных местах, кроме храма Изиды, куда ходила в тихие сумерки благодарить богиню за свое счастье. Теперь ей уже исполнилось восемнадцать лет, и изящная красота ее, дававшая ей смешанный вид "богини и пастушки", расцвела и сделалась еще поразительнее. А де-тей у нее не было, и все полагали, что о них она особенно и припадает с молитвой к "Подательнице полноты бытия".

Да это так именно и было, потому что дети в одиноком положении Нетэты, при беспрестанных отлучках мужа во дворец цезаря, могли составить ей лучшее утешение. Об этой тайне прошений Нетэты наверное знал один Хрем, но он томил ее, не подавая ей никакого иного утешения, а только возводил глаза вверх и повторял:

–Терпение, дитя мое, терпение, и добро тебе будет!

Но добро не приходило, а зато скоро и совсем из дале-ких стран налетело сколько внезапное и дикое, столько же и неотразимое но своей наглости зло.

К тому времени, когда истекал четвертый год замуже-ства Нетэты за Сатурнином, прибыл из Галлии в Рим моло-дой римский всадник[45], по имени Деций Мунд. Он происхо-дил из знатного рода, был холост и красив собою и имел в своем владении обширные и богатые имения. Характер он имел своевольный, смелый и страстный и настоящее римс-кое себялюбивое и холодное сердце.

Свойства эти отпечатлевались и в его наружности, кра-сивой и дерзкой. Деций Мунд был статен, высок и могуч. Ловко и неустрашимо

---

[45] Римский всадник – представитель привилегирован-ного сословия с высоким имущественным цензом.

он оказал подвиги отваги и мужества в боях и усмирениях людей, тяготившихся тиранией Рима, и был послан от наместника Галлии к императору Тиверию для того, чтобы тот обратил свое внимание на вестника по-бед и удостоил бы Деция всемилостивейших наград.

В числе этих наград едва ли не самою желательною для молодого воина было то, что цезарь дал ему почетное поло-жение при себе и оставил его в Риме, где Деций Мунд мог жить в одном из своих роскошных домов и вознаградить себя в роскоши и общениях с людьми знатного положе-ния – чего он был лишен во время пяти лет пребывания в полудикой Галлии.

Об этом заботился сам Деций Мунд и его многочислен-ные родственники, имевшие видное положение в обществе, и старый друг Дециева отца, знатный и богатый сенатор Требатий, человек с очень большими связями. Он особенно оза-бочивался этим потому, что имел единственную дочь, по имени Динару, которой в то время шел девятнадцатый год и которая с самого детства считалась невестою Деция.

Теперь она находилась как раз в таком возрасте, когда пора было осуществить долгое намерение ее родителей и родителей Деция – соединить молодых людей узами брака, а Требатий не хотел ни отпускать от себя Динару с мужем в далекую Галлию, ни оставлять ее в одиночестве тотчас после брака, что неминуемо пришлось бы сделать, если бы кесарь не соблаговолил на перевод Деция в Рим, на достойное его место в когортах отборного войска.

Но при медлительном характере Тиверия уладить то было не легко, и Деций оставался в Риме в ожидании, чем обрадует его цезарь, а в это время сам спешил вознаграж-дать себя всеми возможными удовольствиями, которых долго лишен был, живя в Галлии. Более же всего влекла его к себе игра, в которой он хотел отличаться как значительно-стью своих проигрышей, так и совершенным к ним равнодушием. А еще более искал он победы над женщинами, к чему неудержимо и алчно стремился, как бы совсем забы-вая, что скоро должен вступить в брак с дочерью именитого Требатия, богатой и блистательной Цинарой, обрученной ему с самого детства.

Как в том, так и в другом Деций Мунд старался превзой-ти всех, чтобы заставить себе завидовать и удивляться. В погоне за суетной славой первого мота и повесы он готов был на самые большие безрассудства и жил как бы в напря-женном опьянении, которое ему надо было завершить са-мыми отчаянными актами высшего безумства... За городом у богатой вдовы Фаволии, которой нравилось презирать мнениями света, скоро был дан Децию предмет, достойный одушевлявшего его настроения. У нее он сделал с удивив-шим всех невозмутимым спокойствием два таких крупных проигрыша, какие едва ли снес бы спокойно самый боль-шой богач этого круга, Персий, или три состояния прожив-ший Фуфидий, и там же сплетник Мульвий и двусмыслен-ный Зет разгласили враз две победы Деция над двумя извес-тными всем своей красотою римлянками – Феророй, по которой напрасно и долго томились, ничего не достигнув, Персий, Руфил и сенатор Помпедий, и над подругой Ферора – Фелидой, светлые кудри которой воспевали в стихах своих Лолий и Фурий и получали за то вознаграждение от мужа ее, Педомия, и от ухаживавшего за нею вежливого Амфиона.

Этим успехом Деция Мунда, рассказанным вечером всем по секрету сплетником Мульвием и двусмысленным Зетом, было заинтересовано все общество, собравшееся у Фаволии, и историк Фунданий уже записал это на дощеч-ки, которые всегда имел при себе в складках тоги. Но быв-ший тут грубый и дерзкий Орбелий, человек, которого лучше было бы не пускать ни в какое общество, но который между тем втирался повсюду и везде был способен затеять споры и ссору, не снеся этого, чтобы не дать Децию Мунду славы большого успеха у женщин, и забыв все, чем мог рис-ковать, произнес вслух, ковыряя в зубах:

– Экая важность Ферора с Фелидой! Важно лишь то, что у них есть мужья, которые верят в их добродетель, да, признаться, и это не важно. Кто из людей именитых не лю-бит себя обольщать, что жена его одного его любит!.. Эх; про Ферору не ты один кое-что знал и знаешь.

– Ей всегда нужны деньги, – подсказал Орбелию Мульвий.

– Да, да, это правда, – поддержал Мульвия двусмыс-ленный Зет, и тут же добавил, что Ферора на днях призыва-ла к себе процентщика Авла и напрасно старалась заслу-жить у него тысячу драхм.

– Верно, – ответил Орбелий, – я видел чужезем-ных купцов, которые предлагают привезенные ими драго-ценные ткани, и сказал себе: ну, теперь держитесь на стра-же, почтенные мужи священного Рима: жены вас потрясут и заставят податься казною или вашею супружеской честью.

Тут сплетник Мульвий сейчас и припомнил, что Ферора на днях приказала рабыням шить ей тунику из голубой тонкой ткани серебряной нитью.

– Ну и, конечно, – воскликнул Орбелий, – она себе собрала, как и прежде сбирала, а Фелида... Она молодая подруга Ферора, но она не впервые уж ей соревнует, и я опасаюсь, что она слишком поспешно уронит цену добро-детели в Риме, так что Фурию скоро придется размечать против многих имен ничтожные цифры, а Лелий и Фурний-певец станут петь про тех, которые сами о себе предпо-читали бы всем разговорам молчанье.

И разговор, вступив на эту стезю, продолжался дотоле, что Орбелий с наглостью сказал, что для того, кто хочет и может тратить много денег, нет ничего удивительного приобресть в Риме ласки каждой римлянки.

Тогда одни гости отвернулись от Орбелия, а Фаволия сухо заметила ему, что он, верно, забывает, что и она тоже женщина и что он сидит в ее доме.

– Нет, я это помню! – ответил Орбелий.

–Ты тоже не делаешь для меня никакого исключения?

– Зачем же ты напрашиваешься на мою дерзость или хочешь вынудить у меня любезность?

– Ни то ни другое, но я желала бы знать: чем меня мож-но купить?

– О, я думаю, можно!

– Чем же?

– Ну, например, хоть той ценой, какой покупали лю-бовь Клеопатры.

И это сравнение с египетской царицей не только не ос-корбило Фаволию, но, напротив, так ей польстило, что она рассмеялась и не стала опровергать цинических заключе-ний Орбелия о всеобщей продажности в Риме. Но за честь римских женщин заступился скучный философ Булаций, который заметил, что кто чего ищет, тот то и находит. А как его вмешательство было изрядною редкостью, то и тут на слова его обратили внимание и стали к нему приступать с шутливыми вопросами:

– Чего же сам ты ищешь и что ты нашел, велемудрый Булаций?

А хозяйка сказала:

– Не докучайте ему, пусть он дремлет или размышляет сам с собою о вещах, нам недоступных. Всякому и без отве-та его не трудно отгадать, что Булаций ищет встретить в Риме такую красавицу, которая влюблена в своего мужа и настолько ему верна, что не уделит своей ласки никакому победителю и ни за какие сокровища. Мудрый Булаций встретит такую красавицу... во сне.

Над этими словами Фаволии все засмеялись, но Була-ций спокойно перенес общий хохот и, скучливо зевнув, протянул:

– Да. Я встретил такую женщину, и это было не во сне, а наяву, и притом эта женщина, о которой я говорю, верна своему мужу, и за добродетель ее можно ручаться, хотя она вовсе и не влюблена в своего мужа.

– В таком случае она, верно, дурна собой?

– Она прекрасна так, что с нею немногие в мире могут поспорить.

– В таком разе назови нам ее имя!

Булаций назвал Нетэту.

VI

И едва было произнесено это имя, как все заговорили о Нетэте и выражали общее удивление, что они до сих пор позабыли об этой женщине, красота которой удивительна не менее, чем ее честность. При этом хотя были выражены различные мнения о ее красоте, но все сходились в одном, что Нетэту надо считать не только одною из красивейших женщин в Риме, но что она, кроме того, представляет собою редкостнейший феномен, так как она никогда не отве-чала ни на чьи искательства и остается верною мужу, кото-рый годами ровесник ее отцу и притом имеет волосатый лоб, напоминающий скифа.

(*На Деция Мунда восторженные речи о Нетэте производят действие искры, зажигающей порох. Промежуточные главы, которые или не были написаны, или не сохранились до нас, долж-ны были показать историю молодой бурной страсти воспламенившегося патриция. Очевидно, увидев красавицу при первой же возможности, Мунд исполняется непреодолимым к ней влечени-ем, ищет ее, совершенно потеряв душевное спокойствие. Мы располагаем только отрывками страстных поэтических воззваний, звучащих, как песни, какие, видимо, обращает влюбленный к своей пленительнице в минуты кратковременных встреч. В этих любовных репликах Лесков, очевидно, вдохновляется подлинниками римских поэтов[46].)*

Как я увидел тебя такой нежной, Тибулл закричал мне: вот то копье, что увязнуть должно в твоем сердце! И что он сказал, то и случилось: я уязвлен тобой, я жить без тебя не могу, исцели или убей меня скорей, Нетэта!

Пробовал я пить вино, чтобы вином рассеять томление страсти, но в слезы мне страсть моя превращала вино.

Нынче горек мой день, и тень еще горчее ночная. Время все скорбью объято. Не помогают элегии мне, и даже всех вместе муз с самим Аполлоном выгнал бы вон, чтобы они не мешали мне скорбеть о разлуке с Нетэтой.

Купидон меня ранил насмерть, я страдаю жестоко и пи-таю болезнь мою горем моим – так эта боль мила мне. Смолкни, Прохита, чтобы ко мне опять не ворвались рыда-нья.

Я весь в огне, в груди торжествует свою победу Амур, Постель жестка мне. Всю длинную ночь я напрасно стара-юсь уснуть, и болит мое утомленное тело.

Разве чрезмерны мои желания? Я прошу только того, чтобы меня полюбила женщина, красота которой возбуди-ла во мне неукротимые желания ее любви. Я не выпраши-ваю ее себе навсегда... Это много, но

---

[46] Текст в скобках, набранный курсивом, принадлежит А. А. Измайлову, осуществившему публикацию повести по отры-вочным записям Н. С. Лескова из архива журнала "Нива" в "Не-вском альманахе" (Пг. 1917. Вып. 2).

пусть она любит меня хотя от одной зари до другой... О, богиня, услышь же хоть эту молитву.

(*Мунд томится в неразделенной любви и подсылает к Нетэ-те доверенных женщин.*)

Было жарко. Солнце перешло за полдень. Он лежал на постели согнувшись. Одна половина окна была открыта. В комнате был полумрак, как в тенистом лесу на рассвете, когда ночь проходит, а день еще не настал. Ныл египетский голубь...

— Отнеси эти дощечки (Нетэте). Пусть она напишет на них свой ответ... Только чтобы не был он краток... Я хочу услыхать от нее много слов... Нет!.. Лучше пусть она скажет одно только слово: "приду".

Дерево протягивает мне сучья, чтобы я повесился; в лесу я слышу жалобный голос совы, и на опушке рощи па-лач готовит кресты для чьей-то будущей казни.

Я без ума от ее красивой походки, ее суровость мила мне... Как она пьет, и каждый глоток бежит в ее горле!.. Что за дивные пальцы у ней на руках и какой гибкий голос! Как воздымается грудь у нее и что говорят ее брови! Я хочу умереть от этой женщины, рожденной для моего мученья!

(*Без сомнения, между любовниками происходит не одна встреча, не одно объяснение. По крайней мере один раз пылкий любовник заявляет настойчиво свои права любящего, но встре-чает отпор в целомудрии чистой женщины.*)

— Так вот это кто, бесстыдный и наглый, кто каждую ночь к притолкам двери моей воровски прикрепляет цветы!

— Да, это я... я этот вор и могу быть хуже, чем вором! Я готов унижать себя всячески перед тобою, я не смущусь на коленях средь бела дня ползти к твоему порогу, лежать у него простершись в пыли или биться до смерти головою о твою дверь!..

—Ты краснеешь... Тебе, может быть, жарко? Ты, может быть, позволишь мне навевать на тебя прохладу твоим вее-ром.

Обнимает, она его бьет по лицу и царапает щеку.

— О, ты подняла руки... ты меня бьешь и цара-паешь. Этим ты на пожар приносишь огонь, и не я виноват, что твое платье пришло в беспорядок и скользит с плеч тво-их ниже... Я пользуюсь тем, что открыто теперь взорам моим.

И он взял ее за плечи так, что она вся откинулась назад от боли, и, поцеловав ее много раз кряду, бросил ее на по-мосте.

На плечах ее были знаки всех пальцев, и там, где приходилися ногти, выступала кровь.

(*Убедясь, что все тщетно, Деций прибегает к последней мере. Зная религиозность Нетэты, он подкупает жреца храма Изиды Хрема с тем, чтобы тот подстроил ему обладание Не-тэтой ценою золота. Прекрасную*

125

патрицианку надо только убедить, чтобы она согласилась провести ночь в храме Изиды, может быть, отдав себя неземным ласкам бога Анубиса. Хрем исполняет обещание и внушает Сатурнину и Нетэте, что именно Нетэта избранница бога. Наивно верующая, целомуд-ренная женщина покорно принимает волю неба и добровольно подчиняется всему ритуалу, какой должен предшествовать разделению ею ложа небожителя. Быт жрецов, храм, народные поверья, картина приготовлений с самого привода ее коварным жрецом к святилищу Изиды воскресает из сохранившихся от-рывков.)

На широких и довольно грязных ступенях закрытого всхода сидели нагие мальчики и предлагали входящим жен-щинам покрытые воском гадательные таблички, которые получали для продажи от жрецов храма и платили денеж-ный взнос за право продавать таблички у входа. Женщины, купившие табличку, писали на ней вопрос, на который же-лали получить ответ от прорицающего оракула, и, положив на дощечке свою мету, подавали ее храмовому служителю, который уносил ее в святилище, где табличку принимал жрец, имевший непосредственный доступ к богине. И таб-личка целую ночь оставалась у "святейшей матери", а на другой день служители возвращали их приносительницам, из которых каждая узнавала свою табличку по заметке, ко-торая была ею сделана.

Нетэта купила себе табличку и, получив с нею вместе от продавца рыбий зубок, вставленный в тростинку, написала на воске – не вопрос, а одну свою метку, и в ответ получила стихи:

Пусть не дерзает никто уходить из-под власти Амура
Или пусть знает, что он – богу живет вопреки.

Поклонение египетской богине Изиде было очень рас-пространено в Риме. Несмотря на то, что при Тиверии пра-вительство не одобряло этого культа, женщины всех сосло-вий наполняли капище "Великой Матери" и именовали ее "исцелительницей" и "всеблагопомощной". Жрецы ее каза-лись очень простодушными, но были очень коварны: они распускали под рукою слух о чудесах и имели преданных и подкупных людей, которые разглашали о их благодеяниях, всегда умалчивая о их сборах, которые во много раз превос-ходили раздачи. Жрецы других капищ негодовали на Изидино капище, но должны были молчать, так как и у них дела шли по тому же самому плану, хотя не с таким совер-шенным успехом. Успех этот приписывали старшему жрецу "всеблагопомощной".

Жрец сказал (Нетэте), что она, как избранница бога, должна теперь соблюсти себя в сугубой чистоте, неприкос-новенно от мужа: он повелел ей сказать об избранье своему Сатурнину и три вечера брать ароматные ванны и прово-дить ночь одной в своей спальне с размышлением о сыне великой богини, а дни затем проводить в храме у трона Изиды... И она так и жила, соблюдая тело свое в неприкосновенной чистоте, а мыслью воспламеняйся к богу. И так прошло два дня, и когда она ушла на третий утром, то уже не должна была в этот день возвратиться, ибо в ночь, следо-вавшую за этим днем, ей надлежало принять в свои объятия бога Анубиса.

И она ушла в этот день так же, как и в два первые дня рано утром, приняв ароматную ванну, и провела весь день одна в уютном покое за статуей святейшей богини, в непре-станном ожидании бога, но Анубис не приходил до вечера, и Нетэта должна была остаться в храме и видела здесь пер-вые сумерки, и ужасалась, и стыдилась своей слишком лег-кой льняной одежды.

(*Не без трепета и не без смутного непреодолимого беспо-койства выходит Нетэта в роковой день из дома.*)

...Вот она готова покинуть свою тихую спальню и до-машних пенатов и выступает на опасный путь. "Зачем ты исторгаешь отсюда меня, лучезарный Анубис? До сих пор я ничего не боялась, а теперь я в смятении – сердце мое ноет, дух занимается, млеют руки, истома в плечах и гнутся коле-ни... Я хочу вся укрыться, потому что боюсь Зефира и Эвра, Борея и Нота... И все это из-за тебя. Из-за тебя мне должно бояться, потому что мне страшно... потому что... я боюсь... ты мне сделаешь вред..."

Она оглядывается на дом.

Поздно оглядываться на землю, когда отвязан канат и волны помчали корабль в открытое море...

(*И вот она наконец у святилища таинственной богини.*)

Хрем поднялся на ступени к истукану Изиды и, взяв систр[47] у ее ног, воззвал к женщинам, державшим в руках свои приношения:

– Благочестивые женщины! В воле святейшей богини есть то, чтобы сегодня и завтра алтарей ее не касалась жена, которой минувшей ночью были даны от Венеры восторги... Сложите свои приношения там, на руки благочестивого брата Фаона, и пусть только та подойдет к алтарю святей-шей, которая провела ночь одиноко!

Все отошли к Фаону, а осталась с дарами на руках только одна Нетэта...

Он ее осенил воскрылиями своей широкой одежды и, потрясая над ее склоненной головою мелодический систр, похвалил ее целомудрие и сказал ей, чтобы она хранила себя в чистоте и вторую заветную ночь и дал

---

[47] Систр – род медных кастаньет, употреблявшихся в Египте при культовом служении в честь богини Изиды.

ей небольшое изображение Изиды, лежавшее долго у ног великой статуи, и завещал не касаться его иначе как чистой рукою, в одной только льняной одежде и с помышлением о боге Анубисе в сердце.

– Он тебя, дочь моя, за все наградит.

(*В присутствии ее старый Хрем возносит за нее моленья богине.*)

– Прими, о богиня, сей ладан и мирру и устрой, о, свя-тая, да примет из смертных чистейшую – сын твой, Анубис, в свои божественные объятия. Дай ей силу снести его божественное приближение к ней, и да не опалит ее огонь его избрания... О, Анубис, услышь!.. Покройся желтой одеждой блаженства и нисходи, она уже готова... Она тебя ждет в легкой льняной тунике... и стынет от страха... Не утомляй ее больше... Сходи к ней с высот, она жаждет огня и сама запылает, как пышущий камень алтарный.

Он входит; она молится, Хрем отходит. Благовонья тре-щат – туман и головокруженье. Она чувствует, что она пья-на...

А когда стало темно, завеса ее дверей всколыхалась, и она думала, что это Анубис, и в страхе упала на колени и закрыла руками лицо. Но это был Хрем, который принес ей питье в глиняном жбане, и, когда она напилась, он покрыл ее своею широкой одеждой и потряс над ее головою мед-ный систр, издавший при этом потрясении приятные и отуманивающие звуки. Затем она не заметила, как Хрем удалился, и пришла в себя, казалось ей, очень не скоро и в чьих-то объятиях.

VII

(*От центральной и весьма ответственной сцены схождения бога на ложе женщины уцелел только малый отрывок, где Деций умоляет красавицу Нетэту помедлить с уходом с наступле-нием утра.*)

...И Анубис ей прошептал:

– Смертная! К мужу ты должна возвратиться!..

– О, не говори мне!.. Я знаю! – отвечала громко и с, негодованием Нетэта.

– Но ты должна мне сделать одно.

– Все, что ты хочешь!

– Поцелуев таких, какими меня целовала, не расточай Сатурнину!

– О!

– Обещай мне!.. И помни!.. Я ведь сольюся со тьмою и буду следить за тобой!

– Ты будешь возле меня?

– Да, и если... ты его так поцелуешь, я тогда закричу: "Это мой поцелуй!"

– Ты меня губишь: я нарочно могу это сделать, чтобы услыхать близ себя голос твой... Что?.. Ты смущен... Не сму-щайся же!.. Нет... Я и в шутку так шутить не хочу и... бери же скорей от меня все мои силы и вынь из меня весь огонь поцелуев!

Тут опять на темных крылах опустился над нею сон мол-чаливый.

И не боялась овца безответная хищного волка... Встала впотьмах и, боязни исполнена, щупает путь босыми нога-ми, а обнаженные руки меж тем простирает в пространство, и вдруг снова в объятиях, и снова объемлет сама, и шепчет в перерывах лобзаний:

– Помедли!.. Останься со мною, пока взглянет Аврора!.. Я не могу тебя отпустить... Я тебя видеть желаю и... если за это я должна заплатить моей жизнью, то возьми мою жизнь, как ты взял мой стыд и... то, что я до объятий твоих называ-ла любовию к мужу!..

(*Женщина ушла счастливая, в сладком незнании, из храма, от объятий Анубиса. Что вскрыло перед нею тайну ее позора? Сам возлюбленный, очевидно, продолжавший искать ее вновь с повышенною страстной тоскою. В одну из встреч с нею он выда-ет ей тайну, повторив несколько ее слов из ночной беседы с мни-мым Анубисом.*)

– О велемощная Изида! Молюсь тебе и твоему высоко-чтимому сыну, сладчайшему Анубису! Помоги мне, бо-гиня, в моих предприятиях! Смягчи сердце моей новой повелительницы! Сделай так, чтобы она мне позво-лила любить ее.

И когда я это сказал и упал ниц перед изваянием богини Изиды, она движением головы сделала знак, что молитвы мои ею услышаны и жена Сатурнина будет любить меня.

– Никогда! – закричала Нетэта.

– Будет любить и теперь уже любит меня! – повторил Деций Мунд.

– Ты – нахальный безумец!

– Ах, нет, я не безумец, хотя, по правде сказать, кто не сошел бы с ума, услыхавши из уст милой Нетэты в конце с нею проведенной ночи: "Не уходи... Зачем тебе стыдно вме-сте со мною встретить Аврору?"

– Что?.. Что говоришь ты! – вскричала, смутившись, Нетэта.

– О, Аврора! Аврора!.. Пусть твоя колесница опроки-нется в густом тумане!.. О, тише, медленней, тише идите, кони ночи!..

– Что это?.. Что? – отступила от него в ужасе Нетэта, а он становился все наглее и дерзче и наступал на нее, дерзко глядя ей в глаза и повторяя:

– О, светлый Анубис!.. Анубис!.. Ты бог!.. Я верю... Я знаю!.. Я всем существом моим ощущаю твое божество, но для чего так бессовестны твои поцелуи!

Этого больше не могла снесть Нетэта и, закрыв уши ру-ками, вскричала:

– Измена! Измена!.. Ты был в засаде!.. Подлый, пре-зренный, дрянной человек! Ты таился во тьме, как шакал, и считал поцелуи, которых тебе самому не пришлось полу-чить...

– Оставь, оставь это! – остановил ее с насмешкой Мунд. – Я получил все, что хотел, и притом с хорошей ус-тупкой!

– О, я убита!..

(*Чистая патрицианка действительно убита и потрясена. Она сама не своя, она не находит нигде покоя, готова наложить на себя руки. Она не может скрыть ничего от своего мужа, и сама сообщает ему о своем безысходном позоре, и тот в своей сухой беспощадности готов отвергнуть ее и удручает ее педантическими упреками.*)

– Кто хочет иметь верную жену, тот прежде всего дол-жен позаботиться, чтобы она не была красива. Я боялся вся-кого на тебя устремленного глаза, и, когда кто-нибудь на тебя прилежно смотрел, я плевал себе за пазуху, чтобы взгляд этот не был причиною страданий для моего сердца. Когда ты была больна, я тебя спас для себя силою своих обетов пречистой. Я обходил твою постель на коленях и в ладонях своих сожигал за тебя ароматные смолы. Я молился о тебе и ходил десять дней в распоясанной тунике, чтобы ты осталась жива для меня... И вот для кого ты осталась моими мольбами!..

(*Сатурнин, очевидно, доводит жалобу до цезаря. Деций Мунд схвачен и заключен в темницу. Его ждет казнь. Но не легче и тем, кто живет в доме Сатурнина. Может быть, впер-вые теперь Нетэта видит, что в отношении к ней мужа было больше эгоизма и самолюбивого довольства, чем истинной люб-ви. Если не истинная любовь, то истинная страсть была там, когда она была в чужих объятиях, и она уже примиреннее готова взглянуть даже на своего оскорбителя.*)

...Нетэта все слушала мужа в раздумье, уронив голову на одну руку, а другой шевеля волосами головы Сатурнина, а когда он окончил свои жалобы, она вдруг схватила обе свои руки и громко вскричала:

– О, боги! о, боги!.. Если вы есть и если небо не пусто!..

– Нетэта!.. Ты богохульствуешь! – остановил жену Са-турнин.

– Да, я говорю то, что я думаю, – отвечала Нетэта. – Ты плевал себе на грудь за тунику, чтобы у тебя не украли люб-ви моей. Ты молился за меня и жег ладонь и еще что-то делал, все для того, чтобы я служила для твоих радостей... И если бы я не была обманута Децием Мундом, если бы бес-стыдно целовал меня ночью в храме не он, а Анубис, то как бы было всем хорошо через меня!

– Да!

– И тебе, и моему отцу, и матери, и достопочтенному Хрему!

– Ах, да...

– Да... О, будьте все вы далеки от моего сердца, и знай-те, что все вы мне даже противней того, кто все это сделал... потому что для него одного я сама по себе всего дороже...

(*На дальнейшем протяжении повести у Нетэты является наперсница. Кто-то утешает ее – надо думать, Поливия, сес-тра начальника казней, сочувствующая Децию Мунду в его страсти, – дает ей советы не бежать чувства, сжалиться и свидеться с несчастным влюбленным, осужденным за нее на казнь, но и эти советы не воскрешают Нетэты.*

Видимо, сама растроганная, Поливия шепчет ей.)

– Зачем ты так печально бродишь по скучному берегу? Для чего ты одна и одежда твоя до того в беспорядке, что даже и простая белая повязка не сдерживает твоих распу-щенных волос? Зачем ты так вздыхаешь и слезами портишь свои превосходные глазки? Камень и железо в груди у того, кто, это видя, может сносить без страданья.

Нетэта три раза хотела убежать, и три раза ее остановила Поливия, и она отвечала:

– О, для чего тело мое не сожгли, когда я была чистой девушкой? Зачем меня отдали замуж? Зачем я верила богам, у которых нет рук, чтобы защитить свои храмы? Зачем я живу после того, что со мной было, за что я отвержена му-жем и медлю расстаться с презренною жизнью, когда толпа указывает пальцем на мой позор!

–Ты хочешь умертвить себя?

– О, да!

– И для чего?

– Чтоб погасить тот стыд, которым отмечено мое лицо!

(*От намеков и обиняков Поливия переходит к прямым угово-рам повидаться с Децием – все равно его ждет казнь, о встрече никто не узнает, а он, отдавший за нее жизнь, – не стоит ли этой последней ласки! Нетэта колеблется.*)

Нетэта была смущена после разговора с Поливией, и в этот же вечер, когда возвратился домой Сатурнин, она име-ла более тяжкий для нее разговор с ним.

Грубый и малопонятливый Сатурнин, после дней смя-тения, пришел, утешенный, и объявил Нетэте, что Деций Мунд через день будет сожжен, а он, Сатурнин, получил теперь полную уверенность в том, что Нетэта находилась под влиянием злого очарования и сама нисколько не уча-ствовала в том, что над нею случилось при коварстве бес-стыдного Хрема, которого за это повесят на кресте. Но те-перь зато дух Сатурнина облегчен разрешением другого жреца, с которым он, Сатурнин, долго молился и принес в храме чистой Дианы жертву богам. И сейчас еще сожжет благовонья домашним пенатам и потом, когда все это сде-лает, он

131

войдет к Нетэте с веткою мира и возвратит ей все права его жены, какими она владела до этой поры. И при этом он прошептал ей, что если она после этого будет мате-рью, то дитя ее будет считать за дитя Анубиса-бога.

Нетэта, выслушав это, стояла как бы окаменелая и была неподвижна. И когда Сатурнин пошел переменить свои одежды и сжечь богам ладан, то внутри в душе Нетэты в эти мгновения произошел очень большой перелом.

(*Все глубже и глубже уходит Нетэта в анализ своих чувств к мужу и тому, другому, обжегшему ее пламенем своей страс-ти.*)

...Нетэта, выданная замуж в возрасте детском, не знала любовных влечений к своему суровому мужу и хранила к своим супружеским обетам ненарушимую верность потому, что имела гордый нрав, не позволявший ей унижать себя до лжи и притворства и до разделения любви своей между двo-ими. Но случай с ней, бывший в храме Изиды, где она с чистотою своей девственной веры была предана беспощадному пылу страстных объятий бога Анубиса, познакомил ее с ощущениями, которые были ей до сей поры чужды. И душа ее, искавшая отмщения обиды, когда теряла это на-строение, не знала, к чему устремляться: все в ее жизни ста-ло не тем, чем было прежде. Ее не только не огорчал гнев ее родителей, Пакувия и Атис, но и самая скорбь мужа ее Сатурнина. И негодование и ужас целого Рима, стремив-шегося разрушить алтари Изиды и избить Хрема и других жрецов, казались Нетэте чем-то чрезвычайно малым и едва стоящим какого-нибудь внимания. Не все ли равно, было или не было это позорное дело? Мало ли их происходит и будет происходить на свете, пока он стоит, и живущие в нем люди будут жадно перебивать друг у друга все, что кому из них захочется, – не разбирая, какою это им придется це-ною!..

И к собственному своему унижению, которое она пере-несла и рассказами о котором возбудила негодование цеза-ря и целого Рима, Нетэта теперь относилась так, что это могло бы быть вменено в вину ее целомудрию: это ее уже не гневило и не угнетало и не побуждало к мщению, а только томило, как стыд, заставлявший ее скрываться и избегать встреч и разговоров. Но всего более... ей было жаль этого человека... этого злодея... несчастного, которого сожгут за нее живого.

Она не знает до сих пор, можно ли его простить, но она не раз уже думала о том, что виною его погибели будет она и что если он страшно оскорбил ее целомудрие и отнял у нее удовольствие уважать свою чистоту, то она отнимает у него без сравнения большую ценность – самую жизнь, без кото-рой уже нельзя сделаться лучшим. И Нетэта находила, что и Поливия, и Ферора, над которыми произошли такие же беды в храме всеблагопомощной Изиды, поступили лучше, чем она, тем, что снесли в себе свое оскорбление и не вызва-ли гнева цезаря и общего негодования...

Конечно, может быть, если бы не молчали Поливия и Ферора и другие женщины, с которыми случилось то же... то, может быть, зло это давно было бы пресечено и Нетэте не пришлось бы страдать, как она нынче страдает, но тем не менее, если бы все это ей пришлось пережить наново – она не бежала бы по улицам Рима, не рвала бы на себе одежд и волос, не царапала бы ногтями свои плечи и щеки и не вы-маливала бы у цезаря мщения, которое не возвратит уже ей утраченный покой в доме, а только прибавит ей муку на муку оттого, что Деций Мунд будет замучен... Поэтому сло-ва Поливии о том, что можно извинить его преступление жестокостью его страсти и можно о нем пожалеть, нашли отзыв в сердце Нетэты, а отсюда уже становился открытым путь к дальнейшему состраданию, доходившему до готов-ности уронить каплю милосердия на пылающий костер, который должен задушить своим дымом дыхание Деция и испепелить огнем его тело...

И вот теперь это все опять пронеслось, как прошумев-шая буря, перед Нетэтою и представило ей супружеские ласки Сатурнина такими, какими они до сей поры ей ни-когда не казались... В них она уже не видела радостного воз-вращения ей прав жены и словно не верила в благословение богов, которым Сатурнин пошел сжечь щепоть благовон-ной смолы. Но ее охватывал страх, и в ушах ее раздавался запрет: "Смотри... или я в темноте закричу: это мои... это мои поцелуи!.."

(Потрясенная Нетэта бежит из мужнего дома, сама еще не зная куда.)

...Теперь она яснее всего сознавала, что самое тягостное в эту минуту было бы исполнение долга супруги, а самое желательное – избежать свидания с Сатурнином, если он пожелает возвратиться в запертую спальню. Чтобы избе-жать возможных последствий этого свидания, которые вдруг представились ей несносными и превосходящими возможность всякого над собою насилия, Нетэта, не заду-мываясь вдаль, бросилась к открытому окну и вышла из него на двор, где в одной из ниш стены догорала еще позабытая лампада, и огонь ее, вздрагивая от набегавшего ве-терка, осветил ей выходную дверь на улицу. Дверь эта была полуоткрыта, потому что рабы, посланные за Исменой, по-спеша исполнить как можно скорее данное им поручение, опережая один другого и друг на друга надеясь, позабыли запереть эту дверь. А когда возвратились с Исменой, то хотя и увидали свою оплошность, однако никому о ней не сказа-ли и при известии о пропаже их госпожи еще тверже реши-лись никому не говорить о том, что оставляли отпертою дверь.

Нетэта же именно пользовалась этой оплошностью слуг Сатурнина и вышла на улицу через открытую дверь, и это не было ею предумышлено, а случилось так, как бы волею рока, под силою которого она себя чувствовала и который будто руководил ею на самом деле.

Едва она вышла, не зная сама, куда направить хочет свои шаги, как к ней устремились из темноты две фигуры мужчин, искавших сообщества уличных встречниц, и стали хватать ее за одежды и приглашать ее идти с ними под пор-тики храмов, и Нетэта узнала по голосу обоих людей, кото-рые ей заступили дорогу. Это были Лелий-поэт и сенатор Помпедий, а за ними еще выступал двусмысленный Зет, и, чтобы скрыться от них, Нетэта быстро вырвалась из их рук и бросилась бежать в первую встречную улицу и бежала, по-ворачивая из одного переулка в другой, лишь бы скорее скрыться с глаз их, что ей и удалось. Но зато она и сама теперь не знала, в какой части Рима она находится и какою дорогою ей надлежало идти, чтобы возвратиться в дом мужа. Кроме того, она нисколько не думала о том, чтобы спешить возвращением домой, и в своей роковой растерян-ности и мечтательности шла до тех пор, пока почувствовала сильное утомление и пожелала отдохнуть.

По рассеянности и волнению, которые оба имели свое место в потрясенной душе Нетэты, она не узнавала места, в каком находилась, и нимало об этом не тревожилась, а села под дерево и задремала, и тотчас же увидела, что под другим деревом, которое представилось ей невдалеке, стал весь обвитый молочным туманом бог Пан, и он стал к ней приближаться и обнял ее и успокоил в своих объятиях, в которых ей было и стыдно, и приятно. И Нетэта проспала здесь поддеревом, пока взошло солнце, и когда она просну-лась, то увидала себя на прекрасном поле, покрытом соч-ною травою и немногими, очень красивыми деревьями. Она легко узнала теперь то дерево, под которым видела Пана, берегшего ее в своих объятиях во время ее сна и наво-дившего на нее приятные сновидения своею игрой на цев-нице.

Нетэта была укреплена этим сном и смущена им, так как бог Пан был отцом многих сатиров, и ей было досадно, для чего так с той поры, как она сделалась предметом иска-ний Деция Мунда, ее со всех сторон наяву и во сне окружа-ют соблазны, и мир человеческий весь показался ей испол-ненным бесстыдства, от которого она хотела бы скрыться. А как она была в таком состоянии, что не давала себе ясного отчета в том, что ей представлялось, и подчинялась первому влечению, которое ее охватывало и получало господство над ее мыслями, то она встала из-под дерева, где спала, во-ображая себя в объятиях Пана, и, пройдя среди стад, пас-шихся теперь на лужайке, пошла берегом Тибра и все шла, не давая себе отчета, куда идет, и пришла в полдень к незна-комому пыльному гроту, где и села в темном углу, чтобы укрыться от полдневного жара.

Тут она пробыла в полузабытьи довольно долгое время, и все опять была не в сознании того, что хочет сделать и что с ней происходит, и опять видела в знойном воздухе Пана, который, улыбаясь, дремал под стеною пыльных развалин и свирель уронил на косматые ляжки. В этот раз Пан приви-делся Нетэте перед тем, как она пробуждалась, и тотчас же исчез при ее пробуждении, а в это же время она услыхала, что в другой стороне грота, противоположной той, откуда она вошла, раздавались людские голоса и удары мотыг и секир, посему следовало догадаться, что там шла какая-то спешная работа.

Не желая выходить снова на ту же местность, где сторо-жил ее неотступно преследовавший ее Пан, Нетэта пред-почла выйти из грота через ту сторону, откуда слышались стуки инструментов и голоса рабочих. Она встала и пошла на эти звуки и шла довольно долго в совершенной темноте, причем ей не раз казалось, что работа происходит то с боков коридора, которым она проходила, то сверху над ее голо-вою, и даже своды трещали, и сыпались плесень и пыль. Наконец в глаза Нетэте мелькнул свет, она приблизилась к выходу и увидала, что множество рабочих разрушают ос-татки какого-то большого здания, и тут она узнала мест-ность и поняла, что разрушенное здание, от которого уце-лел только один угол портика, есть именно тот самый храм богини Изиды, где совершено поругательство над бедной Нетэтой.

По повелению Тиверия он был разрушен неимоверно скоро – всего в восемь дней, – и теперь от него оставался один только угол портика, к колоннаде которого прямо вел тот проход, которым дошла сюда Нетэта, и, идучи далее, она поднялась этим же ходом на верх просторного фриза и тут увидала опять много людей, трудившихся над какою-то непонятною для нее работою, и опять сошла вниз, никем не замеченная, и тут неожиданно встретила Поливию.

Это уже был вечер, и Поливия вышла, чтобы подышать вечерней прохладой. Она была грустна и задумчива и уди-вилась, увидав Нетэту, о которой уже знала, что она скры-лась из дома мужа.

Поливия обратила внимание на внешность ее убора, который был в беспорядке, и на замученный вид и ска-зала ей:

–Так как мы возле дома, где я живу, и тебе нет надобно-сти попадаться всем на глаза, то войди ко мне, отдохни и подумаем вместе, что тебе предпринять далее.

Рассеянная Нетэта последовала за Поливией и всту-пила за нею в дом, не зная, что это был дом брата Поливии, роскошного Фурния, который, прожив четыре наследства, служил теперь начальником всех тюрем и распоряжался устройством казней. По этой должности своей Фурний те-перь был занят приготовлением казней для виновных в оскорблении Нетэты. Под надзором Фурния происходило спешное разрушение капища Изиды, и он же должен был приготовить сложную операцию казни, которую предна-чертано было совершить таким образом, что место, где стоял храм Изиды, должно быть расчищено и от всего зда-ния на время будет оставлено только несколько колонн с куском фриза. Посреди площади, на которой стоял храм, должен лежать сброшенный с подставы кумир богини Изи-ды, а кругом его надлежит поставить восемь деревянных крестов для жрецов Хрема, Кадема, Балласа, Фундания и Фуфиция, для Пеона-прислужника, для Менекрата, возжи-гателя курений, и для старой Иды. А наверху, в фризе ко-лоннады, должен быть сложен костер, на котором будет сожжен Деций Мунд. И когда будут распяты жрецы и служи-тели храма и старая Ида, тогда у всех на виду загорится высоко на фризе костер, посреди которого у столба будет прикован Деций Мунд. И когда все казненные будут тер-заться при назначенных им орудиях казни, тогда потащат канатом к берегу Тибра старую Иду и сбросят ее в воду, а потом подшибут колонны, на которых до времени дер-жится фриз, и этот остаток храма Изиды обрушится и сме-шается с остатком виновных. Все это вместе, без раз-бора, тоже будет брошено в воду и снесется волнами Тибра в море.

Поливия рассказала Нетэте об этих приготовлениях, думая, что ей будет приятно узнать, как строго будет отомще-но поругание ее супружеской чести, но Нетэта выслушала это сообщение равнодушно и потом сказала, что она себя не понимает, потому что ранее, когда она только что узнала о совершенном над нею обмане, она испытывала ненасыт-ную жажду мщения, и потому так настоятельно требовала кары виновным у цезаря. Но с тех пор, как она знает, что они все погибнут, она находит в своем сердце к ним даже сожаление.

Поливия же ей ответила удивлением и спросила:

– Ты не видала ли Грецины или Юлии или других пус-томелей из родных или из приятелей Друза?

И тут рассказала, что Грецина и Юлия наслушались ка-ких-то чужеземных пустяков от присланных из Палестины бродяг[48], у которых нет гордости своими предками и нет же-лания мстить за себя, а напротив, они не почитают за стыд снести обиду и даже спешат сделать добро тем, кто им дела-ет зло.

– Я не знаю никого из этой семьи, – отвечала Нетэта, – но я чувствую, что, если бы кого-нибудь из них встретила, я бы их полюбила и...

– Может быть, сама сделалась бы точно такою же, как они? – перебила Поливия.

– Может быть, – отвечала Нетэта, – но, во всяком слу-чае, я не пошла бы просить цезаря о том, чтобы моя обида стоила жизни людям, для которых брат твой готовит кресты и костры, и теперь я чувствую, что я должна идти к цезарю и просить для них пощады.

---

[48] То есть христиан.

VIII

И сказав это, она быстро повернулась и ушла от Поливии так скоро, что та не могла ее удержать. Но вскоре Нетэ-та возвратилась, и Поливии показалось, что в это недолгое время, пока она была в отлучке, с нею произошла очень большая и страшная перемена. И до той поры сильно воз-бужденная и измученная беспрестанною сменою душевных волнений, она теперь воротилась еще более расстроенною, и хотя падала от усталости, но обнаруживала огромную энергию и волю.

Она объяснила Поливии, что ее не допустили к импера-тору и что все даже смеялись над ее намерением изменить приговор, исполнение которого назначено на завтра, и те-перь этого зрелища ждет целый Рим.

– Это так и должно быть! – сказала Поливия.

– А я думаю именно, что это так не должно быть! Я ненавижу себя за то, что все это наделала, и если бы это было можно, я сама умерла бы вместо этих людей, которых будут распинать на крестах или сожигать на костре.

– Вот именно, я думаю, вместо того, кто будет гореть на костре? – пошутила Поливия.

– Да, это ты не ошиблась. Те, другие, жалки, но они делали дурное дело за деньги, и потому мне их меньше жал-ко, но Деций Мунд несчастливец... Он сделал все, отума-ненный страстью, которой не должен был дать в себе разго-реться, но он ведь римлянин – где ему было взять стыдливого целомудрия?.. Моя красота погубила его, и я ее нена-вижу и никогда не буду ею радоваться, потому что всегда буду помнить, как тяжко страдает за нее человек, который знает, что завтра его сожгут за меня.

А Поливия отвечала Нетэте, что она напрасно думает, будто Деций Мунд очень страдает в ожидании завтрашней казни.

– Напротив, – сказала она, – он счастлив!

–Ты говоришь невозможное! – отвечала Нетэта.

– Нет, я говорю именно то, что и есть. Деций Мунд ведь здесь, в этом доме, и я брала ключ от его помещенья у брата и входила к нему после того, как ему объявили решенье...

– Ну, и что же с ним было?

– Он улыбнулся и сказал очень ласково: "Что ни приду-маете – это все будет мало за то, что я сделал, и я хотел бы еще раз гореть, если бы мог, задыхаясь в дыму, крикнуть Нетэте: "Я любил тебя, Нетэта!""

Нетэта ощутила на себе странное впечатление от этих слов и, окинув Поливию взглядом, исполненным страда-ния, простонала:

–Это жестоко!.. Зачем ты мне это сказала!

И когда Поливия захотела узнать, почему эти слова про-извели на Нетэту такое впечатление, она сказала ей:

— Боги слишком немилосердны ко мне, потому что я сама не в состоянии определить моих чувств! — И вслед за тем рассказала, что она не рада тому, что должно бы ее радо-вать, и мало теперь сокрушается о том, что должно быть для нее всегдашним сокрушением.

— Словом, — сказала ей Поливия, — твой гнев за оскор-бление, которое нанес тебе Деций Мунд, утихает, и ты не радуешься его казни, которою он должен пострадать за твою честь?

— Я позабыла уже о себе и ужасаюсь того, что определе-но сделать над этим несчастным!

Поливия обняла ее и сказала ей:

— Вот ты теперь больше женщина, чем римлянка, и за то ты можешь получить такую радость, какая недоступна жестокому сердцу.

— Ах, я рада бы сделать все и даже готова пожертвовать собою, чтобы только спасти его от жестоких мучений.

Поливия же ей отвечала, что освободить Деция Мунда от назначенной ему казни уже никто не может, так как эта решил император и весь Рим ожидает зрелища, но что от Нетэты зависит облегчить Мунду муки казни и, может быть, даже сделать ему их отрадными.

Нетэта захотела знать, как это может быть. Поливия ска-зала, что Деций Мунд не обнаруживает никакого страха пе-ред ожидающей его казнью, но выражает сожаление только о том, что умрет, оставляя гнев на себя в сердце Нетэты.

— Если ты можешь сказать ему правду, то передай ему, что я его прощаю! — проговорила Нетэта.

А Поливия ей отвечала, что она, надеясь на добросердечие Нетэты, уже говорила об этом Децию, но он ей не поверил.

— Почему же?

— Потому, — отвечала Поливия, — что он считает себя слишком много перед тобою виноватым и жизнь свою по-читает слишком ничтожною ценою за твой гнев...

— Несчастный! — прошептала Нетэта и, подумав нема-ло, добавила: — Если бы я могла его видеть, я бы сама ему сказала, что в моем сердце нет к нему гнева.

— О, тебе бы самой он, конечно, поверил! — отвечала Поливия. — И я на твоем месте не отказала бы ему в этом утешенье.

— Но где же я могу сказать ему это слово?

— Тебе это стоит захотеть. Деций Мунд ведь заключен в том самом доме, где живем мы — я и брат мой, промотав-шийся Фурний, от которого зависят тюрьмы и казни, пала-чи и вся тюремная стража. Брат был близко знаком с Децием Мундом в прошедшее время, когда проживал свои бо-гатства, и теперь он сожалеет Мунда и, как может, облегчает для него жизнь в заключенье. Осужденный свободно приходит в наше помещенье и гуляет в нашем саду, связанный одним честным словом, которое взял с него Фурний. Брат целый день сегодня имел много хлопот, и вечером он хочет дать себе отдых – поиграть в кости и побеседовать с друзья-ми, и потом, конечно, у них будет долгий ужин. К этому ужину, признаться, зван был и Мунд, но он отказался. Он сказал им, что не расположен веселиться перед смертью, и брат посмеялся над ним, что он, может быть, хочет "побыть с Юпитером", а Деций, чтобы отвязаться от этих разговоров, молча пожал руку Фурния и после сказал мне тихо, со вздохом: "Пойми хоть ты меня, добрая Поливия, что я нуждаюсь не в забвенье и не в Юпитере, а в том, чтобы по-быть в душе моей с..."

– Не договаривай! – перебила, отстраняя ее от себя, Нетэта.

–Ты догадалась, о ком он хочет думать?

– Оставь!.. Оставь это!.. Я догадалась!..

– Это ты... Нетэта!

Нетэта взялась за сердце и сказала:

–Ты таки договорила!.. Ну, и что же дальше?

– Дальше?

Поливия обняла Нетэту и стала говорить ей на ухо, что брат ее, Фурний, и его беспечные гости теперь уже начина-ют сбираться и будут пировать, пока упьются, и настанет время их разносить по домам. А Деций, который отказался от пира, теперь, конечно, находится один в саду. Он так сказал Поливии, что в эту последнюю ночь не станет то-миться под кровлей, а проведет ее в уединении на дерновой скамье, под большим старым дубом, чтобы окинуть быстро летящей памятью все свою протекшую жизнь, которую он отдает за свою любовь к Нетэте.

– И вот, – заключила Поливия, – зайди ко мне, и из моей комнаты ты можешь его видеть... А если желаешь ока-зать ему еще более участия, то можешь сойти к нему туда и сказать ему утешительное слово, после которого ему будет не страшно взойти на ожидающий его костер.

Говорили же они все это на ходу, подвигаясь шаг за ша-гом к дому, где жила Поливия со своим братом и где был теперь Деций, для которого наступила последняя ночь пе-ред определенной ему мучительной казнью.

IX

Нетэта, выслушав приглашение Поливии, ничего ей не отвечала, но тихо следовала за нею, не освобождая себя от руки, которою Поливия обнимала ее стан, а другою рукою держала в ладони ее похолодевшую руку.

Так они обе подошли к дому, и Поливия переступила заветный порог, а Нетэта остановилась и в молчании бросила на нее взгляд, полный мучительной тоски и неведения, на что ей решиться.

Поливия освободила ее руку и сказала:

– Я тебя не склоняю на злое... Но если ты хочешь ока-зать милосердие тому, кто завтра должен сгореть...

Нетэта затрепетала и твердо вошла за Поливией. И пос-ле этого произошло нечто такое, на что, кажется, отнюдь не рассчитывала сострадательная и кроткая Поливия, которая была тронута страданиями Деция Мунда и ввела Нетэту в дом свой в такой надежде, что она облегчит нравственное мучение Деция, высказав ему прощение и примирение. Но на деле случилось иначе. Находившаяся в крайнем воз-буждении Нетэта, как только вошла в дом Поливии, каза-лась как бы потерянной и горестно говорила: "Я погибла, погибла!" А потом, когда Поливия стала ее ободрять и подвела ее к окну, из которого было видно большое старое дере-во, а под ним стоял в задумчивости Деций Мунд, то Нетэта задрожала и начала жалостно плакать, причитая:

– Не жестоки ли боги к несчастной!.. Для чего опять вижу Пана!..

И как при этом Нетэта дрожала и все существо ее выра-жало страшное потрясение, заставившее Поливию встрево-житься за ее рассудок, то она сказала ей:

– Это вовсе не Пан, а Деций Мунд, который, к не счас-тью, должен доказать, что он смертен. Не падай духом и не плачь, а поди к нему и скажи, что ты прощаешь ему свою обиду, и скорбь его будет облегчена, и он умрет спокойно, не обнаружив страха.

И когда Поливия это сказала, к ней подошел один из доверенных рабов ее брата и стал испрашивать у нее распо-ряжений для подаваемого ужина, а Поливия отвечала ему, что она тотчас придет, когда ее зовут, и подала Нетэте ключ, сказав, что этим ключом она может отпереть дверь, выходя-щую в сад, и снова запереть ее после свидания с Децием и удалиться, оставя ключ на столе в покое Поливии.

Затем Поливия вышла, а Нетэта колебалась, идти ли ей или не идти, чтобы сказать свое прощение Децию Мунду, и наконец сделала то, что было для нее всего опаснее, то есть взяла ключ и вышла.

Деций же Мунд ничего об этом не знал и, конечно, не ожидал видеть Нетэту, но видел ее в очах своей души, которая была полна ею. Ибо с Децием с тех пор, как он имел успех в храме Изиды, действительно произошел большой и резкий перелом. Деций не ощущал страха смерти, но, рас-ставаясь с жизнью, стал понимать ей цену и назначение не в том, чем наполнял ее до сего времени, ища одной славы и удовольствий, которые мог приобретать при своем богат-стве и бессердечии. Он не сожалел, что жизнь его будет пре-рвана на костре, но сожалел, что не испытал в ней тех луч-ших удовольствий, которых нельзя купить золотом, а мож-но было получить только улучшением самого себя до той степени чистоты, чтобы привлекать к себе любовь другого существа. И, доходя до таких размышлений, он сейчас же вспоминал о Нетэте – и тогда сразу ощущал в себе два тече-ния разносторонних терзаний. С одной стороны, это было незнакомое ему до сей поры сожаление к женщине, для об-мана которой он сделал так много злых дел и явился винов-ником погибели многих людей и для ней самой тяжелого стыда и осмеяния; с другой же, ее детская доверчивость и чистота, благодаря которым и суеверию среды она сдела-лась жертвою его обмана, наводила Мунда на мысль о том, что нежный поэт Катулл понимал жизнь и что нет ничего смешного в его желании предпочесть тихую жизнь с доб-рою и целомудренною женщиною всем оргиям шумного Рима. И как скоро появлялась в нем эта мысль, так сейчас же в то время он вспоминал оскорбленную им Нетэту и на-чинал тосковать не так, как было ранее, когда он томился желанием победить ее целомудрие низким обманом, а те-перь он вспоминал стихи Катулла, которые читал на память нежной Лелии, и сам повторял их шепотом...

Грех не велик, если ей на теле, и стройном и гибком,
Дерзкой рукой изомнешь туники воздушные складки,
Спутаешь волны кудрей и вмиг на чело молодое
Тучку досады нагонишь с зарницами быстрыми гнева.
Кто же не любит смотреть на то, как с досады мгновенной
Слезы красавица льет?.. Но знай, что преступно и подло
Вызвать из груди ее поток безутешных рыданий,
Чтобы, беснуясь, она металась, кричала от горя,
Чтобы ногтями своими себе же царапала щеки.
Скиф необузданный тот – преступный и гнусный, безумный
Изверг, кто милой своей такое нанес оскорбленье.
Боги соступят с небес и тяжко его покарают.

(*Так настроенная, Нетэта становится свидетельницей дружеского заседания в доме Сатурнина, где он в обществе близ-ких обсуждает казнь преступнику и слышит советы гостей, беспощадных к несчастному.*)

Над Децием Мундом совершилась такая судьба, какую ему незадолго пред этим событием предсказывал расточи-тельный Персии, то есть Тиверий не захотел сам изречь приговора Мунду, а повелел отдать его во власть оскорблен-ного мужа обманутой Нетэты. И тогда польщенный этим Сатурнин нашел для себя достаточное утешение в такой милости кесаря и обнаружил большую заботливость, чтобы изобресть виновному казнь, достойную милостивого дове-рия императора.

А как Сатурнин сам был человек очень тяжелого ума и не надеялся найти под своим косматым лбом пристойных необыкновенному случаю соображений, то, чтобы изречь Децию Мунду казнь, которая понравилась бы кесарю и представила приятное зрелище народу, а также была бы и достойна звания казнимого всадника и строго карала его безнравственное злодейство, – Сатурнин созвал к себе на совет всех своих друзей, на чей разум и познания он пола-гался.

Об этом Сатурнин сообщил тестю своему Пакувию, теще и самой Нетэте, о которой он сожалел, и думал доста-вить ей утешение тем, что оскорбление ее будет наказано строго и оскорбитель поплатится за свое злое торжество же-стокою казнью.

По зову Сатурнина, сделанному по всему Риму через разосланных невольников, вечером к нему собрались Горгоний-богач, Амфион, знаток светской жизни, Фуск, знат-ный мим, Лелий-поэт, Фурний-художник, Помпедий-сенатор, Булаций-философ и Мена-глашатай и другие, между которыми было немало людей, виденных нами в первый вечер у Фаволии.

Все пришедшие к Сатурнину возлегли у столов и только что начали было ужин, как у дверей послышался стук и пришел никем не приглашенный сюда двусмысленный Зет. Он был, по обыкновению, весел и, шутя, стал извиняться слегка, что пришел запоздавши, а сам меж тем, отодвигая встретившего его Сатурнина, прошел впереди его в столо-вую и оставил за собою незапертые двери, к занавесе кото-рых вскоре подкралась и стала Нетэта.

Ее привело сюда любопытство, так как после разговора с Полибией сердце ее было беспокойно и она страстно же-лала знать, какой конец придумают умные люди тому бес-совестному человеку, который положил начало ее ничем не облегчаемому стыду и страданию.

Нетэта тихо стала у этой двери за густой занавесой, ко-торая ее скрывала и от которой она могла отступить во внутренние покои жилища; если бы кто-нибудь захотел по-дойти к этой завесе, то он бы не мог предупредить Нетэту так, чтобы она не могла скрыться. А потому она слушала сколько жадно, столько же и с уверенностью за свою безо-пасность.

Но рассуждения шли очень продолжительно, и одно мнение, сказанное в одном роде, беспрестанно встре-чалось с другим, совершенно противоположным, а иногда все это пересыпалось шутками, которые обиженному серд-цу Нетэты были несносны, и она приходила в негодование от того, как люди могут впадать в такой тон, говоря об ос-корблении женщины и о вине человека, подлежащего за это тягостной каре. А присутствующие за столом Сатур-нина все ели и пили и говорили то так, то иначе, как будто всякий не хотел первый высказать ясно то, что он думал, и все тяготились скрытностью другого. И так тянулось долго, пока двусмысленный Зет поглядел вверх сквозь окно, от-крывавшее часть неба, и заметил, что времени уже ушло много и скоро горластый петух станет будить бедных людей на работу.

При сем Зет окинул своими прищуренными глазами всех и сказал, что если бы кесарь так же неспешно решал все подлежащие ему дела, как решают это дело Сатурниновы гости, то в империи царил бы хаос, и тогда все стали чув-ствовать себя обязанными высказывать свои мнения как можно скорее.

Первый изрек свое слово сенатор Помпедий. Речь его была такова, что не надо выдумывать ничего нового для Деция Мунда, а следует держаться того самого, как кесарь ве-лел поступить с виновными в обмане жрецами и наперсницей Идой, то есть повесить Деция на крест так же точно, как будут повешены его сообщники: Хрем, Кадем, и Фунданий, и Балласт-тайностроитель[49], и тщедушный Фуфиций, и Менократ, возжигатель курений, и прислужник Пеон, и сама трижды коварная наперсница Ида.

Но Амфион, знаток светской жизни, заметил, что такое решение едва ли будет угодно Тиверию, так как если бы он желал, чтобы Мунд умирал, вися на кресте, то он и не сде-лал бы для него исключения, в котором семья Сатурнина должна видеть себе образцовую милость, что потому для Деция Мунда надо придумать казнь в другом роде.

– Казнь Деция Мунда, – сказал Амфион, – должна быть не крест, что было бы унизительно для него, как для римского всадника, но должно быть что-нибудь пожесточе креста, а что такое именно способно заменить в такой сте-пени крестную смерть, об этом, – сказал Амфион, – я бы спросил совета у Фуска, который родился в жестоком гер-манском народе и, наверно, видел у себя что-нибудь такое, чего ты не знаешь.

Мим же Фуск отвечал, что он в самом деле знает такую казнь, которой казнят у диких германцев. Это делают так, что собьют ящик такой величины, чтобы можно было всу-нуть в него человека, согнув его вдвое, и высунуть наружу в прорезь его голову вместе с ногами и так оставить его уми-рать у всех на глазах голодною смертью. Но этот совет всем показался неудобным по его продолжительности. Художник Булаций заметил, что народу, вероятно, больше бы понравилось, если бы Деция Мунда засечь гибкими лозами у дверей храма Изиды и в это же самое время начать разруше-ние храма. Предложение художника нравилось более, чем предложение Фуска. На эти слова отозвался Делий-поэт и сказал, что засечь гибкими лозами хорошо, что, конечно, пока будут сечь,

---

[49] Тайностроитель – лицо, руководящее совершением религиозных таинств.

во все это время будут слышны свистящие взмахи лозы и, может быть, вырвутся и стоны, а этого не надо. И потому лучше просто Деция сжечь живого на кост-ре. Это тоже чужеземная казнь, какой еще не видали в Риме, и это непременно всем понравится.

И за этим пошли собирать, кто из остальных к которому из этих трех мнений был склонен, и вышло всеобщее разно-мыслие, дошедшее до того, что, когда спросили красавца Руфила, что думает он, то Руфил отвечал:

– Я не могу рассуждать о прекращении жизни, которая не нами дана человеку, и мне кажется, что честь супруги хозяина дома, благородной Нетэты, не поругана тем, что ее обманули бесчестно, а если она поругана, то ее нельзя вос-становить тем, что убьют человека.

Ему закричали:

–Ты слишком молод, Руфил, и это в тебе бродят пустые идеи. Это знакомство с Поливией, которая вхожа в дом Друза, где Грецина и Юлия привечают полоумных бродяг Палестины. Зло должно принять казнь, и вопрос только в том, что приличней или, лучше сказать, что будет угоднее кесарю: забить Мунда в ящик с головою, притянутой к пят-кам, или засечь его лозами у храма, где он совершил свое преступление, или сжечь его на костре.

Руфил отвечал на это, что в таком разе его напрасно об этом и спрашивали, что, по его мнению, Деция Мунда надо бы было изгнать к кимврам[50] или к скифам – пусть бы там он обдумал свое преступление и исправил свое похотливое сердце, а если идет о том дело, чтобы его, уничтожить, то всего лучше представить выбор одного из трех предложен-ных средств...

– Кесарю! – воскликнули все, кроме Амфиона и Руфи-ла, который ответил:

– Нет, не ему, но той, которой всех больше коснулась обида. Я бы советовал предложить это все на решение са-мой Нетэты.

XI

Услыхав это, Нетэта вздрогнула и сделала движение, ко-торое заставило занавеску заколебаться, но этого, к счастью ее, никто не заметил, и она осталась по-прежнему на своем месте и на мгновение позабыла слушать, что говорили по ту сторону завешенной двери.

Так поразили ее слова молодого Руфила, во многом со-гласные с тем,

---

[50] Кимвр – представитель германского, (по другим сведе-ниям) кельтского племени кимвров, вторгавшихся во II в. до н. э. в римские владения, но разбитых в 101 г.

что сама она чувствовала и о чем думала пос-ле разговора с Поливией, и ей показалось, что здесь один только юный Руфил говорил лучше всех, так как все дело и вправду касалось ближе всех только самой Нетэты. Казнить или миловать могла бы она, но... если бы теперь ей предло-жить такое право, то... она бы присоединилась к мнению Руфила и... она не знает, что бы такое она решила.

Во всяком случае... мысли ее находятся с мыслями Помпонии и Грецины, женщин из дома Друза, и ей нет никако-го дела, что те научились всему этому от каких-то бродяг; Нетэта не послушала Поливии – она не простила своего обидчика, но и не подаст голоса за то, чтобы отдать его па-лачу, чтобы его скорчили и забили в ящик, или чтобы его повесили на крест, или зажарили живого на костре.

Нет, нет!.. Это не снимет позора с Нетэты и ее не уте-шит... Обида и гнев и даже снедающий стыд целомудренной Нетэты вдруг отступили от нее, и сердце ее сделалось дос-тупно состраданию к врагу, у которого был свой еще боль-ший враг – его животная натура, омрачавшая в нем все доб-рые чувства и разум.

Если бы жизнь Деция Мунда была теперь в руке оскорб-ленной им Нетэты, она бы вывела его своею рукою за двери тюрьмы и сказала бы ему:

– Иди... туда... далеко... и думай о том, что ты сделал, пока поймешь, как это дурно, и потом... будь другим чело-веком.

Это казалось Нетэте самым лучшим и справедливым ре-шением, которому бы она была рада, хотя после такого ре-шения ей бы нельзя было оставаться в Риме. Было много позорных, но ее стали бы почитать самою позорною, и от нее отступились бы и отец, и мать, и сам муж – словом, все те, которые думали, что вместо бога Анубиса к ней снизой-дет не всадник, а повелитель полмира.

И ей от этого было не страшно, но дело решалось без участия Нетэты, и когда голова ее освободилась от пробе-жавших в ней мыслей и внимание устремилось опять к тому, что говорили советники Сатурнина, она услыхала сладкую речь Амфиона, знатока светской жизни.

Он говорил, что Руфил очень молод и что этою молодо-стью и близкой приязнью с Поливией, вхожей в дом Друза, где принимают нищих бродяг палестинских, в самом деле объясняется вся его ни к чему не пригодная мягкость. Но что и ящик, и лозы, и крест тоже жестоко, и трудно сказать, что бы из них было лучше другого, и однако цезаря, всеко-нечно, об этом спрашивать нечего. Цезарь недаром себя ус-транил от этого дела и предоставил всю власть оскорблен-ному мужу. А вот что пришло теперь в голову ему, знатоку светской жизни. Пусть Сатурнин предложит самому Децию Мунду на выбор все три рода казни: голод в скорченном ящике, сечение до смерти или пылающий костер – вот пусть это будет иметь интерес для всего народонаселения Рима, и кесаря тоже, наверно, займет, что изберет себе Деций? И что он для себя изберет, то пусть для него и устроит как можно торжественней новоизбранный распорядитель всех казней, брат Поливии, расточительный Фурний, про-евший четыре наследства.

Во мнении всех это предложение Амфиона, знатока светской жизни, было всех совершеннее, так как оно дава-ло все, что нужно для наказания зла, для любящей зрели-ще толпы и для удовлетворения всех презирающего Тиверия.

Нетэта дослушала эту речь до конца, и тихо отступила от занавески, и ушла в свою спальню, и стала в раздумье перед открытым окном, в которое лился воздух тихой ночи и с неба смотрели звезды... И как раз над нею стояло теперь то же созвездье Пса, которое она увидала там... когда на мгновенье прояснилось было ее сознание, чтобы опять снова померкнуть и опять еще раз пробудиться от "бессове-стных поцелуев", и опять помраченье, и лепет, и ее просьбы помедлить, и его заклятье не целовать так никого, или он закричит: "Это мой поцелуй!"

Ей показалося страшно... Чего же? Все ведь это разру-шено: больше нечему верить. Тот, кто так бессо-вестно ее целовал, держа ее уши в своих нежных ладонях, был ведь не бог, не Анубис... простой смертный, кото-рого властен казнить Сатурнин – один, кто имеет право взять в ладони лицо Нетэты и целовать ее губы, и вот он идет к ней...

Сатурнин в самом деле проводил своих гостей, вымыл руки и, одев ночную одежду, входил в спальню... Он сел и начал сообщать Нетэте, чего он будет просить у кесаря, и она слушала все это, что уже знала, и Сатурнин был рад спокойствию, которое в ней видел. Но когда он окончил о Деции Мунде, он сказал, что затем признает ее перед собой чистою и, как ни в чем не повинной, возвращает ей свое расположение.

Но эти слова Сатурнина вместо того, чтобы принести Нетэте радость, поразили ее тревогою, под влиянием кото-рой она начала закрывать свои уши и, метаясь из стороны в сторону, уклонялась от объятий мужа, а напоследок впала в безумие и стала кричать:

– Нет, я слышу голос, который мне запрещает быть твоею женою.

И при, этом тело ее трепетало и корчилось и на бледных устах показалася пена.

Сатурнин же, как не раз о нем сказано, был суеверен и понял это состояние жены за влияние напущенной на нее порчи, и вышел из спальни, заперев за собой двери, и по-слал двух рабов за старухой Исменой, которая умела отво-дить силу очарования. Посланные же рабы отыскали Исме-ну не скоро и привели ее только на рассвете. Сатурнин ос-мелел в присутствии Исмены и, открыв двери спальни, вошел туда

146

вместе со старухой, которая брызгала перед со-бой с ногтя водою. Но приход их сюда был, однако, напра-сен, так как они не отыскали Нетэты ни в том углу, где она, скорчившись, билась, избегая супружеских ласк Сатурни-на, но и нигде ее не нашли, ни в спальне, ни в других поме-щениях дома, и это неожиданное исчезновение исполнило тревоги всех ее родных и дало новый и обильный материал для толков в Риме, которые немедленно же дошли и до слуха Тиверия.

<h1 style="text-align:center">XII</h1>

Поливия, передавая Нетэте о чувствах Деция Мунда, говорила неправду. Осуждённый на казнь всадник действи-тельно показывал себя римлянином и не обнаруживал страха, но он далек был и от того идиллического настроения, в каком представляла его Поливия и тем так взволновала подвижное сердце Нетэты, что та бежала из дома мужа и к одному проступку, в котором можно было не находить ее сознательной вины, прибавляла теперь другой, для которо-го уже не могло быть извинений.

Деций же Мунд хотел увидеть Нетэту еще раз, прежде чем настанет час его казни, и испытывал нежность от ожи-дания возможности этого свидания, которое взялась устро-ить ему Поливия. Но в чувствах его не было той почтитель-ности и тех высоко поставляющих Нетэту размышлений, о которых ей говорила Поливия, а потому в словах Поливии было немало предательства, которое и повело к большим, даже для самой Поливии неожиданным, последствиям.

Когда Поливия высказала Нетэте то, что выше изложе-но, и привела ее в колебание, в котором та не могла уже устоять против соблазна подойти к Децию Мунду и гово-рить с ним, – Поливия обняла стан Нетэты рукою и по-влекла ее с каменных ступеней на дорожку сада, в конце которой все в том же задумчивом положении сидел под ду-бом на дерновой скамье Деций Мунд, издали принятый Нетэтою за Пана.

Нетэта хотя и ощущала большое смущение, но сопро-тивлялась Поливии слабо и как бы только для вида, а вслед затем и вовсе потеряла власть над своими поступками и подпала воле жестокого рока.

Это случилось оттого, что едва обе женщины успели пройти половину расстояния, отделявшего дом от дерно-вой скамейки, как Поливия услыхала, будто ее позвал брат, и она, сказав об этом Нетэте, которая зова этого не слыхала, быстро отняла свою руку от ее стана и убежала назад к дому, откуда ей слышался голос брата, а Нетэта осталась на том месте, до которого была доведена, и в потерянности своей не знала, что сделать.

147

Тогда из этого затруднения ее и вывел Деций Мунд, ко-торый как раз в эту минуту заметил Нетэту, покинутую ко-варной подругой, и, подбежав к ней и схватив ее за руки, стал быстро и нежно говорить из Овидия:

– Когда раздается призыв приближающейся смерти – лебедь выплывает на чистую воду и начинает свою последнюю песнь, и скользит, удаляясь в чащу влажного трост-ника у мелей Менандра[51]... И мне звучит труба смерти, и я имею блаженство видеть тебя и говорить с тобою, не смея надеяться на то, чтобы тронуть твое сердце моими слезами, но не избегай меня – я завтра умираю.

Она не знала, что ему отвечать, а он начал благословлять богов, которые позволяют ему еще раз видеть ее, и благода-рил ее за то, что она согласилась простить ему его дерзкое оскорбление, за которое он умереть должен завтра. И, не давая ей опомниться и сказать что-либо в ответ, Деций про-должал говорить, как актер:

– О, если бы ты знала, как я теперь счастлив! Если бы ты знала, каким я блаженством считаю, что сгорю за мою лю-бовь, которая сжигала меня страшнее всякого другого огня.

– Мне противны эти безбожные речи! – не удержав-шись, сказала Нетэта и хотела освободить свои руки, но Де-ций Мунд отвечал ей, что хорошо говорить тому, у кого под ногами земля, а не страстное пламя, на котором он весь и сгорел от нестерпимой любви, и когда она ему отвечала, что ей это не нужно знать и она не хочет об этом слушать, и опять вырвалась, он ее не пускал и продолжал говорить ей одурманивающие слова.

– Что касается до моей завтрашней казни, то у меня есть к тебе просьба. Я ее не боюсь, и если бы ты захотела, чтобы я совсем не страдал, то стань так, чтобы я мог видеть тебя с моего костра, и при тебе я от этого не буду страдать, и не пожелаю сойти оттуда, все равно как если бы теперь меня провозгласили цезарем или дали на небе место между Кастором и Поллуксом[52], – я не принял бы ни трона, ни неба и не отошел бы на шаг от моей Нетэты.

Слово "моя" уязвило Нетэту, и она хотела его остано-вить, что-то ответить Децию или скорее бежать от него, но у ней уже не было для этого силы, и она его сожалела, а он это видел и продолжал говорить ей:

– Не сожалей обо мне!.. Это меня обижает! Знай, что я умираю счастливым, и ты для меня дороже, чем жизнь и чем всякие боги... Не

---

[51] Менандр (342 – 291 до н. э.) – комедиограф, утонувший во время купания в гавани о. Пирея.

[52] Кастор и Поллукс – в греко-римской мифологии герои-близнецы (Диоскуры), превращенные Зевсом за братскую любовь в созвездие Близнецов.

пугайся, дитя, – я в богов ведь не верю, и ноготь с мизинца Нетэты мне святей и дороже всего Олимпа. Что мне век целый было бы жить без тебя и то-миться!.. Неужели лучше тому, кто умрет за славу в сраже-нье, или утонет в соленой пучине, добывая торговлей богатство... Нет, кто знает толк в жизни, тот не скажет, что я безумен, а скажет: ему хорошо... отрадно ему умирать, его смерть отвечает цене им владевшего счастья... О, как я счас-тлив! Не хочу я быть цезарем, не хочу быть и Зевсом, только прости меня, Нетэта, ради Овидия, словом которого я мо-лился тебе, не смея надеяться тронуть твое сердце... а теперь повели, и я удалюся на мели Менандра.

Но Нетэта не имела твердости, которая была потребна, чтобы отослать Деция к мелям Менандра. На нее опять на-шли чудные сны, и она слышала, как он говорил ей шепо-том о каком-то кимвре, который взошел на костер с женою и сказал ей: "Наша песня кончается, улетают часы нашей жизни!.. Постараемся улыбаться друг другу, встречая смерть".

И Нетэте казалось, что она ничего не ответила, но она улыбнулась; и опять слушала, как повествует Овидий о со-жжении Тибулла[53], как к нему пришли с поцелуем Немезида и Делия, и Делия сказала ему: "В моей любви было твое счастье, и ты мог жить до той поры, пока я была твоим ог-нем".

Нетэта спросила:

– Что же сделала потом Делия? –Тибулл ее обнял, и она ушла...

– Ушла? – вскричала Нетэта и не говорила более, уста ее закрылись и память померкла.

Явь ей представилась только тогда, когда ее отлучила от Деция рука Поливии, а в это время был уже рассвет, и ей снова казалось, что вокруг нее все было будто нескромно, будто все позабыли стыдливость; будто Деций Мунд был то Анубис, то Пан, а она ему говорила: "Зачем ты спалил мою чистоту и все добро из души моей ты похитил?"

И Поливия будто шутила над нею и уговаривала ее ско-рей встать и уходить отсюда, чтобы тут не застал ее день, а между тем солнце уже бросало свои лучи из-за горизонта, и лицо Нетэты горело, и она хотела остаться там, где сидела, на дерновой скамье, когда подошла к ней Поливия, и она говорила Поливии:

– Я не знаю, зачем и куда мне идти!..

– Неужто же ты хочешь, чтоб тебя здесь увидели? – спросила Поливия.

А Нетэта ей отвечала:

– Мне все равно!

---

[53] Тибулл (в первой публикации ошибочно Катулл) – рим-ский поэт Альбий Тибулл (ок. 50 – 19 до н. э.); Делия и Неме-зида – имена возлюбленных поэта.

149

– Но для чего же ты будешь здесь оставаться?

– Я хочу быть ближе к тому, для кого я была дороже всех радостей жизни.

– Но ведь это будет твой явный позор!

– Мне больше не страшен позор мой... Не хочу я носить личину...

– А ты, значит, хочешь навести и на нас такое несчас-тье, какое навела на почтенного Хрема, и на бедную Иду, и на всех, кого ты изгубила, притворством своим закрывая свою развращенную душу?

Услыхав эти слова от Поливии, Нетэта быстро встала, потянула на себя свое покрывало и сказала Поливии:

– Замолчи и выведи меня за дверь!

И, когда она шла за Поливией к выходу, она слышала из столовой голоса не разошедшихся еще друзей Фурния и различала среди их голос Лелия-поэта, который говорил с сожалением:

– Бедняжка... хотела его исцелить, а теперь и сама исцеленья не хочет!

А философ Булаций зевнул и отвечал ему:

– Не все ли равно, что дает наслаждение? И сенатор Помпедий, смеясь, закончил:

– Теперь век Юпитера, а он, сам-то святейший, тоже ведь большой греховодник!..

И с этим все встали, и это испугало Нетэту, которая по-няла, что секрет ее всем известен, и она бросилась бежать в открытые ею двери.

XIII

Когда Нетэта вышла из дома Фурния, она поняла все, что с нею случилось, и знала, что ей после этого некуда воз-вращаться и не для чего было жить...

Она подошла к берегу Тибра, посмотрела вдаль, потом закрыла ладонью глаза и, пошатнувшись, упала... Плеск ве-сел плывшей близ берега лодки пробудил ее. Она встала с земли, оглянулась и, увидав яркое солнце, рванула свои во-лосы и бросилась от берега к тому скрытному месту, через которое вчера попала в пещеру...

Здесь она и скрылась, вероятно не имея никакого даль-нейшего плана. Всего вероятнее, она прежде хотела утопить себя в водах Тибра и сначала не нашла в себе силы это ис-полнить, а потом не хотела, чтобы ее видели с лодки, и скрылась в пустое место, о котором могла вспомнить и ко-торое было к ней близко. Куда она выйдет отсюда? Это ее не занимало в то время, когда она прибежала в пещеру и по-шла все дальше и дальше узким подземным коридором, пока ей стали слышаться шум и голоса с противоположной стороны.

Это ее опять испугало, и она стала и стояла впотьмах, держась руками за сырые стены и не двигаясь ни взад ни вперед.

Состояние ее было, вероятно, близко к помешательству рассудка или даже могло быть названо таким вполне, но как бы там ни было, оно помогло Нетэте очень скоро и чрезвы-чайно трагически пересечь нить своей жизни.

В то время как она, полумертвая от всех потрясений, ничего не знала и не хотела, до нее донесся запах гари, и ей вспомнилось, что теперь именно, может быть, казнят за нее жрецов и лампадчиц и всех, кто помогал Децию Мунду, и сожигают самого Деция Мунда, что ни во что ценил свою жизнь пред ценой ее ласки.

И Нетэта почувствовала, что она никак не может перенести это и остаться жить...

Нетэта побежала вперед по тому ходу, по которому вышла неожиданно вчера вечером на верх колоннады, где приготовляли костер, и вдруг увидела яркий свет солнца и на земле несметную толпу людей и полукружием расположенные кресты, на которых были пригвождены все жрецы Изиды: престарелый Хрем и Кадем, Баллас, Фунданий и Фуфиций, и прислужник храма Пеон, и Менекрат, возжигатель курений, и старая Ида, а вокруг ее лампадчицы Ацема и Дамо...

Они все терзались, но их стонов не было слышно за ре-вом толпы и треском костра, курево которого сокрывало то, что истребляло его пламя...

И в это пламя стремительно кинулась Нетэта и сгорела в нем вместе с своим оскорбителем, Децием Мундом.

Это видели все, и никто не мог ее вырвать и спасти, да и незачем было спасать ее, так как жизнь ее была сож-жена...

СТАРЫЕ ГОДЫ В СЕЛЕ ПЛОДОМАСОВЕ

Очерк первый
Боярин Никита Юрьевич

ГЛАВА ПЕРВАЯ

Бранка

Основание села Плодомасова покрыто мраком неизвестности, а название свое оно получило по имени бояр Плодомасовых, которые владели этим селом издревле и для которых господствующая надо всею окрестностью плодомасовская барская усадьба была гнездом, колыбелью и питомником.

Род дворян Плодомасовых – род очень старый. Имена Плодоадасовых встречаются в росписях служилых людей Ивана III и Ивана Грозного, при котором двое из Плодомасовых покончили свою служебную карьеру: один на колу, а другой на плахе.

Затем этот опальный, всеми позабытый дворянский род до царствования Петра Первого широко жил в своем родном гнезде – в селе Плодомасове. Это большое старое село лежало среди дремучих лесов, на берегу быстрого притока Волги – многоводной реки Турицы, в местности свежей, здоровой, богатой и лесами, и лугами, и водами, и всем тем, что восхитило очи творца, воззревшего на свое творение, и исторгло у него в похвалу себе: «это добро зело», – это прекрасно. Но, живучи во всем этом довольстве и прохладе, род Плодомасовых не размножился, и в эпоху царствования первого императора представителем всего рода бояр Плодомасовых оказался только один, холостой и безродный боярчук Никита Юрьич. Никита Юрьич с тех пор, с которых он был в состоянии себя помнить, помнил себя круглым сиротою и возрастал на руках мам и пестунов во всем барском своеволии тогдашнего времени – своеволии, которому, однако, уже полагался конец строгою рукою царствовавшего преобразователя. Никите Плодомасову было суждено быть свидетелем начала забастовки этих боярских самовольств и самому подпасть под одно из колес, на которых царь двигал в новую жизнь нерушимую збстарь России. В 1715 году приехали в село Плодомасово, в большой красной

152

сафьянной кибитке, какие-то комиссары и, не принимая никаких пóсул и подарков, взяли с собой в эту кибитку восемнадцатилетнего плодомасовского боярчука и увезли его далеко, к самому царю, в Питер; а царь послал его с другими молодыми людьми в чужие края, где Никита Плодомасов не столько учился, сколько мучился, и наконец, по возвращении в отечество, в 1720 году, пользуясь недосугами государя, откупился у его жадных вельмож на свободу и удрал опять в свое Плодомасово.

Здесь Никита Плодомасов повел себя так, как теперь ведут себя молодые турки, возвращающиеся домой из парижской французской коллегии: он старался вознаградить себя за все стеснения, претерпенные им в течение пяти лет от цивилизации и подневольной жизни. Он сел феодалом в своем старом, как каравай расплывшемся доме, реставрировал опять старые отцовские и дедовские порядки: завел соколиные и псовые охоты с крепостными псарями, сокольничными, стремянными и доезжачими, которые все вместе составляли одну разбойничью ватагу, не знавшую ни стыда, ни совести, ни удержа и не уважавшую никакого закона, кроме прихоти своего полудикого владыки.

С этой сволочью вновь возвратившийся цивилизованный боярин совершал похождения, невероятные до сказочности. Потравы и вытаптыванье соседних полей; произвольный сбор дани с купцов, проезжавших через мосты, устроенные в его владениях; ограбление ярмарочных обозов; умыканье и растление девиц – все это были только невинные шутки, которыми потешался боярин. Инстинкты его достигали размеров гораздо страшнейших: он ездил с своими охотниками как настоящий разбойничий атаман; брал ради потехи гумна и села; ходил в атаку на маленькие беззащитные города, брал в плен капитан-исправников и брил попов и дьяков. Но был положен предел и дебоширствам Плодомасова, и притом положен был этот предел самым неожиданным образом.

Кочуя с своею опричниною по далеким селам и поселкам, Никита Плодомасов осенью в 1748 году заехал случайно в село Закромы. Это удаленное от Плодомасовки село Закромы было даже не село, а просто деревушка дворов в двадцать. Она отстояла от имения Плодомасова с лишком на двести верст, и по причине этой отдаленности до сих пор скрывалась и от плодомасовского внимания и от его нападений; а принадлежали Закромы отставному петровскому потешному Андрею Байцурову.

Здесь, в скромном домике закромского помещика, Никита Плодомасов увидел пятнадцатилетнюю дочь Байцурова Марфу Андревну и, имея в то время уже пятьдесят один год от роду, страстно влюбился в этого ребенка и на второй же день своего посещения сделал ее родителям декларацию.

Об отказе или хотя бы о малейшей нерешительности в ответе со стороны этих бедных дворян Плодомасов и не помышлял. Было бы несправедливо сказать, что, по его мнению, он делал мелким сошкам Байцуровым слишком большую честь своим предложением: он – гораздо проще – вовсе и не думал о том, как могут быть приняты его желания. Он знал только одно, что желания его должны быть исполнены, и потому даже вовсе и не чинился в заявлении своих требований.

– Мне одинокая жизнь с подлыми женщинами уже наконец того и прискучила, – сказал он старикам Байцуровым, – и я в намерении себя от нее воздержать с вашею дочерью, которая мне видом и нравом весьма понравилась. Благословите ее мне, прошу?

Слова эти Плодомасов сказал Байцуровым в первый же день своего посещения, за ужином, за которым дочь их, о которой шло дело, не присутствовала.

Сколь было бесцеремонно это предложение, столь же бесцеремонен был и последовавший на него ответ.

Мать Байцуровой наотрез отказала Плодомасову. Плодомасов был столь удивлен этим отказом, что даже не нашелся как и рассердиться, а только сказал:

– Это почему?

– А потому, честной боярин, что, во-первых, ты для нас, мелких сошек, не пара; а во-вторых, ты моего мужа, а ее отца на пару лет будешь старше; а в-третьих, скажу тебе, что на место твоих подлых женщин, на те же пуховики, я свою дочь класть не намерена и чести девству ее в твоей любови нисколько не вижу.

– Я пух пущу по ветру и наволочки сожгу, – отвечал, понемногу входя в гнев, Плодомасов.

– Хоша и пух ветром пустишь, а где шелудивый конь валялся, там не след чистой негой наступать: лишай сядет. Извини, дорогой гость, и не прими за остуду, а от нашей крови тебе жены не будет, – заключила ему с поклоном, вставши из-за стола, Байцурова.

Этого Никита Юрьич снести не мог. «Будет! – вскричал он, – будет!» и через десять минут после высказанного ему отказа боярышня Байцурова, спеленутая, как ребенок, плодомасовскими людьми в охотничьи охобни и бурки, была увязана в тороки у самого крыльца родительского дома, а через другие десять минут она, в центре предводительствуемого Плодомасовым отряда, неслась во всю скачь в сторону незнакомую, неведомую и во всяком случае страшную.

ГЛАВА ВТОРАЯ

Погоня

Дворян Байцуровых и всю их дворовую прислугу на другой день крестьяне нашли крепко связанных чембурами и сворами и томившихся в самом печальном положении.

О погоне нечего было и думать. Положение Руслана, стремившегося отнять похищенную у него Людмилу, было не затруднительнее положения, в котором нашли себя развязанные крестьянами Байцуровы.

Старики Байцуровы приняли на свои несчастные груди эту семейную катастрофу неодинаково. И тяжкие обиды и жгучие слезы, стоны и разрывающая сердце скорбь по нежно любимой единственной дочери, которая теперь, в ее юном возрасте, как голубка бьется в развращенных объятиях алчного ворона, все это звало старика Байцурова к мщению; но у него, как у бедного дворянина, не было ни вьюгоподобных коней, ни всадников, способных стать грудь против груди с плодомасовскою ордою, ни блестящих бердышей и самопалов, какие мотались у тех за каждыми тороками, и, наконец, – у тех впереди было четырнадцать часов времени, четырнадцать часов, в течение которых добрые кони Плодомасова могли занести сокровище бедной четы, их нежную, их умную дочку, более чем за половину расстояния, отделяющего Закромы от Плодомасовки. Конечно, все худые закромские людишки, сбежавшиеся в хоромы по случаю боярского несчастия, были теперь в сборе; конечно, не за горами были стоявшие по дворам и задворкам и байцуровские понурые лошадки: Байцуров мог собрать и свою кавалерию и лететь с нею на выручку похищенного дитяти своего. Это даже и было первою мыслью старика, когда собравшиеся люди отпустили узлы связывавших его веревок; но куда же годны его пахотные лошаденки для погони за охотничьими аргамаками Плодомасова, на которых теперь мчат его дочь? Куда годны его смирные людишки для того, чтобы сражаться с буйною опричниной Плодомасова, которая будет стоять за барскую наложницу – за нее, за его маленькую дочку, что станет наложницей Плодомасова прежде, чем отец ее успеет проехать половину пути, отделяющего его деревушку от развратного гнезда похитителя? Страдания Байцурова, как себе можно представить, были ужасны: его дитя представлялось ему отсюда беззащитной в самой леденящей кровь обстановке: она трепеталась перед ним в тороках на крупе коня, простирая свои слабые ручонки к нему, к отцу своему, в котором ее детская головка видела всегда идеал всякой справедливости и мощи; он слышал ее стоны, подхватываемые и раздираемые в клочки буйным осенним ветром; он видел ее брошенную в позорную постель, и возле ее бледного, заплаканного личика сверкали в глаза старику седые, щетинистые брови багрового Плодомасова.

Под натиском этих ужасных представлений, ожесточавшихся от угнетающего сознания своего бессилия защитить дочь или отмстить за нее, петровский ветеран упал на пол и, лежа лицом на земле, обливал затоптанные крестьянскими лаптями доски своими обильными слезами. Несравненно более геройства, силы и находчивости в эти ужасные минуты явила его жена, Пелагея Дмитриевна Байцурова. Схоронив на дне души всю безмерную материнскую скорбь свою, она, минуты не теряя, велела заложить кибитку, одела мужа в его давно без употребления хранившуюся в кладовой полковую либерию, посадила его в повозку и отправила в город, где была высшая местная власть. Байцуроса отправила туда мужа для принесения той власти жалобы и требования у нее защиты. Но, посылая туда мужа, Байцурова, очевидно, не много рассчитывала на горячее участие и защиту со стороны этой власти и имела, конечно, для этого уважительные основания. Несмотря на всю строгость царствовавшего государя, в местах, удаленных от его недреманного ока, в оны времена, как и в дни гораздо позднейшие, на Руси во всю ширь царил безграничный русский произвол, мироволье и бессудство. Байцуроза это знала и, послав мужа в город, приняла и другие меры. Не успела скрыться за околицей кибитка ее мужа, как у ветхого крыльца домика стояла уже другая, запряженная парою кибитчонка, – в эту усаживалась сама госпожа с дородною мамою похищенной боярышни, пленною туркинею Вассой.

Кибитчонка, в которой отправлялись в путь эти женщины, выехав из околицы, взяла совсем в противоположную сторону от направления, принятого кибиткою Байцурова, и, колыхаясь по колеям топкой осенней грязи, потянула к селу Плодомасову.

ГЛАВА ТРЕТЬЯ

Девичий след

В осеннюю ростепель, при которой случилось похищение боярышни Байцуровой и при которой выехали в разные стороны отец и мать молодой пленницы, путь на тонущих по ступицу повозках совершался крайне медленно. Старику Байцурову по крайней мере нужно было трое суток, чтобы доехать до города, а жене его с сопровождавшей ее мамкой-туркиней столько же, чтобы добраться до Плодомасовки.

Между тем в селе Плодомасовке, перед вечером того самого дня, в

156

который из Закромов выехала оборонительная миссия, с вышек господского дома праздными холопами, ключником и дворецким на взгорье черных полей был усмотрен конный отряд их владыки.

В расположении этого отряда опытными и наблюдательными крепостными очами замечено было нечто странное. Буланый аргамак самого боярина, обыкновенно красовавшийся всегда впереди всех коней, нынче уступил свое место другим рядовым коням и шел сзади. Издали с плодомасовских вышек чуть видна была только одна сухая голова аргамака с блиставшим на ней серебряным налобником; его белая звезда из змеиных головок, обыкновенно издалека сверкавшая на перекрестке напоперстных ремней седла, была нынче закрыта выступавшею впереди боярина конною толпою. Не видно было и чеканенных пряжек на опущенном черным соболем малиновом бешмете боярина, потому что боярин лежал своей грудью на шее коня и глядел на что-то такое, что бережно везли перед ним его верные слуги.

Впереди приближавшейся группы ехали четыре всадника: два впереди и два сзади. Они ехали на таком друг от друга расстоянии, что двое едущие рядом могли без затруднения подать один другому руки, а головы двух задних лошадей совсем почти ложились на крупы передних.

Все эти четыре всадника бережно везли нечто такое, чего никак не могла издали рассмотреть и определить плодомасовка дворня, готовая во сретенье своего приближавшегося повелителя.

Но вот отряд подходит все ближе и ближе; наблюдающие его приближение домашние люди уже узнают в лицо каждого из четырех всадников, везущих впереди отряда странную ношу; видно, наконец, и грозно нахмуренное лицо самого боярина. Он понуро и мрачно глядит из-под надавленных тяжелою аксамитною шапкою бровей на эту бережно охраняемую ношу. Что бы это было такое? раненый тур, сохатый лось или гнездо робких серн, которых ретивым псарям боярина удалось взять живыми и которых живыми вздумалось и довезти домой боярской прихоти? Но зачем же в подходящем отряде эта нерушимая тишина, столь несвойственная возвращению Плодомасова с отъезжих полей? Зачем не слышно ни бубнов, ни песен; зачем не прыгают на сворах нетерпеливые псы; зачем не обскакивают отряд избранные гарцуны и не несется вихрем доезжачий Шибай возвещать дворецкому: какие яства и питья должны ждать на столе приближающегося владыку и кто именно, какая пара крепостных одалиск должна быть прислана с сеней держать сегодня кисти штофного одеяла повелителя?

Такого беспорядка еще никогда не было, и дворецкий, и орда холопей, и весь сонм покорных наложниц, безразличных в своих чувствах к господину и равнодушно ожидающих, чьи тайные красы мелькнут в его воображении и обозначат его сегодняшнюю прихоть, – все это недоумевает, наблюдая тихое возвращение Плодомасова. Недоумению этому нет меры, нет пределов и, кажется, не будет конца, потому что чем ближе подъезжают боярин и его сподвижники, чем более возможностей является рассмотреть их, – тем пуще сбиваются и путаются зарождающиеся соображения и выше и выше растет колоссальное недоумение!

ГЛАВА ЧЕТВЕРТАЯ

С вечера девушка

Но вот кому-то удалось рассмотреть, что четыре всадника, едущие впереди отряда, держат под укрюками седельных арчаков углы большого пестрого персидского ковра. Это тот самый ковер, назначением которого было покрывать в отъезжем поле большой боярский шатер. Теперь на этом ковре, подвешенном как люлька между четырьмя седлами, лежит что-то маленькое, обложенное белыми пуховыми подушками и укутанное ярко цветным шелковым архалуком боярина.

Яркие покровы, в которые закутана загадочная фигурка, были омочены падавшим целый день дождем и позволяли ясно определить, что под ними сокрыт не раненый богатырь, а не более как четырнадцати– или пятнадцатилетний ребенок.

Когда охотничий караван подошел к самому дому, все увидели, что на остановившем общее внимание ковре была привезена девушка.

Молодая, с мокрыми черными кудрями головка пленницы была открыта и утопала в смокшейся подушке; уста девицы были полуоткрыты; зубы крепко стиснуты, а веки глаз сомкнуты. Она казалась спящею; но в самом деле она была в долгом, непробудном обмороке. Такою-то была привезена своими похитителями в село Плодомасово закромская боярышня Марфа Андревна Байцурова.

Потеряв сознание в минуту своего неожиданного похищения из родительского дома, она не выходила из обморока во все время, пока конный отряд Плодомасова несся, изрывая железом копыт черную грязь непроезжих полей; она не пришла в себя во время короткой передышки, данной коням после сорокаверстной перескачки, и в этом видимом образе смерти достигла гнезда плодомасовского боярина. В этот дом ее привели роковые судьбы. Это все увидели сразу, когда незваной пришелице улыбнулся сам сумрачный, неприветливый день осенний. Чуть только стали у боярского крыльца дрожащие с устали ноги принесших ее коней, сквозь грязно-серые облака золотыми стрелами упал пук вечернего солнца и, как бы благословив прибытие боярышни, снова закрылся.

Это было сочтено предзнаменованием, и в этом найдено было много чудного и сверхъестественного. Серый день улыбнулся над домом беспутства и оргий, и спящая пленница входила в этот дом сонной царевной, которые, по народному поверью, всегда так беспятненно чисты и без сравнения прекрасны. На том же богатом ковре, на котором боярышня совершала свое путешествие, ее в торжественном безмолвии внесли в плодомасовский дом; положили на чистое ложе, поставленное среди просторного светлого покоя, и окружили это ложе спящей красавицы целым роем прислужниц, получивших строгий наказ беречь ее пробуждение и предупреждать ее желания.

С женщинами, окружавшими девственное ложе сонной боярышни, происходило нечто подобное тому, что, по апокрифическим сказаниям, происходило с языческими идолами при восходе звезды, возвестившей рождение Христа. Вое эти крепостные юницы почувствовали, что век их кончен, но в сердцах их не было ни зависти, ни злости к этой пришелице. Они только чувствовали, что народился некий болий их, с которым им уже нельзя и думать ни спорить, ни состязаться.

Они стояли и безмолвно ожидали, когда настанет час им быть убранным из этого смрадного капища, ожидающего каждения очищающих курений.

Сам Плодомасов, уложив боярышню, не оставался в ее комнате ни минуты. Выйдя из этой комнаты, он также не предался и оргиям, обыкновенно сопровождавшим его возвращение домой. Он одиноко сидел в своей опочивальне и нетерпеливо ждал пошептуху, за которою посланы были быстрые гонцы в далекое село. Эта чародейка должна была силою своих чар прекратить долгий, смерти подобный сон привезенной боярышни.

Но дело обошлось без шептухи. Прежде чем она успела явиться в хоромы призывавшего ее боярина, сенные девушки и вновь наряженные мамы, обстоявшие ложе спящей боярышни, стали замечать, что долгий сон боярышни начинает проходить.

О полуночи к сумрачному боярину была послана первая весточка, что по лицу у боярышни расстилается алый цвет, а по груди рассыпается белый пух и из косточки в косточку нежный мозжечок идет. Плодомасов встал, бросил вестнице на пол горсть серебряных денег и велел стеречь пленницу недреманным оком, пуще любимого глаза.

Перед ранней зарей пришла и вторая и третья весть, что боярышня открыла свои звездные очи рассыпчатые и, от тяжкого сна пробудившись, спросила: где она, у каких людей? и желает знать о своем отце с матерью. Плодомасов воспрянул; он ничего не велел отвечать боярышне и не пошел и сам в опочивальню красавицы.

Неведомый ему доселе страх удерживал его от святотатственного приближения к деве, взращенной и взлелеянной не под крышами его крепостной дворни. Он боялся, что одно появление его перед нею убьет ее, и отлагал миг этого появления. Он не пошел приветствовать свою пробудившуюся «бранку». Все время, пока сенные девушки и вновь наряженные мамы любовались девственною красотою боярышни Байцуровой и смотрели, как под ее тонкой кожею из косточки в косточку мозжечок переливается, боярин их весь день до вечера испытывал незнакомые ему муки. Ему хотелось от своей пленницы чего-то совсем не того, что он прямо брал от своих крепостных одалисок. Он видел в ней некоторое новое, незнакомое ему доселе счастие и боялся погубить это счастие: он боялся ее сопротивления, боялся своего гнева, который, восстав, не пощадит и ее. Он де пощадит ее, он изольет на нее свой гнев и бросит ее в подачку последнему псарю своему... А тогда?.. Тогда... тогда он запорет псаря, но... ее не воротит.

Нет он сам хотел глядеться в ее звездчатом взоре, орошенном слезами! Дело должно было идти о том, как сделать все это, чтобы взор ее обратился к нему? Время? ласки? выжидания? А если тем временем погоня? О, погоня! тогда, если только будет погоня... тогда Плодомасов решил, что ему делать! Тогда... он не пощадит никого – ни ее, ни себя; но ее уж не возьмут из его дома такою, какою она внесена в него.

Бог знает, сколько бы еще продолжались эти колебания Плодомасова и какой бы он нашел из них выход, если бы случайное обстоятельство не подвинуло его к разрешению всего этого хотя и в духе его обычных правил, но совершенно иначе, чем предполагал он.

ГЛАВА ПЯТАЯ

Бесноватому коню конопляное удило

В сумерки этого же самого дня, прежде чем старик Байцуров успел проехать половину своего пути к городу и жена его в сопровождении мамы-туркини такую же часть своей дороги к селу Плодомасова, в плодомасовские области прибыл земский пристав.

Пристав этот был некоторым образом свой человек в плодомасовском доме: за него когда-то была выдана замуж одна из наиболее любимых

160

крепостных фавориток боярина, которую Плодомасов хотел осчастливить этим благородным браком и с которою от времени до времени, наезжая в город, он, не стесняясь ее замужним положением, видался на прежних правах. Приезжая в плодомасовский дом, муж отставной боярской барыни служил боярину шутом и посмешищем: стоя на голове, он выпивал стопы вина и меду; ходил на кругах колесом; разбивал затылком орехи и плясал на столе казачка перед всей барской дворней.

В силу таких обстоятельств пристав считался в числе приближенных людей Плодомасова. Боярин не забывал семьи подьячего своими милостями; снабжал закромы его амбаришек зерном, наптлы – огородиной, а задворок живностью; крестил у его жены своих собственных детей и допускал его самого за подаянием пред свое лицезрение.

Зная такие отношения приезжего подьячего к боярину, холопство не замедлило доложить о нем Плодомасову и истолковать вырвавшееся при этом у боярина легкое рычание за знак согласия к тому, чтобы пристав был допущен.

Пристав был введен и поставлен пред барские очи.

– Чего тебе? – спросил, окинув гневным оком его фигуру, Плодомасов.

Выгинаясь, кланяясь и вытягиваясь, как придавленная палкой змея, подьячий подползал к боярину, не смея взвести голоса и поднять на него своих заплывших глаз.

– Чего тебе нужно? – воскликнул боярин мягче, глядя на это бестолковое выгибанье подьячего.

Подьячий продолжал ползти и снова не подавал ни гласа, ни послушания.

Сколь ни привык Плодомасов к рабскому пресмыкательству перед собою, но такое долгое и робкое ползанье уже и ему не нравилось: он чувствовал, что так долго безмолвствует человек тогда, когда ему страшно разомкнуть уста свои. Плодомасову вдруг вступило на мысль, что пресмыкающийся перед ним земский является к нему чьим-то послом с недобрыми вестями, и густые серо-бурые брови насупились и задвигались, сходясь одна с другою, как сходятся два сердитые и готовые броситься один на другого медведи.

– Говори, пес! – вскрикнул боярин.

Подьячий, вместо ответа, совсем лег на землю к ногам Плодомасова и, лежа ниц лицом, поднял к нему в руке сложенный лист бумаги.

Плодомасов – всегдашний враг бумаги, всего менее склонен был встречаться с нею сегодня. В этот день он и без того сумел уже на многое пересердиться, да и притом день этот по ощущениям, принесенным с собою боярину Плодомасову, в самом деле, совсем не похож на все прежние дни его жизни. Теперь ли ему насильно отрывать себя от этих

161

ощущений к бумаге! Но бумага эта тянется к нему с неотступною назойливостью. Несмотря на то, что он отталкивал ее и рукою и желтым каблуком узорного сапога, – она опять и тянется и трепещет. Плодомасов увидел, что ему от этой бумаги не отвязаться: он выдернул ее из рук раболепного пристава, нетерпеливо развернул, прочитал и остолбенел.

Бумага эта, в глазах Плодомасова, превосходила своею дерзостию все, что возможно на свете. В ней говорилось, что дошло до ведома самой императрицы, что помещик Никита Юрьев Плодомасов, живучи в своей отчине, селе Плодомасове, предается столь великим своеволиям и бесчинствам, что по собственному ее, императрицы, приказанию поручается губернатору дело это строго дознать, и буде вести, до слуха государыни дошедшие, окажутся справедливыми, то того Плодомасова, ни мало не медля, заарестовать и из имения его выслать, воспретив ему навсегда в отчинах своих всякое проживание.

Исполнение этого строгого и грозного императорского указа, невзирая на все самодержавство Елизаветы Петровны, было начато, как мы видим, покорным преподнесением этого самого указа самому виноватому Плодомасову на его милостивое воззрение и обсуждение.

Боярин Плодомасоз прочитал указ и воспрянул, как зверь. Вместо испуга и благопокорности воле монаршей, чего почти несомненно ожидал распростертый на полу подъячий, Плодомасов восстал во всей бездне дерзости своего безумия. Послав тысячи неистовейших проклятий, он свистнул людей и велел быть всем пред его лицо в сборе и наготове. К чему быть наготове? – про то едва ли знал и сам Плодомасов; но это было для него безразлично, потому что он в эти минуты был готов буквально на все грубое, дерзкое, на все гадкое для издевательства над явленным ему указом, призывавшим его к покорности и порядку. Он жаждал теперь только одного: оказать самое резкое сопротивление этому призыву.

Безразлично было, к чему именно готовиться и для буйной боярской опричнины, которая и сама любила барский разгул, да и не приучена была ни к каким рассуждениям. Людям этим было все равно: куда ни идти, где ни разбойничать, над кем ни издеваться. Они сызмальства отвыкли от всего доброго: они сами установили между собою обычай отрекаться отца и матери и бестрепетно могли видеть и поруганье отцовских седин, и издевательства над слезами матери, и бесчестие родных сестер. Любили ли или не любили они своего буйного боярина – это все равно, потому что они любили буйную жизнь, все возможности к которой открывались для них в раболепном служении буйной воле Плодомасова. Взросшие в его школе, в селе, удаленном не только от столиц, но и от всякого средоточия власти, они имели понятие о законной власти только чрез таких представителей этой власти, как ходивший перед ними колесом на кругах пристав, и потому, весьма естественно, не могли чувствовать ни малейшего авторитета этой власти.

Дело, цель для разрешения диких стремлений боярина указал стоявший перед ним коленопреклоненный подьячий.

— Отец! отец! — заголосил он боярину по выслушании его гневного приказа о сборе людей. — Не вели ты этого; не вели седлать коней и взнуздывать; вели холопам твоим с свайкой да с лыком сесть по конникам да смирные лапти плесть, а то гордотой пущий гнев на себя оборотишь.

Плодомасов вскипел; схватил лежащий на столе указ, быстро разорвал эту бумагу на мелкие кусочки, бросил их на пол и, наступив на них ногою, проговорил:

— Вот я куда ее указы кладу! Она не правого ложа.

Подьячий упал на локоть на пол и в ужасе выпятился крюком, точно в несутерпной судорге.

— Умилосердись! не слышу! ничего не слышу! — вопил коленопреклоненный представитель власти, то закрывая руками уши, то молитвенно простирая эти руки к полам пестрого архалука бушующего боярина. — Выслушай, милостивец, — я еще не все сказал тебе. На тебя и еще невзгода идет, — от дел твоих. Встретил я Байцурова, едет на тебя с жалобой, что ты у него его дочку отъемом увез. Отпусти ее, боярин, — если она уж и неправильная, отпусти, — свои люди не доказчики, только скорее ее из дома вон, а то не сейчас, то на утрие, гляди, беды за нее вытерпишь.

Этого было довольно Плодомасову. Кто? мелкая сошка Байцуров, не принявший чести, которая была ему сделана предложением брака его дочери, приносит на него жалобу, и по этой жалобе могут с него, Плодомасова, что-нибудь взыскивать? Нет, этого уж нельзя снесть Плодомасову!

«Он не хотел, чтобы она была моей женою, — промелькнуло в уме Плодомасова, — так я же ее в другой чин сделаю. Чем, да и вправду, она лучше моих девок, что я так смотрю на нее? Когда уж и этот подьячий не сомневается, что она, побывши в моем доме, теперь неправильная, а я отпущу ее так! а я дам посмеяться надо мною!»

В душе Плодомасова произошел совершенный поворот; тех нежных и застенчивых чувств, которыми она недавно была полна к юной пленнице, теперь в ней не оставалось и слабого следа.

— Быть с нею всему тому, что и допреж ее было со всеми непокорными, — решил боярин. — Будет она моею, и не забуду я моею подачкою и верных слуг моих: останется и Ваське, и Тараске, и всей челяди. Иди за мной и смотри, что я с ней за эти слова твои сделаю! — рявкнул боярин приставу и потащил его, еле дышащего, вслед за собою в верхний этаж, где в той же опочивальне молодая боярышня, кругленькая и белая как свежая репочка, седела посреди широкой постели и плакала, трогая горем своим и старых мам и нянь и стоящих вокруг нее молодых сенных девушек.

Боярин тек как тяжелая грозовая туча, подхваченная неукротимой бурей. Подойдя к дверям опочивальни своей пленницы, он не коснулся рукою замочной меди и не крикнул, чтобы дверь была отперта ему изнутри, но прямо сшиб ее с петель одним ударом сапога и предстал изумленным взорам боярышни и ее свиты.

ГЛАВА ШЕСТАЯ

К полуночи молодушка

Когда случилось внезапное появление Плодомасова у дверей молодой бранки Байцуровой, на дворе, по причине короткого осеннего дня, стояла уже густая, непроницаемая тьма; моросил мелкий, частый дождик, и тихий, но упругий ветер уныло выл и шумел за выходящими в сад окнами боярышниной опочивальни.

Боярышня, как сказано, сидела и плакала, плакали и все ее окружающие. У всех на лице было одно ее горе, и появления Плодомасова сюда в эту минуту не ожидал никто, а сама боярышня всех менее. В тоске об отце и о матери, которых нежно любила, она вовсе не имела и времени размышлять ни о своей судьбе, ни о своем похитителе. Она вовсе не думала о нем и решительно окаменела при его появлении. Увидев перед собою Плодомасова, боярышня Марфинька даже не потянула одеяла, чтобы закрыть свои плечи, сверкнувшие перед распаленными гневом глазами боярина.

– Ну, дорогая боярышня, как спала-почивала и что во сне видела? – спросил ее Плодомасов, садясь насупротив постели на тяжелое кресло, за которым, раболепно притаясь, стал земский пристав.

– Спала, боярин, в твоем терему сладко, и за тот сон тебя благодарствую; а видела во сне моего отца с матерью, и надеюсь, что ты меня не задержишь неволей и отпустишь к ним, – смело отвечала боярышня.

– Ну, уж на это, соколка моя, лучше не надейся. Не на то ты увезена, чтобы тебе опять под отцовский потолок идти.

Девушка посмотрела в глаза боярину своими детскими глазами и спросила:

– На что же я, боярин, увезена?

– На что?

Плодомасова неожиданно смутил этот наивный вопрос. Он хотел ответить ей что-то немилосердное и бесстыдное, но, глядя в ее детское личико, застыдился этого своего намерения.

А в эту минуту девушка тихо скользнула с постели и, перебежав босыми ногами расстояние, отделявшее кресло боярина от ее кровати, со слезами бросилась в ноги Плодомасову и, рыдая, проговорила:

– Боярин! умилосердись надо мной! Немилостивых ад ждет! Отпусти меня к батюшке с матушкой, – я в монастырь пойду и стану за тебя богу молить.

Плодомасов решительно не знал, как ему приступить к приведению в исполнение своих угроз. Он мялся и пыхтел, глядя в плачущие очи ребенка, и не отнимал у девушки своих больших красных рук, которые та в отчаянии сжимала в своих ручонках.

– Я, – заговорил, он наконец, – хотел было тебя сделать своей честною женою…

– Нет! нет! – отвечала, быстро вспрыгнув и отскочив от него к своей кровати, боярышня. – Нет, я не хочу быть твоею женою: ты отпусти меня к батюшке.

– Стой! – гневливо остановил ее Плодомасов.

– Люди добрые, заступитесь за меня! – отчаянно вскрикнула боярышня, кидаясь в толпу сердобольных нянь, мам и сенных девушек, так недавно ливших о ней горячие слезы и оказывавших ей столько искреннего участия.

Но теперь боярышня не узнала ни одного лица в этой толпе: так изменило их присутствие боярина.

Няни, мамы и сенные девушки расступились, как только боярышня вскочила в среду их, и снова скучились сзади ее, оставляя пленницу впереди себя, лицом к лицу с Никитою Плодомасовым.

Боярышня, выданная таким маневром головою, оглянулась на робкую челядь и в одно мгновение словно переродилась.

– Дай мне, раба, мой шугаик! – произнесла она твердым и решительным голосом, заметив свое непозволительное дезабилье.

Десятки рук в мгновение ока поспешили исполнить ее требование.

Плодомасов ничему этому не прекословил.

Боярышня теперь стояла перед ним совсем одетая, во всем том наряде, в котором она пленила его в своем родительском доме. Слезы, недавно обильно лившиеся по ее лицу, теперь высохли, и грустные, сухие глаза ее смотрели с выражением того бестрепетного спокойствия, вид которого так напереносен самоуправцам, потому что он в одно и то же время и смущает и бесит их.

– Так знаешь ли ты, умная боярышня, что я с тобою сделаю? – вскричал Плодомасов.

— А что бы ты со мною ни сделал, на всем том, пока я в твоих руках, твоя воля; но женою твоей я быть не хочу.

— Что? — вскрикнул, побагровев, Плодомасов.

— Гнева твоего не пугаюся, — отвечала боярышня. — Что ты больше гневлив и страшен, то мне радостней: убить велишь — всего лучше будет.

— Так не женой и не боярышней, а вот такою ж, как эти, ты будешь! — вскричал Плодомасов, указав рукою на своих сенных девушек, и неистово захлопал в ладоши.

На этот призыв, как сказочный лист перед травою, предстал перед Плодомасовым старый дворецкий и, водя в ужасе вокруг глазами, произносил одно ни к чему, по-видимому, не идущее слово: «драгуны!»

— Что за драгуны? где эти драгуны?

— Здесь, боярин, драгуны, — отвечал старик, указывая на дверь, которая в это время отворилась, и в комнату, бренча своей сбруей, вошел тяжелой поступью драгун в невиданной здесь никем до сих пор тяжелой, медью кованной каске с черным конским хвостом на гребне.

Он привез боярину строгий губернаторский приказ не сделать никакого зла похищенной им боярышне Байцуровой и беречь ее паче своего ока, а наипаче не сметь дерзать и мыслию на ней жениться.

Это не только было написано в бумаге, которую драгун вручил Плодомасову, но все это было во всеуслышание сказано ему драгуном и на словах, и слова эти слышали и его челядь и земский пристав, в глазах которого Плодомасов обличал столько дерзкого непослушания указу, писанному именем царицы, и, наконец, в глазах самой боярышни, за которою вдруг является такая горячая защита.

Плодомасов взглянул на спокойное лицо девушки, из-за которой загорелся весь этот сыр-бор, и почувствовал, что все это дело совсем какой-то вздор, из-за которого нимало не стоило ничего подобного поднимать и затевать борьбу, в которой вдруг ему стало слышаться что-то роковое.

Плодомасов еще раз взглянул на Байцурову, и она ему в эту минуту даже не понравилась. Так, девочка-снегурочка, грибок сыроежка, вздор перед этими белогрудыми лебедками, которых он всех непосредственный султан, минутный муж и повелитель. Стоило ли все это сотой доли его боярского беспокойства, когда все дело это взять в ком, смести да за двор везти… и дом боярский будет так же полон, и постеля боярская так же согрета? Но этот торчащий здесь драгун; этот земский ярыжка и вся эта сволочь, при которой производится его обуздывание, тогда как никто не должен был знать, что и на него есть узда, — вот что напереносно; вот с чем нельзя примиряться Плодомасову! Холопья душа самоуправца чувствует, что она не сможет снести холопьей насмешки. Ему все равно, сложит ли эта насмешка чьи-нибудь уста в улыбку или сомкнет их

166

раболепным молчанием: он не только в улыбке, не только в молчании, но даже в стонах, которыми он может заставить стонать и молчание и улыбку, – во всем он будет слышать насмешку над его бессилием перед этим драгуном, перед какими-то угрозами, перед кем-то старшим, кто отныне займет главенство в подвластных ему умах.

Плодомасов все это сообразил в одно мгновение; в другое – решил, что он во что бы то ни стало не должен допустить этого главенства и для этого превзойдет дерзостью все, что до сих пор когда-нибудь делывал; а в третье он встал, хлопнул в ладоши и молча указал вбежавшим слугам на драгуна.

Тот, наблюдая боярина, понял его жест и, выхватив палаш, бросился в угол покоя; но жест боярина еще быстрее был понят его челядью, и драгун не успел размахнуться ни одного раза вооруженною рукою, как уже лежал на полу, сдавленный крепкими, железными руками чуть не по всем суставам. Грозный конский хвост на голове драгуна, за минуту перед сим столь угрожающий и останавливающий на себе всеобщее внимание, теперь ничего не значил.

– Веревку! – скомандовал боярин, обратясь к одному личарде.

– Попа и дьяков! – повелел он другому.

– Затрави петлю и опусти через крюк в потолке, – приказал он рабу, принесшему свежую пеньковую веревку.

Петля была затравлена из вытрепанного конца веревки и спущена через крюк, на котором держался полог боярышниной постели.

В комнату, трепеща и спотыкаясь, предстали вывихнутые через порог в спину поп и дьяки.

– Становись перед образом, – скомандовал попу боярин.

– Батюшка, помилосердуй! – молился боярину трепещущий и плачущий священник.

Боярин свистнул.

Два гайдука схватили дрожащего попа и всунули его в принесенную ризу, а третий намыливал перед его глазами куском мыла веревочную петлю.

– Начинай! – сказал Плодомаоов замирающему священнику, когда облачившие его гайдуки поставили его перед образом.

– Что прикажешь, отец? – едва пролепетал почти потерявший со страху всякое сознание священник.

– Венчанье, – ответил Плодомасов.

Все так и остолбенели.

– Пой! – бешено крякнул боярин.

– Кому? – едва мог обронить, глядя на намыленную петлю, священник.

– Мне, – отвечал Плодомасов и, сорвав за руку с места боярышню Марфу Андревну, стал с нею за поповскою ризою.

Плачущий поп и плачущие дьяки пели венчанье плачущей боярышне,

167

которую со связанными сзади локоточками и завязанным ртом держали на руках плачущие девушки; но сам боярин, ко всеобщему удивлению, молился искренно, тихо и с умилением.

— Теперь же, поп, я тебя пожалею, — сказал Плодомасов по окончании обряда. — Я тебя от беды уберег и тебе обыскных припас. Давай книгу! Вот государынин драгун да этот другой воеводский посол (он указал на пристава) — они чужие люди, и распишутся, что боярышня со мной радостью и охотою повенчалась.

— Царский драгун, чай, неграмотен, а воеводский посол хитер в письменности, давайте ему, он за обоих распишется., — продолжал отдавать приказание Плодомасов.

— А чтобы его лучше охота брала подписываться, накиньте ему, пока последнее слово выведет, мыльный тсил на шею, — заключил боярин, заметив нерешимость и дрожание пристава.

Чиновнику надели петлю на шею, а в руки дали лебяжье перо, и он написал в обыскной книге все, что требовал Плодомасов.

— Ну, вот так хорошо, — сказал боярин и приказал подьячему написать в конце бумаги, привезенной драгуном: «мужа с женой никакая власть не разлучает».

Чуть только эта подпись подоспела, боярин выхватил лист из-под руки пристава и бросил в глаза драгуну бумагу, в которой Плодомасову повелевалось: «наипаче не сметь дерзать и мыслию жениться на боярышне Байцуровой».

Но, оправясь с указами власти и с ее посланными, Плодомасову оставалось оправиться с живою силою молодой жены. Это оказалось всего труднее… Силком связанную боярышню обвенчали; но чуть ей после венчания распустили белые локотки ее, она легкою векшею прыгнула на окно и крякнула:

— Шаг ко мне шагнешь — за окном на земле буду! Не послушаешь, так вели зараз твоему попу мне отходную честь!

Боярин и слуги окаменели.

— Выйди вон! — сказала боярышня, не сходя с окна. — Выйди вон, а не то я сейчас за окно брошусь!

Боярин махнул рукой людям и сам вслед им стал выходить спиной к двери.

Марфа Андревна стояла по-прежнему на краю раскрытого окна.

— А долго же ты так простоишь? — спросил ее Плодомасов на пороге.

— А пока горюч камень треснет, либо пока сама захочу.

Плодомасову легло по сердцу дать ей волю и послушаться.

Он ушел, а она простояла так до рассветной поры.

ГЛАВА СЕДЬМАЯ

Ко белу свету хозяюшка

Поздний осенний рассвет застал село Плодомасово, или собственно плодомасовскую господскую усадьбу, в таком положении, в каком мест этих еще не освещало ни одно утро. Помещичий дом был буквально обложен войсками.

Репутация, которую приобрел себе Никита. Плодомасов, не позволяла шутить, когда дело шло о том, чтобы ограничить своеволие этого дебошира и отнять у него его добычу. Губернатор сам побеспокоился сделать визит Плодомасову и собрал себе свиту, которая дала ему возможность рассчитывать, что он не будет сконфужен и выйдет из плодомасовского дома не вперед пятками и не вниз головой.

Драгун было целых три отряда. Один из этих отрядов обложил усадьбу со стороны леса и отнял у всех находящихся в доме всякую возможность побега; другой, став частию между домом и деревней, а частию вдоль берега Турицы, делал невозможною всякую надежду на какое-нибудь подкрепление или защиту; а третий, имевший в голове своей губернатора, офицера, оскорбленного Байцурова и драгуна, несколько часов назад бывшего свидетелем насильственного венчания боярышни с Плодомасовым, прямо подвигался на его разбойничий дом.

Но можно ли назвать разбойничьим домом такой дом, где теперь так мало отваги, как в доме плодомасовском? Да, именно потому-то и идет этому дому это название, что в виду приближающейся силы в размерах, не допускающих сопротивления, дом плодомасовский ни в одной душе не являл никакой искры отваги, ни малейшего знака спокойных усилий перенести с достоинством долю побежденного.

Напротив! все недавно здесь бушевавшее рабство присмирело и замолкло при виде сил, о которых рабы вовсе не имели никаких понятий, а боярин хоть и имел, да позабыл давно.

У всех обитателей плодомасовского дома, у которых еще кое-как работали головы, в головах этих вертелась только одна разбойничья мысль: как спасти себя и выдать боярина?

Плодомасов не призывал никого к оружию и обороне. Он не сделал этого, во-первых, потому, что он читал предательство и измену себе на всех лицах, которые перед собою видел. На всех? Нет, было одно лицо, на котором он не видал ни зла, ни предательства: это было лицо его молодой жены, виновницы всей этой истории.

Пятнадцатилетняя боярыня Плодомасова не обличала ни страха, ни трепета, ни волнения, ни злорадства. Она стояла на окне только с одним, чувством: она с чувством бесконечной любви глядела на отца, быстро несшегося к ней впереди отряда. Окружающих боярышню женщин бил лихорадочный трепет, они протягивали свои робкие руки к не оставлявшей своего места боярышне и робко шептали: «Спаси нас! спаси — мы ни в чем не повинны».

Плодомасов слышал эти моления и сам готов был молить ее защитить его, много повинного, и мнилось ему... мнилось ему, что она его защитит.

ГЛАВА ВОСЬМАЯ

Необъяснимые явления увеличивают страх

Находясь под влиянием таких чувств смятенья и страха, столпившиеся в боярышниной комнате жилицы плодомасовского дома были еще более испуганы новым, непонятным явлением, потрясшим их последние силы. Они вдруг заметили посреди себя незнакомые, никогда никем не виданные и неизвестно откуда пришедшие лица. Это были две какие-то удивительные женщины. Как они пришли и откуда взялись, это для всех было задачей.

Но вот в чьей-то испуганной голове мелькнуло, что это вовсе и не женщины, а сверхъестественные мстители и предвестницы смерти, выступившие из стен обреченного на гибель дома. И в самом деле, вид их и странен и страшен: одна в шушуне, бледна как мертвец, а очи как угли. Это тигрица, у которой отняли ребенка. А другая... что за лицо и что за одежда! Лицо эфиопа, два длинные зуба блестят в темной пасти раскрытого рта; седые космы падают с головы густыми прядями; сухая темная грудь открыта от шеи до пояса, и юбка зашароварена в широкие пестрые порты, а в руках... в руках и у той и у другой по ножу.

– Это они! это темные духи!

Высказанная кем-то в ужасе во всеуслышание мысль эта была электрическим толчком; суеверный страх обуял всех, и все ожидавшие здесь развязки своей грозной судьбы грохнулись на пол. Сам Плодомасов в ужасе отвернулся к стене и закрыл лицо руками.

Не сробела одна юная боярыня Плодомасова; она бросилась в объятия этих женщин и, упав на грудь одной из них, залила ее своими неудержимыми теперь слезами. Плодомасов робко взвел взоры и увидал странную группу: две неведомые гостьи обнимали жену его и пятились с нею задом к дверям, держа над ее грудью блестящие ножи. Это было непостижимо.

Плодомасов снова закрыл глаза и не видал, как ножи были спрятаны, и лица, составлявшие оригинальную группу, обнимали друг друга и тихо шептались.

Читателю, конечно, нет нужды разделять общий плодомасовский ужас по поводу явления этих таинственных посетительниц плодомасовского дома. Читателю нетрудно будет отгадать, что эти две женщины, так вовремя и так эффектно взошедшие, были мать молодой боярыни и ее няня-туркиня, выехавшие на своих клячах в погоню вслед за боярышней.

Они прибыли в Плодомасово с твердым намерением проникнуть к пленнице в окна или в двери и избавить ее смертью от срама. Судя по решительности, с какою они входили, это им не могло не удаться, потому что не жалеющим себя за дело – дело само себя подсказывает. Но вышло так, что они и никаких затруднений не встретили; они просто, пользуясь общей сумятицей в доме, свободно вошли и свободно прошли длинный ряд пустых покоев и предстали здесь привидениями в ту самую минуту, когда губернатор и Байцуров отворили дверь оставленного без всякой защиты крыльца плодомасовского дома.

Новые гости также прошли все покои и вошли в опочивальню боярышни. При виде открывшейся им картины они были поражены полным удивлением: сановник, ожидавший со стороны Плодомасова сопротивления и упорства, недоумевал, видя, что дерзкий насильник дрожит и все его личарды лежат распростертые ниц на земле. Оскорбленный отец ожидал услыхать вопли и стенания своей одинокой дочери и также недоумевал, видя ее покоющейся своею головкою на теплой материнской груди.

Но позднее смирение Плодомасова не могло быть ему оправданием. Против него было свидетельство драгуна о совершенном назад тому несколько времени насильственном браке с боярышней Байцуровой; против него спешили стать и другие люди – и те, чьи свидетельства могли иметь вес и значение, и те, чьи показания не могли иметь ни значения, ни веса.

– Участь, вас ожидающая теперь, печальна, но неизбежна, – сказал губернатор растерявшемуся Плодомасову.

В коридоре за дверью звякнули неосторожно опущенные кем-то из рук кандалы.

Плодомасов закрыл лицо руками, зарыдал и, упав на колени, просил одной милости – проститься с женою.

Он видел, что его никто не жалеет, никто не любит, и сердце влекло его к этому полуребенку, долю которого он так жестоко разбил и исковеркал, посмеявшись над ее чувствами и ее свободой.

Ему показалось, что она, и одна она, простит его, и он не ошибся. Ее одно имя пришло ему на память, когда позвякивающие за дверью цепи заставляли просить и молить о продлении последней минуты свободы, и к дикому вепрю сходила благодать утешения, что у него есть жена, есть чистое существо, во имя которой он может просить себе снисхождения.

– Жена? У вас нет жены, – отвечал Плодомасову губернатор. – Вы, государь мой, по злообычаю забыли, вероятно, что вы от этой девицы не снисхождения можете ожидать, а сугубого гнева на вас. Благородная девица сия, конечно, присоединит свой голос к тем свидетельствам, которые против вас сделаны, и это будет ваше последнее с нею свидание. Прошу вас, государыня моя, сказать, точно ли вы с сим господином обвенчаны, как все о том свидетельствуют, насильно?

– Венчана я с ним точно, – отвечала Марфа Андревна и остановилась.

Губернатор просил ее продолжать.

Марфа Андревна с горькою жалостью взглянула на униженного Плодомасова и отвечала:

– Да, я точно с ним венчана, но я не венчана насильно.

– Как не насильно? – вскрикнул удивленный губернатор.

– Как, сердечная дочка моя! Неужто с твоего то все было согласия? – воскликнул, заломив руки, Байцуров.

Присутствующая толпа стояла, пораженная неразрешимым для нее недоумением; одна мать Байцуровой прочитала разгадку всего этого в сокровенных тайниках дочернего сердца. Она сжала дочернину руку и шепнула:

– Дело, дочь, дело!

– Пусть за меня никому зла не будет! – отвечала матери на ухо дочь, хороня на плече ее свое личико.

– Скажите же, милостивая государыня, как все такое происходить могло в столь непонятной истории. У нас есть доказательства совершенно противные… Вы говорите в испуге… вы ободритесь.

Марфа Андревна приподняла голову с материнского плеча и ответила:

– До всего, что вы о ком знаете, в том мое дело сторона; а что ко мне касается, то муж мой в том прав, и я на него не в по́слухах.

Удивление губернатора возросло до того, что он развел руки и при всех сознался, что ничего не понимает.

Старуха Байцурова вступилась в его спасение и, выступив вперед, сказала:

– Девичьей душе не надо дивиться, ваше превосходительство. Девушка с печи падает, пока до земли долетит, сорок дум передумает, и в том дива нет; была с вечера девушкой, ко полуночи молодушкой, ко белу свету хозяюшкой, а хозяйке не честь быть ни в по́слухах, ни в доказчицах. – Старуха тихо выдвинула дочь за руку вперед себя и добавила: – Хозяйкино дело теперь весть дорогих гостей за стол да потчевать.

Марфа Андревна поклонилась губернатору и сказала:

– Прошу милости к нашему хлебу-соли.

Губернатор еще недоумевал и глазами хлопал.

– Ваше превосходительство, – опять выступила и ему одному вслух заговорила Байцурова, у нас что с трубами свадьба, что и без труб свадьба: дело попом петое, и жена мужу нерушимый кус. Не наша воля на то была, а ее да божья, что видим теперь ее здесь властной госпожой, а не невольною бранкою. Здесь холопы не доказчики, а жены нашего рода на мужей не послухи. Она все дело решила, и она, ваше превосходительство, ждет, что вы под руку ее к столу сведете.

Губернатор шаркнул, подал Марфе Андревне локоть и повел ее вниз в парадные покои.

Комната, служившая местом всех этих событий, все опустевала, и, наконец, посреди ее остался один Плодомасов. Он смутно понимал, что недавняя великая беда для него минула; понимал, что все это сделала его ребенок-жена, но он также чувствовал и сознавал, что с этой бедою навсегда минула здесь и власть его. Бранка победила своего пленителя, и над всем, что только Плодомасов имел в своих владениях, он видел ее твердый благостный дух.

Он чувствовал, что здесь отныне будет выше всего она, а не он, и весь дикий мятеж его диких страстей покорен.

Да, власть его восхищена. Вот он, стоя здесь один, всеми позабытый и брошенный, слышит, как в тех его дальних парадных покоях раздаются гостиные голоса; вон эти домочадцы, еще так недавно поднявшие холопьи носы перед ним, снова смирились, и снуют, и раболепно покорствуют вновь единодержавно воцарившейся в доме новой воле, и он сам, Плодомасов, он сам, большой могол, султан и властитель всего здесь сущего, он разрешен от власти и… он рад тому: он тихо крестится и шепчет: «Боже: устроевый тако, – слава тебе!»

Плодомасов смятен, как застенчивое дитя, и не знает только одного: как ему теперь сняться отсюдова с места, на котором стоит, куда идти и как показать свои очи в своем новом положении?

Но новые воеводы его дома кругом смотрят и все видят.

Старуха Байцурова проводила в почетное место губернатора и драгуна и заставила своего мужа занимать их и чествовать, а сама вернулась к Плодомасову и, взявши его руку, сказала:

– Ну что ж? разумеешь ли ныне, хитрый вор, какую ты себе беду украл?

– Матушка-свекровь, сверх ума благодарствую, – отвечал Плодомасов, повалившись ей в ноги.

– Не для тебя то, однако, все сделано, а и для своей души. У нас род такой, что мы до суда и до свар наповадливы, а я ты постыдись, что в храбром-то уборе да лежишь у бабьих ног без храбрости… Встань! встань!

– добавила она ласковей. – Умыкнутая жена, что и рукой выданная, – назад нечего взять; но помня, что не пара ты ей и что старый муж да нравливый молодой жене на руку колодой падает.

– Сударыня-свекрозь, оставь беспокоиться! пусть она во всем госпожой здесь будет…

– Да, но гляди, зять, чтобы холопьи сусальные глаза моей дочери слез не видали; а теперь сделаем промеж нас родное согласие и пойдем к гостям честь-честью.

Байцурова поцеловалась с Плодомасовым и, взяв его под руку, пошла с ним в гостиную, где Плодомасова ожидала его молодая жена и его незваные гости. Никите Юрьичу Плодомасову не оставалось ничего более, как отпировать со всеми этими гостями свою свадьбу, и он отпировал ее, а потом отпустил каждого гостя домой с дорогими подарками.

Очерк второй
Боярыня Марфа Андревна

ГЛАВА ПЕРВАЯ

Хрустальная вдова

После свадьбы Марфы Андравны протекло полтора десятка лет. В эти годы отошел мирно и тихо к отцам старик Байцуров; к концу пятнадцатого года плодомасовского брака у Марфы Андревны родился сын Алексей, которым порадовался укрощенный боярин Никита и старушка Байцурова, и вслед за тем сами они обои, и зять и свекровь, в один и тот же год тоже переселились в вечность.

Не стало у Марфы Андревны ни отца, ни матери, ни мужа, она осталась на свете молодою тридцатилетнею вдовою с ослепительной красотою, богатым состоянием, заключавшимся в трех тысячах душ, и с единственным однолетним сыном.

Как было жить этой молодой вдове, насильно повенчанной пятнадцать лет тому назад с нелюбимым старым мужем, который, по выражению ее матери, должен был ей колодою падать на руку?

Прошлое Марфы Андревны не давало никаких основательных данных для предсказаний, как она проведет свою остальную жизнь? Марфа

Андренна принадлежала к идеалу женщин мудреца Сократа: она жила так, что о ней не находили ничего рассказывать.

С тех пор, как мы оставили бранку женою боярина Никиты, до того дня, когда мы встречаем ее вдовою, в течение целых пятнадцати лет, Марфа Андревна правила домом и властвовала надо всем имением и над своим старым мужем, и никого этой властью не озлобила, никому ею не надокучила. Она не забирала власть, а власть самой ей давалась – власть шла к ней, как к «имущей власть».

Муж ее со дня женитьбы своей не выезжал из усадьбы, – он оделся в грубую свиту, опоясался ремнем, много молился и сокрушенно плакал. Жена ему была утешением: при ней его меньше терзал страх смерти и страх того, что ждет нас после смерти. Марфа Андревна защищала его от гроз воображения, как защищала от гроз природы, при которых старый боярин падал седою головою в колени юной жены и стонал: «Защити, защити меня, праведница! При тебе меня божий гнев не ударит».

Для всех посторонних и для своих челядинцев Плодомасов как бы исчез и не существовал. Пятнадцать лет он ни на минуту не забывал, что жена его была его спасительницей, и жил в благоговейном почтении к ее благородному характеру. Он во всем слушал ее и ее мать, сделавшуюся после жены его первым другом и советником.

На пятнадцатом году брака Марфа Андревна совершила счастие мужа, по котором втайне крайне томилась душа старика, но уста и в молитве счастия того просить не дерзали: Марфа Андревна восстановила угасавший с ее мужем род Плодомасовых, она дала мужу сына.

Этим мера счастия Никиты Плодомасова была преисполнена, и остепененный буян, тихо отходя христианином в вечную жизнь, еще раз благословил Марфу Андревну за последний поцелуй, которым она приняла его последнее дыхание.

Но что же будет теперь? Запоет ли молодая боярыня, пригорюнившись: «Скучно, матушка, весною жить одной»? Нахлынут ли к ней, прослышав про ее вдовство, молодые бояре и князья, и положит ли она на чью-нибудь молодую грудь свое белое лицо, или запрядет Пенелопину пряжу и станет исканьями женихов забавляться да тешиться?

Нет; не судьба нам и на этот раз увидать молодую боярыню в обличениях сердечных ее слабостей. Идут опять длинные годы; прошло снова опять целых пятнадцать лет, а про вдову Марфу Андревну и слухов нет и на славу ее и тень не легла; живет она с сыном своим хрустальною вдовицею, вся насквозь хрусталем светясь.

Упрекали ее, что она, дома сидя, раньше века состареется, но она, слыша порой те упреки, отвечала, что матери с детом домоседство не в муку.

Собственная крепостная дворня Плодомасовой во все эти годы видели свою боярыню в «распараде» только один раз за все ее вдовство; это было через три года после рождения Алексея Никитича, когда, по старому обычаю, боярыня перед всем собранием домочадцев сажала малолетнего сына на белого коня и обещалась за него богу, что сделает из него честного слугу вере и России.

Затем целые пятнадцать лет боярыня Плодомасова опять жила тихохонько. В эти пятнадцать лет она возрастила себе сокола-сына. Выходила боярыня сына, выхолила его и молодцом молодца с божьим благословением и материнской молитвою пятнадцати лет выслала его в Питер служить государыне, слава великих дарований которой вдохновляла и радовала Плодомасову в ее пустынном захолустье.

Соблазняли боярыню слухи о нравах дворских и вольностях, но она надеялась, что вложила в сердце сына добрые семена.

– Живи чисто! – завещала она сыну и твердо надеялась, что он соблюдет свою чистоту, как она свою соблюдала. «Это все, что чем манится, – почасту писывала она сыну в столицу, – дано богом в умножение рода, да отец будешь, а не прелюбодей. Помни, что где двое у греха беспечны, там от них третий нарождается и будет от безумных людей безгрешно стыд терпеть, а потому блюдись, дабы этого не было».

В это время, когда боярыня осталась в своем Плодомасове совсем одинокою, ей уже минуло сорок пять лет; красота ее отцветала в ее тихом заточении, и чистая, непорочная жизнь укрепила за нею название «хрустальной вдовы».

ГЛАВА ВТОРАЯ

Прилетный сокол и домашнее вабило

Еще пять лет прошло мимо, а с ними боярыне стукнуло пять десятков, и она наложила на себя старушечий повойник.

Для плодомасавской жизни наступила новая пора.

Никто никогда не видал от природы чинную и серьезную боярыню, какою все видят ее теперь. Она шутлива, весела, радостна: она смеется с слугами и подпевает слегка своим сенным девушкам, обряжающим давно забытые большие покои так называемого «мужского верха».

Да и как не быть боярыне шутливой и радостной, когда она, после пятилетней разлуки с единственным сыном, ждет к себе Алексея

Никитича на долгую побывку и мечтает, каким она его увидит бравым офицером, в щегольском расшитом гвардейском кафтане, в крагах и в пудре; как он, блестящий молодой гвардеец блестящей гвардии, от светлого дворца императрицы перенесется к старой матери и увидит, что и здесь не убого и не зазорно ни жить, ни людей принять.

– А там…

Марфе Андревне мерещится вдали светлоокая невестка, с кроткими очами, с плавною поступью, с верной душою. «И будем жить вместе, и будет и радость, и счастье, и здоровые внуки, и румяные внучки».

Приготовления кончены; покои светлы и пышны, как брачный чертог; спешит в них и принц сердца боярыни Плодомасовой.

Алексей Никитич был на самом деле действительным молодцом и притом покорным сыном.

За полверсты не доезжая до материнского дома, он сошел к ручью, умылся, надел на себя все парадное платье и предстал Марфе Андревне, как она ему о том писала в полк, чтобы «приехал он к ней и в добром здоровье и в полном параде». Он сошел у материнского крыльца в парике, с косою за плечами, в щегольском гвардейском мундире. Боярыня встретила сына на верхней ступени с образом, с хлебом и солью. На глазах у нее были слезы: ей хотелось скорее броситься к сыну и прижать его к своей груди, но она этого себе не позволила и тем показала, как должен вести себя и Алексей Никитич.

Молодой Плодомасов поклонился матери в ноги, приложился к образу и постоял на коленях, пока мать три раза коснулась его темени хлебом.

Затем они зажили. У Плодомасова был долгий, годовой отпуск.

Марфа Андревна, как мы видели, имела намерение женить сына; и тотчас, как дорогой гость ее немножко у нее обгостился, она начала его понемножку повыспрашивать, какие он имеет собственные насчет брака взгляды и планы? Оказалось, что скорый брак вовсе не манил Алексея Никитича.

– Но отчего же так, милый друг мой, ты предпочитаешь долго ходить кавалером? – спрашивала его боярыня.

– Так, матушка, влечения к брачной жизни еще о сей поре не чувствую, – отвечал сын.

– А уж не маленький ты, пора бы и чувствовать.

– Да теперь, матушка, к тому же так рано в мои годы изрядные кавалеры и не женятся.

– Для чего же так: неужели в старые годы жениться лучше, чем в молодые? А по-моему, что лучше как в молодой век жениться да взять жену по мыслям и по сердцу? В этом божий закон, да и любовь сладка к поре да вовремя, а что же в том радости, чтобы старым телом молодой век задавить? Злей этого обыка для жизни быть не может.

177

Сын промолчал, сконфуженный простыми и прямыми словами матери.

А Марфа Андревна вдруг ревниво заподозрила: нет ли у ее сына какой-нибудь тайной зазнобы в Петербурге.

Ловко и тонко, то с далекими подходами, то с неожиданной, сбивающей сына с такту прямизной расспрашивала его: где он у кого бывает в Петербурге, каких людей знает, и, наконец, прямо спросила: а с кем же ты живешь?

Плодомасоз понял, что вопрос материн предложен не в прямом его смысле и гвардейская этикетность его и собственная скромность возмутились этим бесцеремонным вопросом.

– Матушка, я в этом еще неповинен, – отвечал, тупя глаза, Плодомасов.

– Хвалю, – отвечала мать, – будь достоин чистой невесты.

Сконфуженный сын жарко поцеловал материну руку.

Марфу Андревну, которая знала все-таки столичные нравы екатерининского века, очень занимал вопрос о нравственности сына.

Застенчивый и скромный ответ гвардейца нравился Марфе Андревне чрезвычайно; но она хотела удостовериться еще точнее, что взлелеянное ею дитя ее действительно непогрешимо в своей чистоте, и потому священник, отец Алексей, получил поручение узнать это ближе, а Алексею Никитичу ведено было тут же вскоре после приезда говеть и приобщаться.

По окончании исповеди отец Алексей, худой, длинный старичок, вовсе не питуший, но с красным носом, укрепил Марфу Андревну в этом мнении: он вошел к ней и благопокорно прошептал:

– Девственник!

– Это в наш век редкость, – произнесла Марфа Андревна.

– Редко, сударыня, редко.

– Господи, сколь я счастлива! – воскликнула Марфа Андревна, и в самом деле она была необыкновенно счастлива и довольна.

Сын делал полную честь трудам воспитавшей его матери, и блаженная мать души в нем не чаяла и еще усугубила к нему свою нежность.

– Тамошний омут чист переплыл, а уж тут у меня и замутиться не в чем.

И она не отпускала сына от себя ни на шаг, пестовала его, нежила, холила, и любовалась им, и за него радовалась.

И пошла тихо и мирно жизнь в селе Плодомасове. Мать не нарадуется, что видит сына, и дни летят для нее как краткие мгновенья. Ей и в голову не приходит осведомиться: так ли весело в деревенском уединении сыну ее, как весело ей от единой мысли, что он с нею под одной кровлей.

Все, казалось, шло стройно и прекрасно, но вдруг среди такого семейного счастия красавица сенная девушка Марфы Андревны, ходившая за самой боярыней, «спальная покоевка», заскучала, затосковала и потом, раздевая раз боярыню, бросилась ей в ноги и зарыдала.

Марфа Андревна знала, что значит такие поклоны в ее монастыре. Строгие брови Марфы Андревны сдвинулись, глаза сверкнули, и губы выразили и гнев и презрение. Виновная не поднималась, гневная боярыня стояла, не отнимая у нее своей ноги, которую та обливала горячей слезою.

— И ты это омела? ходя за мной за самой, ты не могла себя соблюсти?

— Матушка! голова моя не нынче уже перед вами на плахе.

— Не нынче?

— Матушка… давно… пятый месяц, — и девушка опять пала горячим лицом к ножке боярыни.

— Кайся же, кто? Кто дерзнул на тебя?

Девушка молчала.

Три раза боярыня повторила свой вопрос, и три раза девушка отвечала на него только одними рыданиями.

— Говори: кто? Я прощаю тебя, — произнесла Марфа Андревна.

Девушка поцеловала барынины ноги, потом руки.

— Тебе, как ты за мною ходила, то как ты ни виновата, что всего этого не чувствовала, но тебе за мужиком не быть.

Девушка опять упала в ноги.

— Говори, кто тобой виноват: холостой или женатый?

Виноватая молчала.

— Говори! если холостой… Бог вас простит, но чтоб завтра же у меня при всех тебя замуж просил. Чего ты водишь глазами? Слышишь, перестань, тебе говорю: я не люблю, кто так страшно взглядывает. Иди, и чтоб он завтра тебя замуж просил, а не то велю ему лоб забрить.

Девушка отчаянно ударила себя в грудь и воскликнула:

— Этому быть нельзя!

— Что ты такое врешь! знать я не хочу и велю, чтоб было как приказываю.

Девушка отчаянно закачала головой и воскликнула:

— Господи, господи! да научи же меня, как мне слово сказать и покаяться!

— Холостой… По любви с ним сошлась… и нельзя им жениться! — быстро сообразила Марфа Андревна и, в негодовании оттолкнув от себя девушку, крикнула: — Сейчас же скажи его имя: кто он такой?

— Ох, да никто! — отвечала, терзаясь, девушка.

— Никто?.. Как это никто? что ж это, в бане, что ли, к тебе пристало?

Девушка стояла на коленях и, поникнув головою, молчала.

Марфа Андревна села в кресла и снова вспрыгнула, сама надела на свои ноги шитые золотом босовички и, подойдя к девушке, высоко подняла ее лицо за подбородок и, взглянув ей прямо в глаза, проговорила:

– Хотя бы то сын мой родной, я это сейчас знать желаю, и ты не смеешь меня ослушаться!

И, метаясь под проницающим взором своей чистой боярыни, девушка в терзаниях и муках отвечала:

– Он!

Этого сюрприза Марфа Андревна не ожидала... Омут переплыл, а на чистой воде осетился.

ГЛАВА ТРЕТЬЯ

По делам воздания

Марфа Андревна была ужасно оскорблена этим поступком сына, и притом в ней боролось теперь зараз множество чувств разом.

Перед ней вдруг восстал во весь рост свой покойный Никита Юрьич – не тот Никита Юрьич, который доживал возле нее свои последние годы, а тот боярин-разбойник, который загубил некогда ее красу девичью и который до встречи с нею не знал ничего святого на свете. «Вот он и этот по отцовым стопам начинает, – мнилось боярыне, – девичья честь не завет ему, и материн дом не нетленный кут: идет на все, что меск невзнузданный... Нет, не должно мне это опустить ему, – иначе его злообычие в нем коренать станет! Нет, у сего начала растет зол конец».

– Иди! – сказала она покоевке и, указав ей рукою на двери, сама опустилась в кресло у кровати и заплакала.

Оставшись одна, Марфа Андревна искала теперь в своем уме решения, что она должна сделать? как ей поступить? Решение не приходило, и Марфа Андревна легла спать, но не спала. Решение не приходило и на другой день и на третий, и Марфа Андревна целых три дня не выходила из своей комнаты и не пускала к себе сына.

Этого не бывало еще с Марфою Андревной никогда, и никто в целом доме не знал, чему приписать ее упорное затворничество.

К ней под дверь подсылали приближенных слуг, подходили и заводили с ней разговор и молодой барин и священник отец Алексей; но Марфа Андревна никому не отвечала ни одного слова и только резким, сердитым постукиванием в дверь давала чувствовать, что она требует, чтобы ее оставили.

На четвертый день Марфа Андревна сама покинула свое заточение. В этот день люди увидели, что боярыня встала очень рано и прошла в сад в одном темненьком капоте и шелковом повойничке. Там, в саду, она пробыла одна-одинешенька около часу и вышла оттуда, заперши за собою на замок ворота и опустив ключ в карман своего капота. К господскому обеду в этот день был приглашен отец Алексей.

Марфа Андревна вышла к столу, но не кушала и с сынам не говорила.

После обеда, когда вся домашняя челядь, кто только где мог найти удобное местечко и свободную минуту, уснули по темным уголкам и закоулочкам обширного дома, Марфа Андревна встала и сказала отцу Алексею:

– Пойдем-ка, отец, со мною в сад, походим.

– Пойдем и ты, – заключила она, оборотясь на ходу к сыну.

Марфа Андравна шла вперед, священник и сын за нею.

Плодомасова прошла двор, отперла садовую калитку и, вступив в сад, замкнула снова ее за собою.

Садом боярыня прошла тихо, по направлению к пустой бане. Во всю дорогу Марфа Андревна не говорила ни с сыном, ни со священником и, дойдя до цели своего несколько таинственного путешествия, села на завалинку под одним из банных окон. Около нее с одной стороны присел отец Алексей, с другой – опустился было гвардейский поручик.

– А ты, поросенок, перед матерью можешь и постоять! – вдруг оттолкнула сына Марфа Андревна.

– Стань! – повторила она изумленному молодому человеку и затем непосредственно обратилась к нему с вопросом:

– Кто тебе дал эти эполеты?

– Государыня императрица, – отвечал Плодомасов.

– Сними же и положи их сюда на материны колени.

Недоумевающий поручик гвардии безропотно исполнил материнское требование.

– Ну, теперь, – сказала ему Марфа Андревна, – государыне императрице до тебя более дела нет… Что ею тебе жаловано, того я на тебе бесчестить не смею, а без царского жалованья ты моя утроба.

С этим она взяла сына за руку и, передавая отцу Алексею, проговорила:

– Отдаю тебе, отец Алексей, непокорного сына, который оскорбил меня и сам свою вину знает. Поди с ним туда.

Она указала через плечо на баню.

– Туда, – повторила она через минуту, – и там… накажи его там.

– Поснизойдите, Марфа Андревна! – ходатайствовал священник.

– Не люблю я, не люблю, поп, кто не в свое дело мешается.

– Позволь же тебе, питательница, доложить, что ведь он слуга царский, – убеждал священник.

– Материн сын прежде, чем слуга: мать от бога.

– И к тому же он в отпуск… на отдохновение к тебе прибыл!

– Перестань пусторечить: я все не хуже тебя знаю, дуракам и в алтаре не спускают; иди и делай, что оказано.

Священник не знал опять, чем бы еще затруднить дело.

– Да вот я и лозы к сему пригодной для наказания не имею.

– Иди куда велю, там все есть.

– Ну, пожалуйте ее волю исполнить, – пригласил отец Алексей поручика.

Плодомасов молча поклонился матери в ноги и молча пошел в баню за отцом Алексеем.

Там, на верхней полке, лежал большой пук березовых прутьев, нарезанных утром собственными руками Марфы Андревны и крепко связанных шелковым пояском, которым она подвязывала в сырую погоду юбки.

– Мы вот как поступим, – заговорил тихонько, вступив в баню, отец Алексей, – вы, ваше благородие, Алексей Никитич, так здесь за углышком стойте, да как могб послышнее голосом своим блекочите, а я буду лозой по доскам ударять.

– Нет, не надо, я мать обманывать не хочу, – отвечал офицер.

– А вот это тебе, отец Алексей, и стыдно! Раздумай-ка, хорошо ли ты сына матери солгать учил! – отозвалась вдруг из-за окна расслышавшая весь этот разговор Марфа Андревна. – Дурно это, поп, дурно!

Сконфуженный отец Алексей поник головою и, глядя на лозу, заговорил:

– Да помилуй меня, легконосица: не могу… руки мои трепещут… меня большая жаль обдержит! Отмени ему сие наказание хоша за его благопокорность!

– А ты жалей да делай, – отвечала из-за окна непреклонная Марфа Андревна. – Кто с холопами в одной повадке живет, тот в одной стати с ними и наказуется.

– Совершим по реченному, – прошептал, вздохнув, отец Алексей и, засучив широкий рукав рясы, начал, ничто же сумняся, сечь поручика Плодомасова, и сек до тех пор, пока Марфа Андревна постучала своей палочкой в окно и крикнула: «Довольно!»

– Наказал, – объявил, выйдя, священник.

Марфа Андревна не ответила ему ни слова. Она была взволнована, потрясена и почти убита. Ей жаль было сына и стало еще жалче после его покорности, возбранявшей ему обмануть ее в определенном ею наказании. Она стыла, зябла, умирала от немощи и страданья, но хранила немое молчание.

Перед Марфу Андревну предстал наказанный ею сын и поклонился ей в ноги.

Марфа Андревна вспыхнула. Вид виновника ее и его собственных страданий возмутил ее, и она ударила его в это время по спине своей палочкой и далеко отбросила эту палочку в куртину.

Алексей Никитич поднял брошенную матерью палочку, подал Марфе Андревне и опять поклонился ей в ноги.

Марфа Андревна опять ударила его тем же порядком и опять швырнула от себя палку.

Сын снова встал, нашел палку, снова подал ее своей матери и снова лег ей в ноги.

Марфа Андревна тронула его в голову и сказала:

«Встань!»

Алексей Никитич поднялся, поцеловал материну руку, и все трое пошли домой после этой прогулки.

Разумеется, все, что произошло здесь, навсегда осталось неизвестным никому, кроме тех, кто принимал в этом непосредственное участие.

ГЛАВА ЧЕТВЕРТАЯ

Зазвучали другие струны

Марфа Андревна, наказав так несообразно взрослого сына, изнемогла и духом и плотью. Целую ночь, сменявшую этот тягостный день, она не могла уснуть ни на минуту: она все ходила, плакала, молилась богу и жаловалась ему на свое сердце, на свой характер; потом падала ниц и благодарила его за дарование ей такого покорного, такого доброго сына!

Часа в три после полуночи, в пору общего глубокого сна, Марфа Андревла спустилась тихонько с своего женского верха вниз, перешла длинные ряды пустых темных комнат, взошла тише вора на «мужской верх», подошла к дверям сыновней спальни, стала, прислонясь лбом к их створу, и заплакала. Битый час она тихо, как изваянная из камня, стояла здесь, тихо всхлипывая и прерывая свои слезы лишь только для того, чтобы, прислонясь ухом к двери, послушать, как дышит обидно наказанный ею спящий сын ее. Наконец кипевшие в груди ее благодатные слезы облегчили ее. Она перекрестила несколько раз сынову дверь, поклонилась ему у порога лицом до земли, прошептала сквозь слезы: «Прости, мое дитя, Христа ради» и отошла. Во всю обратную дорогу к своей опочивальне она шла тихо, плачучи в свой шейный платок.

Марфе Андревне приходилось невмоготу: у нее сил не ставало быть одной; ей бы хотелось взойти к сыну к поцеловать его руки, ноги, которые представлялись ей такими, какими она целовала их в его колыбели. Она бог знает что дала бы за удовольствие обнять его и сказать ему, что она не такая жестокая, какою должна была ему показаться; что ей его жаль; что она его прощает; но повести себя так было несообразно с ее нравом и правилами.

А между тем сердце не слушалось этих правил: оно все беспокойнее и неумолчнее молило дать ему излиться в нежности и ласке.

А кому иному, если не ему, можно было бы отдать эту потоком рвущуюся ласку? Но нет, – ему показать свою слабость она не может.

Марфа Андревна подумала и, не доходя до своей спальни, вдруг повернула с прямого пути и стала тихо выбираться по скрипучим ступеням деревянной лестницы в верхнюю девичью. Тихо, задыхаясь и дрожа, как осторожный любовник, отыскала она среди спящих здесь женщин сынову фаворитку, закрыла ладонью ей рот, тихо шепнула: «Иди со мной!» и увела ее к себе за рукав сорочки.

Марфа Андревна впервые в жизни ходила со страхом по своему собственному дому, – впервые боялась она, чтобы ее кто-нибудь случайно не увидал и не подслушал.

Приведя девушку к себе в опочивальню, боярыня посадила ее на свою кровать и крепко сжала ее руками за плечи.

Девушка порывалась встать.

– Сиди! сиди! – страстно и скоро шептала ей Марфа Андревна, и с этим, повернув ее лицом к лампаде, начала гладить ее по голове, по лицу и по молодым атласным плечам, а с уст ее летели с лаской слова: «Хорошенькая!.. ишь какая хорошенькая! Ты прехорошенькая!.. мне тебя жаль!» – вырвалось вдруг громко из уст Марфы Андревны, и она ближе и ближе потянула красавицу к свету лампады, передвинула несколько раз перед собою из стороны в сторону лицо и обнаженный бюст девушки, любуясь ею при разных тонах освещения, и, вдруг схватив ее крепко в свои объятия, шепнула ей с материнской страстностью: «Мы вместе, вместе с тобою… сбережем, что родится!»

С этим Марфа Андревна еще теснее сжала в объятиях девушку; а та как павиликой обвила алебастровыми руками сухую боярынину шею, и они обе зарыдали и обе целовали друг друга. Разницы общественного положения теперь между ними не было: любовь все это сгладила и объединила.

ГЛАВА ПЯТАЯ

Бабушка ворожит своему внучку

Виновница этих скорбей и этих радостных слез Марфы Андревны была так умна, что никому не дала ни одного намека о перемене, происшедшей в ее положении. Марфа Андревна это заметила, и расположение ее к крепостной фаворитке сына увеличилось еще более.

– Ты неглупая девка, – сказала она покоевке, когда та один раз ее одевала, но, следуя своей строгой системе сдержанности, с тех пор всетаки долгое время не обращалась к ней ни с какими нежностями. Это, по соображениям Марфы Андревны, должно было идти так, пока она не даст всем делам нового направления. Новое направление было готово.

Марфа Андревна не стеснялась тем, что срок годовому отпуску сына еще далеко не истек, и решила отправить Алексея Никитича в Петербург немедленно.

– Я вижу, – сказала она, – что тебе с матерью скучно и ты не умеешь держать себя в деревне… В деревне надо трудиться, а то здесь много и без тебя дворянских пастухов болтается. Ступай лучше марширyй и служи своей государыне.

Сын повиновался и этому распоряжению матери беспрекословно, как повиновался он всем вообще ее распоряжениям.

День отъезда Алексея Никитича был назначен и наступил.

Во время служения в зале напутственного молебна по случаю отъезда сына Марфа Андревна стояла на коленях и моргала, стараясь отворачиваться, как будто отдавая приказания стоящей возле нее ключнице. Она совладела с собою и не заплакала. Но зазвеневший во время завтрака у крыльца поддужный колокольчик и бубенцы ее срезали: она подскочила на месте и взялась за бок.

– Что с вами, матушка? – спросил ее сын.

– Колет меня что-то, – отвечала она и сейчас же, обратясь к отцу Алексею, добавила: – Я замечаю, что как будто простудилась, когда мы с тобой, отец Алексей, на току опыт молотили.

– До беды, Марфа Андревна, разве долго? – отвечал отец Алексей, кушая жаренную в сметане печенку. – Все вдруг, государыня, может быть. Я тоже намедни пошел ночью лошадок загарнуть на задворке, а большой ветер был, – я пригнулся, чтоб дверь за собой притворить, а сивуха моя как меня шарахнет в поясницу, так я насилу выполз, и даже еще по сей час этот бок саднеет.

Марфа Андревна остановила речь попа взглядом и стала благословлять сына, а когда тот поклонился ей в ноги, она сама нагнулась поднять его и, поднимая, шепнула:

– Служи там как надобно, а я здесь свою кровь не забуду.

Алексей Никитич Плодомасов опять поехал в блистательную екатерининскую гвардию, а Марфа Андревна опять осталась одна-одинешенька в своей Плодомасовке.

Первым делом Марфы Андревны, проводя сына, было приласкать оставленную им сироту-фаворитку. При сыне она не хотела быть потворщицей его слабостей; но чуть он уехал, она сейчас же взяла девушку к себе на антресоли и посадила ее за подушку плесть кружева, наказав строго-настрого ничем себя не утруждать и не насиловать.

Милости боярыни к виновной девушке вводили всю домашнюю челядь в недоумение. У многих зашевелилась мысль подслужиться по поводу этой истории барыне и поустроить посредством этой подслуги свое собственное счастье. Любимый повар Марфы Андревны первый сделал на этот предмет первую пробу. В один вечер, получивши приказание насчет завтрашнего стола, он прямо осмелился просить у Плодомасовой позволения жениться на этой девушке.

Он ждал за нею приданого и милостей.

Марфа Андревна только завязала ему дурака и отпустила.

Попробовал этого же счастья просить у ней другой – смелый человек, садовник, а за ним третий – портной; но к этим Марфа Андревна уже не была так снисходительна, как к повару, а прямо сказала им:

– Я эти ваши холопские хитрости вижу и понимаю, чем вам сладка эта девка! А вперед подобных речей чтоб я ни от кого не слыхала.

Марфа Андревна безотступно берегла девушку, и когда той доходил седьмой месяц, Плодомасова сама собственными руками начала кроить свивальники, распашоночки и шапочки. Они все это шили вдвоем у одного и того же окна, обыкновенно молча, и обе думая об Алексее Никитиче. Разговоров у них почти никаких не было; и Марфе Андревне это было нетрудно, потому что она в тридцать лет одинокой или почти что одинокой жизни привыкла к думе и молчанью.

– Прибери! – говорила только Марфа Андравна своей собеседнице, подавая ей дошитую детскую шапочку или свивальник.

Девушка брала вещь, целовала с теплейшей благодарностью барынину руку, и они обе опять начинали молча работать.

Наконец детского приданого наготовлено было очень много: больше уже нечего было и готовить.

Марфа Андревна обратилась к другим, гораздо более важным заботам об участи ожидаемого ребенка.

Плодомасова позвала к себе отца Алексея и велела ему писать под свою диктовку: «Во имя отца, и сына, и святаго духа».

186

– Это что будет, государыня Марфа Андревна? – спросил отец Алексей.

– А моя духовная, – отвечала боярыня и продолжала излагать свою волю, что всю свою законную часть из мужниного имения, равно как и имение от ее родителей, ею унаследованное, она в наказание сыну своему Алексею, не думавшему об участи его незаконного младенца, завещевает ребенку, который такого-то года, месяца и числа должен родиться от ее крепостной сенной девушки такой-то. А помимо сего награждения, от нее тому младенцу по праву ее даримого, она клятвою сына своего обязывает отдать тому младенцу третию часть и из его собственной доли, ибо сим грех его беспечности о сем младенце хотя частию искуплен быть может. Марфа Андревна подписала свою волю; отец Алексей ее засвидетельствовал и унес в алтарь своей церкви.

Одновременно с этим Силуян, дворецкий Марфы Андревны, был послан добывать ожидаемому новорожденному неизвестного пола дворянское имя и вернулся с доброю вестью. Имя было припасено.

Боярыня Плодомасова была успокоена, и внуку ее оставалось только родиться на судьбу, уже навороженную его бабушкой.

Но в это время с Марфой Андревной случилось неожиданное и ужасное происшествие: ее постигло роковое испытание всем ее силам и крепостям.

ГЛАВА ШЕСТАЯ

Домашний вор

Марфа Андревна, живучи одна в своем огромном доме, постоянно держалась более одних антресолей. Там у нее были комнаты низенькие, уютные, с большими образниками, с теплыми, широкими лежанками из пестрых саксонских кафель, с гуслями из карельской березы и с рядом больших длинных сундуков, тяжело окованных железом и медью. Здесь была постоянная спальня Марфы Андревны и ее образная, а с осени боярыня почти совсем закупоривалась на целую зиму на антресоли, и вышка эта делалась исключительным ее местопребыванием во все дни и ночи. Старухе и на антресолях было не тесно, – и вправду, здесь было столько помещения, что свободно размещались все подручные покоики, и спальный, и образной, и столовый, и приемный залец с фортункой, на которой боярыня игрывала с отцом Алексеем, и гардеробная, и пялечная –

словом, все, что нужно для помещения одинокой старухи, и здесь Марфе Андревне было приятнее и веселее, чем в пустых больших покоях.

– Волковня это у меня, а не дом, – говаривала, бывало, Марфа Андревна, проходя иногда с кем-нибудь по своим большим нижним покоям. – Ишь, куда ни глянешь, хоть волков пугай, пусто.

Большие покои тяготили Марфу Андревну своей пустотой, и она сходила в них редко, только при гостях, которые тоже посещали ее очень редко, или в других каких-нибудь экстренных случаях, встречавшихся еще реже. Большие покои нижнего этажа целые зимние дни спали, но зато оживлялись с большою энергиею ночью. Это было оживление совершенно особенное, напоминавшее слегка то, что бывает будто на Лысой горе на шабаше.

Внизу зимой жили только сенные девушки да орава лакеев. Девушки сидели здесь на звонких донцах за прялками по своим девичьим, а лакеи – в большой и в малой передних, одни за картами, а другие, кто потрудолюбивее и подомовитее, за вязаньем чулок и перчаток. Гостиные же, залы, столовые и наугольные покои были, как сказано, постоянно пусты во весь день до вечера и навещались только набродными номадами по ночам. Когда на плодомасовские небеса спускалась ночь и в боярском доме меркли последние огни, между лакейскими и девичьими начиналось таинственное сообщение. С той и с другой стороны ночные бродяги и бродяжки, как мураши-сластены, расползались по всем покоям барского дома; здесь они встречались и справляли свой шабаш на пушистых коврах и диванах.

Шум, поднимаемый в нижних больших покоях плодомасовского дома, бывал иногда столь неосторожен, что будил самое спящую на антресолях Марфу Андревну; но как подобный шум был для Марфы Андревны не новость, то она хотя и сердилась за него понемножку на своих челядинцев, но никогда этим шумом не тревожилась и не придавала ему никакого особого значения.

Разве когда уже очень всем этим Марфу Андревну допекали и ей не спалось, то она решалась принимать какие-нибудь меры против этого бесчинства, но и то скорее для потехи, чем для строгости. Боярыня вставала, сходила тихонько вниз и обходила с палочкой дом. Тогда, зачуяв издали ее приближение, одни притаивались по углам, другие, не помня себя, опрометью летели во все стороны, как куропатки.

В большую часть подобных своих ночных обходов Марфа Андревна возвращалась к себе без всякого успеха, только, бывало, распугает разве свою праздную челядь. Но иногда случалось иное. Случалось, что Марфе Андревне попадалась за рукав какая-нибудь девушка, и Марфа Андревна вела эту ночную бродяжку к себе за ухо, ставила ее перед образником на колени на мешочек, насыпанный гречею, и, усевшись сама на сундучок, заставляла грешницу класть земные поклоны, определяя число их сотнями, а иногда даже тысячей. Этим, впрочем, все наказание и кончалось. Марфа Андревна терпеть не могла, если девушка была с прибылью или просилась замуж, но так называемое «гулянье» считала необходимым злом, которое преследовала только более для порядка. Таков был дух времени.

С сына она взыскала строго за оскорбление ее дома, за то, что он посягнул на девушку, которая ходила за самой ею, Марфой Андревной, а более же всего за то, что он ее сын, который, по ее понятиям, должен был быть не тем, чем могли быть рабы.

По отношению к рабам Марфа Андревна была далеко снисходительнее. Она и в обходы-то свои пускалась, как сказано, только во время бессонниц, и то словно для развлечения, как на охоту. А то Марфа Андревна, сколь бы ей ни докучали, едва замечала ключнице:

– Ты бы, мать моя, ночью-то хоть иной раз посматривала за крысами.

– За какими, матушка, крысами? – осведомлялась ключница.

– Да воя за рукастыми да ногастыми, что по передним спят. Скажи им, что уж я когда-нибудь к ним сойду, так плохо им будет.

Ключница сказывала, и крысы как будто унимались, но ненадолго, и через некоторое время опять начиналось то же шнырянье.

ГЛАВА СЕДЬМАЯ

Незваные гости

Дом боярыни Марфы Андревны хотя был населен очень людно, но в нравах этого населения под старость лет боярыни начинала господствовать большая распущенность. Дом в ночное время содержался не опасливо, и хотя время тогдашнее было не беспечное, но в доме Плодомасовой почти никакой осторожности против внешних напастей не наблюдалось. Здесь все вместе, как и каждый порознь, были уверены, что их очень много и что они «шапками всех закидают», а эта политика шапок хотя и бойка, но, как известно, не всегда хорошо себя оправдывает. Так это и случилось в плодомасовском доме, который стал богатым и который, по тогдашним смутным временам, может быть следовало оберегать гораздо потщательнее, чем он оберегался. Народ бредил пугачевщиной; везде шатались шайки мужиков и холопов, взманенных популярными успехами Пугачева; они искали добычи, а плодомасовский дом обещал этой добычи целые горы.

В ноябре, в самую ненастную дождливую темень, в самую глухую полночь Марфе Андревне показалось, что у нее внизу дома происходит целая свалка. Шум, порою достигавший оттуда до ее слуха, был, так смел и дерзок, что боярыня уже хотела встать и сойти или послать вниз спавшую в смежном с нею покое фаворитку Алексея Никитича; но самой Марфе Андревне нездоровилось, а будить непорожнюю женщину и гонять ее по лестнице боярыня пожалела. В этих соображениях Марфа Андревна решилась оставить разбор дела до завтра; обернула голову теплым одеялом и уснула.

Но вот слышится Марфе Андревне, будто кто-то трогает дверь на лестницу внизу. Крепкая дверь хорошо заперта и не отворится, а Марфе Андревне опять спится, и снова ей слышно, что по комнатам будто кто-то ходит. Полежала Марфа Андревна еще с минуточку, и вдруг ей кажется, что вокруг ее будто ветер веет, а кроме ветра, по ее покоям ходят и живые люди. Марфа Андревна совсем проснулась и покричала девушку, но ответа не было. Тогда она, удивленная, встала сама, надела босовички и вышла. И что же Марфа Андревна увидала? она увидала, что прямо против нее, в другой комнате, на сундуке лежит девушка, та самая, которою грешен был Алексей Никитич, и лежит она очень странно и неестественно – лежит вся навзничь, руки под спиною, а во рту платок.

Как ни смела и подчас ни находчива была Марфа Андревна, но здесь она ничего не могла вдруг сообразить и придумать. А между тем для удивления Марфы Андревны, кроме горящей свечи и связанной девушки, приготовлены были и некоторые другие новины: как раз против вторых дверей Плодомасова увидала молодец к молодцу человек двадцать незнакомых людей: рожа рожи страшнее, ножи за поясами, в руках у кого лом, у кого топор, у кого ружья да свечи.

«Что это такое? видение, что ли?» – подумала Марфа Андревна; но врывавшийся в окно ветер с дождем и еще две рожи, глядевшие в выбитое окно из черных ветвей растущей под самыми окнами липы, пронесли мигом последние просонки боярыни.

«Это, пожалуй, и Пугач!» – решила она и, торопливо накинув на плечи шушун, вышла и стала на пороге двери.

Дом Плодомасовой посетил небольшой отдел разбойничьей шайки. Шайка эта, зная, что в доме Плодомасовой множество прислуги, между которой есть немало людей, очень преданных своей госпоже, не рисковала напасть на дом открытой силой, а действовала воровски. Разбойники прошли низом дома, кого заперли, кого перевязали и, не имея возможности проникнуть наверх к боярыне без большого шума через лестницу, проникли к ней в окно, к которому как нельзя более было удобно подниматься по стоявшей здесь старой черной липе.

Марфа Андревна недолго стояла в своем наблюдательном созерцании:

разбойники ее заметили и сейчас же одним ударом приклада сшибли ее с ног, бросили на пол и тоже завязали ей рот. При ее глазах взламывали ее сундуки, забирали ее добро, вязали все это в узлы и выкидывали за окно прямо на землю или передавали на веревках темным страшным людям, которые, как вороны, сидели на ветвях черной липы и утаскивали все, что им подавали.

Ветер выл и заносил в комнату брызги мелкого осеннего дождя; свечи у разбойников то вспыхивали широким красным пламенем, то гасли, и тогда снова поднимались хлопоты, чтобы зажечь их. Марфа Андревна лежала связанная на полу и молча смотрела на все это бесчинство. Она понимала, что разбойники пробрались на антресоль очень хитро и что путь этот непременно был указан им кем-нибудь из своих людей, знавших все обычаи дома, знавших все его размещение, все его ходы и выходы.

Лежа на полу, Плодомасова старалась сквозь мелькавшие у ее лица грязные сапожищи разбойников разглядывать разбойничьи лица и, наконец, в одном из них узнала своего слугу Ваньку Жернова.

Марфа Андревна ясно припомнила, что она очень недавно видела это лицо в своих покоях, и удивилась, увидав его теперь чуть не атаманом этого отдела разбойничьей шайки.

В печальном положении Марфы Андревны не представлялось никакой возможности уйти вниз, где она еще могла ожидать хоть какую-нибудь помощь; да и то, думала она, бог знает, помощь эта станет ли на ее сторону или на сторону Ваньки Жорнова.

В те времена ни на какое старое добро, ни на какую защиту от своей челяди помещики не надеялись.

Марфа Андревна, пожалуй, более, чем многие другие, могла положиться на любовь своих челядинцев, с которыми она всегда была справедлива и милостива, но тогда и правда и милость не ценились и не помнились. «Добрую барыню» в Самарском уезде мужики и плачучи повесили на ракиту. Да Марфе Андревне это было почти все равно: на ее ли сторону стала бы ее челядь или на сторону разбойников и предводившего ими Ваньки Жорнова, – все равно: ей вниз с своих антресолей теперь не добраться.

ГЛАВА ВОСЬМАЯ

Пытка

Марфа Андревна, не видя ни малейшей надежды к опасению,

отвернулась от картины разбоя и стала приготовляться к смерти. Сундуки и укладки ее были опорожнены, и все, что в них вмещалось, повышвырено за окно. В покоях оставалось уже очень немного, над чем бы стоило еще поработать. Последнее внимание разбойников пало на один железный сундук, привернутый через медные шайбы винтами к полу и запертый изнутри хитрою стальною пружиною. Ни один лом, ни один топор не брал этого заманчивого сундука. По той тщательности, с которою сундук этот был укреплен и заперт, разбойники не сомневались, что в нем-то и должны заключаться все наиценнейшие богатства домовитой боярыни. А сундук этот только что был Марфой Андревной перебран прошедшим вечером, и в нем не было ничего, кроме детского белья, припасенного ею ожидаемому новорожденному.

Со рта Марфы Андревны сорвали платок и потребовали, чтобы она указала, где ключ.

Марфа Ашдревна встрепенулась. Она обернулась и сказала:

– Как же ты смеешь думать, холоп, что я дам тебе ключ?

– Не дашь?

– Ну разумеется, не дам, – отвечала заносчиво и резко Марфа Андревна.

Разбойник, не рассуждая долго, ударил старуху сапогом в лицо.

– Подай ключ! – приставали к ней со всех сторон.

– Не дам я ключа, – отвечала Марфа Андревна, отплевывая бегущую из рта кровь.

Что с ней ни делали – били ее, вывертывали ей пальцы и локти, таскали ее по полу за волосы! «Не дам», – отвечала железная старуха.

– Я сказала, не дам, и не дам!

– Так на лучину ее, ведьму! сама заговорит, где ключ спрятан, – скомандовал Ванька Жорнов.

С Марфы Андравны стащили ее золотом шитые босовички, согнули ей колени и под икры подсунули пук пылающей лучины.

– Не дам я ключа вам, холопам, – проскрипела сквозь зубы Плодомасова.

– А ты, боярыня, не крепись изнапрасна, мы ведь всё допытаемся, – заговоришь – приставал, коптя ее ноги, Жорнов.

– Врешь, подлый холоп: не заговорю.

– Заговоришь.

Но Марфа Андревна собрала силы, плюнула Жорнову в самое лицо и опять назвала его «холопом».

– Холоп! Нет, я твой господин теперь, а ты моя холопка.

– Подлый смерд! – крикнула в азарте, забыв на минуту самую боль свою, истязуемая и снова плюнула прямо в глаза своему палачу.

Ее били и истязали несказанно; она не ожидала помощи ниоткуда: видела сочувствие в глазах одной своей задыхавшейся девушки, но и не думала уступить холопам.

Разбойники становилось в тупик: ломать половицы, к которым привинчен сундук, – их не выломишь из-под взбкрой положенного венца. Зажечь дом – нет прибыли, да и осветишь след ходящим по всей окружности войскам; сложить ее, старуху, на всю лучину, спалить ей прежде спину, потом грудь и живот – страшно, что помрет, а не скажет.

Марфе Андреане было радостно, что эти звери не знали, что с ней сделать.

– А что у тебя тут в сундуке? – спросил ее Жорнов.

– Тут мое золото, да серебро, да окатный жемчуг.

У разбойников даже и в сердце похолонуло и в ушах зазвенело.

Даже честью стали просить Марфу Андревну:

– Матушка, старушенька, не губи себя, мы твоей крови не жаждоваем: дай ключ от укладки с бурмистским зерном.

– Не дам, – отвечала Марфа Андревна.

– Так мы же у тебя выпытаем!

– Ничего не выпытаешь, холоп.

Но у нас, ни в чем не знавших ни меры, ни удержу, люди на зле, как и на добре, не останавливаются.

У Емельяна Пугачева были пытальщики дошлые – знали, как какого человека каким злом донимать; а предания Емельяновы были живы в народе и не безведомы и Ваньке Жорнову.

Марфе Андревне погрозили непереносным срамом, что разденут ее сейчас донага, осмолят ей голову дегтяным ведром и обсыпят пуховой подушкой да, привязав на шелудивого коня, о рассвете в село на базар выгонят.

Услыхав этот ужасный приказ Ваньки Жорнова, Марфа Андревна вздрогнула, и холодный пот выступил у нее даже по закоптелым опалинам.

«Неужто же надо покориться холопам, или посрамить перед нечистым взором непорочную наготу свою!»

Марфа Андревна, однако, сообразила, что уже теперь ей не помогла бы и покорность, что разбойники, найдя в сундуке одни детские тряпки, пришли бы еще в большую ярость и все равно не простили бы ей ее упорства. Они отмстили бы ей именно тем мщением, к которому она обнаружила страх и боясь которого отдала бы им ключ.

Бесчестье ее казалось неотклонимым.

ГЛАВА ДЕВЯТАЯ

Помощь нежданная и для многих, может быть, невероятная

– Николай-угодник! защити меня, твою вдову грешную, – взвыла голосом страшного отчаяния Марфа Андревна, устремив глаза к висевшему в углу большому образу, перед которым меркла задуваемая ветром лампада, и упованию Марфы Андревны на защиту отселе не было меры и пределов. Вера ее в защиту действительно могла двигать горами.

– Что у тебя в сундуке? – в последнее приступили к ней разбойники, мешая ей творить ее молитвы.

– Сокровища, – отвечала боярыня, прервав на минуту свой молитвенный шепот, и опять замолила.

– Подай ключ!

– Не дам, – по-прежнему смело и твердо сказала боярыня и снова зовет чудотворца, зовет его смело, громко и уповательно, словно требует.

– Спеши... – кричит, – спеши скорее, не постыди моих упований!

Разбойникам даже становится страшно от этого крика: зычно кричит Марфа Андревна; страшно ей и рот закрыть, страшно, что и на небе ее услышат.

– Полно! – скомандовал Иван Жорнов, – перестань, ребята, слушать: пори подушку и подавай ведро.

– Не посрами меня, скорый помощник! Явись сюда – я верую и погибаю! – страшно громко вскрикнула несчастная старуха и... вышло как-то так и дивно и страшно, что скорый помощник словно дыханием бури явился к ней на помощь.

Свистя, грохоча и воя, дунул в распахнутое окно ветер с силой, дотоле неслыханной, и вздрогнули старые стены, и с угла сорвалась огромная, в тяжелом окладе, икона святого Николая, которой молилась Плодомасоза; загремели от падения ее все стекла в окнах и киотах; зажженные свечи сразу погасли и выпали из разбойничих рук, и затем уж что кому виделось, то тому и было известно.

Обессиленная истязаниями Марфа Андревна видела только, что разбойники все как один человек бросились к выбитому ими окну и, как демоны, архангельской силой низвергнутые, стремглав со стонами и визгом полетели вниз из антресолей. Затем истерзанная и обожженная старуха, лежа связанная на полу в комнате, в которой свистал и бушевал предрассветный ветер, впала в долгий и тяжелый обморок, в котором все события катастрофы для нее сгладились и исчезли. Связанная девушка, остававшаяся безмолвною свидетельницей всей этой истории, видела только, что когда в комнату хлынул сильный ветер, икона сорвалась со стены, выпала из образника, разбила стекло и горящую лампаду и затем, качнувшись из угла на угол, стала нижним ребром на подугольном столике.

Но разбойники видели совсем другое.

Пойманные на другой день войсками в лесу, они возвратили все заграбленное у Плодомасовой добро и показали, что в плодомасовском доме их страшно покарал за их вину Николай-угодник.

Они уверяли, что как только старая Плодомасиха крикнула святителю «Поспешай!», то из-за иконы мгновенно сверкнули молоньи, и икона эта вышла из своего места и пошла на них по воздуху, попаляя их и ослепляя сиянием, которого им перенесть было невозможно.

Марфе Андревне возвратили ее добро; а природа возвратила ей ее здоровье; не возвратилось только здоровье к подруге ее несчастия.

Но для того чтобы не нарушать последовательности нашего рассказа, возвратимся к темной ночи разбойничьего нападения на дом Плодомасовой и войдем в обезображенные холодные покои антресолей, где Марфа Андревна и свидетельница ее страданий остаются связанными и бесчувственными.

ГЛАВА ДЕСЯТАЯ

Сын, стоивший своей матери жизни

Несчастная девушка, разделявшая с Марфой Андревной все ужасы прошедшей ночи, поплатилась за это жизнью. Несмотря на то, что она только лежала связанною и не подверглась от разбойников никаким другим истязаниям, она не выдержала и к утру начала терзаться многотрудными, несчастными, преждевременными родами, которые перенесть ей было тем тяжче, что она лежала скрученная по всем суставам и едва высвободила из-под тугой повязки рот, чтобы облегчать свои страдания стоном.

Эти вопли и стоны вывели Марфу Андревну из обморока, и это было к счастию обеих – иначе обе несчастные женщины провалялись бы здесь бог весть до какого времени. В пустынный сад теперь забрести было некому, и нельзя было ожидать, чтобы кто-нибудь заметил выбитое на антресолях окно; а покоевые слуги и сенные девушки, вероятно, тоже или побиты, или заперты, или связаны, или же, если их эта беда и обминула, то тогда они не знают ничего и никто из них не посмеет взойти наверх,

195

пока их боярыня не сошлет вниз свою покоевку и кого-нибудь к себе не потребует.

Марфа Андревна все это сообразила и увидела совершенную невозможность ожидать никакой сторонней помощи ни для себя, ни для другой мученицы, которая теперь еще более ее нуждалась во всяком пособии. Изувеченная боярыня решила сама себе помогать: она прежде всего приподняла с полу свои руки и хотела на них опереться, но вывернутые в суставах руки ей не повиновались. Старушка прислонилась к полу ногами, но обожженные подошвы ее ног тоже сказали ей, чтобы она на них не надеялась. Ноги Плодомасовой от самых икр до пальцев были, как сплошным янтарем, унизаны бесконечными обжогами, из которых многие уже начинали лопаться и открывали зияющие раны.

В распоряжении Марфы Андревны оставались одни колени, на них еще можно было кое-как опереться. Марфа Андревна приподнялась с неимовернейшими страданиями и поползла к роженице на коленях. Ползучи, она несла перед собою свои вывихнутые и в настоящее время ни к чему не пригодные руки.

Доползши до роженицы, Плодомасова увидала только одну совершенную невозможность освободить мученицу от связывающих ее прочно уз и, сказав ей: «Терпи, друг! терпи, друг!» сама таким же точно образом, на коленях заколтыхала снова через все антресоли к лестнице; сползла на груди вниз по ступеням и, наконец, достигла запертых нижних дверей и застучала в них головою.

Долго Марфе Андревне приходилось стучать; но, наконец, внизу дома послышалась тревога: очередные истопники, застав дом запертым, смекнули, что что-то неладно, выломали двери, отперли одних, развязали других, и поднялся говор и суета.

Марфа Андревна, стоя на коленях внизу лестницы, все-таки продолжала стучать головою в дверь и была, наконец, услышана.

Двери, разделявшие ее с ее слугами, были выломаны, и Марфа Андревна поднята на руки своих верных рабов и рабынь.

Она послала наверх женщин и повитуху, а себе потребовала теплую баню и костоправку.

Истопили баню, набили в большое липовое корыто мыльнистой пены, вложили в него Марфу Андревну и начали ее расправлять да вытягивать. Кости становились на места, а о мясе Марфа Андревна не заботилась. Веруя, что живая кость обрастет мясом, она хлопотала только поскорее выправиться и терпеливо сносила без малейшего стона несносную боль от вытягиваний и от ожогов, лопавшихся в мыльнистой щелочи.

Между тем как костоправка вытягивала и ломала в бане Марфу Андревну, сенная девушка, разделявшая с боярыней ужасы этой ночи, родила еле дававшего признаки жизни семимесячного мальчика. Дитя было без ногтей, без век и без всякого голоса. Никаким образом нельзя было сомневаться, что дитя это жить не может. В этом никто и не сомневался, а о матери его нечего было и разговаривать: она только и дожила, пока взнесли на коврах на антресоли Марфу Андревну; поцеловав похолодевшими устами боярынину руку, крепостная красавица скончалась, не сказав никому ни одного слова. Марфа Андревна тотчас же снова распорядилась: она велела подать себе из кладовой круг восковых свечей, отсчитала по свечке на каждую семью своих подданных и послала разложить эти свечки на окны изб и дворовых клетей. Как только вечерний сумрак спустился на село Плодомасово, все его подслеповатые окна озарились красным пламенем тысячи свечек, и тысяча душ сразу послали небу молитву по усопшей.

ГЛАВА ОДИННАДЦАТАЯ

Плодомасова доканчивает дело природы и начинает иные действования

Марфа Андревна велела показать себе недоношенного внука, взглянула на него, покачала сомнительно головой и потребовала себе из своей большой кладовой давно не употребляющуюся кармазинную бархатную шубку на заячьем меху. Ребенка смазали теплым лампадным маслом и всунули в нагретый рукав этой шубки, а самую шубу положили в угол теплой лежанки, у которой стояла кровать Марфы Андревны. Здесь младенец должен был дозреть.

Марфа Андревна согревала таким образом внука в течение полутора месяца, а в течение этого срока внучок научился подавать слабый голосок, и стал ему тесен рукав бабушкиной шубы, заменявшей ему покинутые им до срока ложесна матери.

В течение этого же срока поправилась и Марфа Андревна и написала в Петербург сыну следующее послание: «Извещаю тебя, милый друг мой Алиошинька, что я нынче щедротами всевышнего бога чувствую себя здоровой, но, по отпуске тебе прошедшего письма, была у самого гроба и прошла половину мытарств: была у меня в доме бунтовщичья сволочь и грозили мне всякими бедами, но бог и святой угодник ни до чего худого меня от них не допустили. Пограбление их мне все назад возвращено, а здоровье мое опять слава богу; врагам же сим, слышно, оскудело оружие вконец, и самая память о них вскоре погибнет с шумом. А еще уведомляю тебя, что известная тебе девушка моя, к крайнему моему огорчению, скончалась. Она в ту ночь от перепуга обронила дитя незрелое, но я сие дитя со всяким старанием сберегла и сохраняла его с лишком сорок дней в рукаве моей заячьей шубки, и оно там вызрело и, полагать надо, по воле всевышнего намерено жить. Окрещен же сей младенец известным тебе отцом Алексеем осторожно, не погружением, а полит с чайного блюдца, и назван Парменом, так как такое имя значилось в метрике, которую дворецкий Силуян достал мне у бедных дворян Тугановых на их сына, что почти вровень с сим всего за месяц у них родился и наскоряъх затем умер. Мертвым поместили нашего, а сего сделали живым. Дело сие я устроила к общему удовольствию как своему, так и дворян Тугановых, коим сие все равно, а я им подарила за то деревушку Глаголиху с восемьюдесятью мужиками».

Осенью следовавшего за сим года Алексей Никитич получил от матери другое письмо самого неожиданного содержания: «По отпуске к тебе последнего письма моего, – писала Марфа Андревна, – много все еще я заботилась и хлопотала, но живу, благодаря создателя, весьма довольна и в спокойствии. Живая моя живуличка все так и просится на живое стуличко и с моих колен, когда не спит, мало и сходит. Божьим дитем сим, не знаю тебе как и сказать, сколь я довольна и, чтобы веселей его тешить, купила у одной соседней госпожи двух маленьких карлов настоящей русской природы из крепостных: оба очень не велики и забавны; мужчинка называется Николай, а карлица Марья. Карлик умнее, а девчушка изрядно с придурью, – за пару триста рублей дала, – вырастет мальчик, будет с кем играть. Я, друг мой, полагаю так, что теперь нам с тобой опять бы время повидаться, но только лучше, думаю, мне к тебе съездить, чтобы от службы тебя не отрывать, да и от веселостей, о коих при дворе императрицы описываешь; а потому жди меня к себе в Питер по первопутку, ибо в Москве буду малое время, а хочу видеть, что там у вас будет происходить перед рождеством, пробуду святки, – кстати привезу тебе показать и новокупленных карликов».

Как только выпал снег и установился зимний первопуток, Марфа Андревна действительно припожаловала в Петербург, и припожаловала с немалою свитою.

Кроме лакеев, истопников и сенных девушек и самоварниц, за Марфою Андревной в петербургскую квартиру молодого Плодомасова вбирались два крошечных человечка: оба в кашемировых бухарских бешметах, – не разобрать, не то мужчины это, не то женщины. Это были карлики Николай Афанасьич и Марья Афанасьевна, приобретенные Марфой Андревной для забавы новорожденного внука, которого сзади всего несла большая толстая мама.

– Это что же такое, матушка? – неосторожно осведомился Плодомасов, не замечая закрытого маминой шубой ребенка.

– А это, друг мой, здесь дворянин Пармен Семеныч Туганов. Подай-ка его сюда, баба!

Мама вывернула из шубы цветущего розового младенца и подала его Марфе Андревне, которая тотчас же посадила его верхом на колени и, держа его за толстые ручонки, стала его качать, напевая:

> Тарадан, тарадан,
> Села баба на баран,
> Поехала по горам:
> Встретились гости,
> Рассыпались кости.
> Стой, баба, не беги,
> Подай мои пироги,
> С лучком, с мачком,
> С Козиным бобочком.
> Хоп! пошел!

Плодомасова поцеловала расхохотавшегося мальчишку и, бросив его на руки стоявшего перед нею сына, тихо шепнула ему:

– Видишь… у бабки на лежанке в заячьем рукаве доспел!.. Понеси его к образу да благослови.

Оставив ребенка на руках отца, Марфа Андревна кивнула людям и пошла в дальние комнаты переодеваться.

Среди опустелого покоя остались гвардеец Алексей Плодомасов и на его руках дворянин Пармен Туганов. Глядя друг на друга, оба они, казалось, были удивлены, и оба молчали.

Очерк третий
Плодомасовские карлики[54]

---

[54] Здесь должен чувствоваться большой перерыв в Плодомасовской хронике. Наступающий очерк представляет эпоху гораздо позднейшую, когда Плодомасова уже умерла. Глубокое старчества Марфы Андреевы передается лишь устами ее фаворитного карлика Николая Афанасьевича. Очерк этот частию вошел в хронику "Соборяне". (Прим. автора.).

ГЛАВА ПЕРВАЯ

Николай Афанасьевич умнее и Марья Афанасьевна с придурью

У старогородского городничего Порохонцева был именинный пирог, и по этому случаю были гости: два купца из богатых, чиновники и из духовенства: среброкудрый протоиерей Савелий Туберозов, маленький, кроткий, паче всех человек, отец Бенефисов и непомерный дьякон Ахилла. Все, и хозяева и гости, сидели, ели, пили и потом, отпав от стола, зажужжали. В зале стоял шумный говор и ходили густые облака табачного дыма. В это время хозяин случайно глянул в окно и, оборотясь к жене, воскликнул:

– Оля! смотри, мой дружок, тебе бог посылает еще каких-то новых гостей!

Такое восклицание вызвало всеобщее любопытство: все, кто был в комнате, встали с мест, подошли к окнам и остановились, вперя взоры вдаль, на крутой спуск, по которому осторожно сползает, словно трехглавый змей, могучая, рослая тройка больших медно-красных коней. Коренник мнется и тычет ногами, как старый генерал, подходящий, чтобы кого-то распечь: он то скусит губу налево, то скусит направо, то встряхнет головой и опять тычет и тычет; пристяжные вьются и сжимаются, как спутанные; малиновый колокольчик шлепнет колечком в край и снова прилип и молчит; бубенчики глухо рокочут, но без всякого звона. Но вот этот трехглавый змей сполз, показались хребты коней, махнул в воздухе хвост пристяжной из-под ветра; тройка выравнялась и понеслась по мосту, мерно и в такт ударяя подковами о звонкие доски. Показались золоченая дуга с травленою расписной и большие, бронзой кованные троечные дрожки гитарой. На дрожках рядком, как сидят на козетках, сидели два маленькие существа: одно мужское и одно женское; мужчина был в темно-зеленой камлотовой шинели и в большом картузе из шляпного волокнистого плюша, а женщина – в масаковом гроденаплевом салопе с большим бархатным воротником лилового цвета и в чепчике с коричневыми лентами.

– Боже, да это плодомасовские карлики!

– Не может быть!

– Смотрите сами!

– Точно, точно они!

– Да как же: вон Николай-то Афанасьич, глядите, увидал нас и кланяется; а вон и Марья Афанасьевна кивает.

Такие возгласы раздались со всех сторон при виде карликов, и все, словно невесть чему, обрадовались их приезду. Хозяева захлопотали, возобновляя для новых гостей завтрак, а прежние гости внимательно смотрели на двери, в которые должны были показаться маленькие люди. И они, наконец, показались. Впереди шел старичок ростом с небольшого, осьмилетнего мальчика, за ним старушка, немного побольше. Старичок был весь чистота и благообразие: на лице его не было ни желтых пятен, ни морщин, обыкновенно портящих лица карликов; у него была очень пропорциональная фигурка, круглая как шар головка, покрытая совершенно белыми, коротко остриженными волосами, и небольшие коричневые медвежьи глазки. Карлица была лишена приятности брата: она была одутловата, у нее был глуповатый, чувственный рот и тупые глаза.

На карлике Николае Афанасьевиче, несмотря на жаркое, летнее время, были надеты теплые плисовые сапожки, черные панталоны из лохматой байки, желтоватый фланелевый жилет и коричневый фрак с металлическими пуговицами. Белье его было безукоризненной чистоты, и белые, бескровные щечки его туго поддерживал высокий атласный галстук. Карлица была в шелковом зеленом капоте и большом кружевном воротнике городками.

Николай Афанасьевич, войдя в комнату, вытянул свои ручки по швам, потом приподнес правую руку с картузом к сердцу, шаркнул ножкой об ножку и, направляясь вразвалец прямо к имениннице, проговорил тихим и ровным старческим голоском:

— Господин наш Алексей Никитич Плодомасов и господин Пармен Семеныч Туганов от себя и от супруги своей изволили приказать нам, их слугам, принести вам, сударыня Ольга Арсентьевна, их поздравление. Сестрица, повторите! — отнесся он к стоявшей возле него сестре, и когда та кончила свое поздравление, Николай Афанасьевич шаркнул городничему и продолжал: — А вас, сударь Воин Васильевич, и всю честную компанию, с дорогою именинницей! И затем, сударь, имею честь доложить, что, прислав нас с сестрицей для принесения вам их поздравления, и господин мой и Пармен Семеныч Туганов просят извинения за наше холопье посольство, но сами теперь в своих минутах не вольны и принесут вам в том извинение сегодня вечером.

— Пармен Семеныч будет здесь! — воскликнул городничий.

— Вместе с господином моим Алексеем Никитичем Плодомасовым, проездом в Петербург; просят простить, что заедут к вам в дорожном положении.

В обществе началась суета, пользуясь которою карлик подошел под благословение к большому протопопу Туберозову и тихо проговорил:

– Пармен Семеныч просили вас, отец протоиерей, побывать вечером сюда.

– Скажи, голубчик, буду, – отвечал Туберозов.

Карлик взял благословение у маленького, кроткого паче всех человек отца Захария, потом протянул ручку Ахилле и, улыбнувшись, проговорил:

– Только сделайте милость, сударь, отец дьякон, силы не пробуйте.

– А что, Николай Афанасьич, разве он того... здоров? – пошутил с карликом хозяин.

– Силку свою, сударь, все пробовать любят-с, – отвечал старичок. – Есть над кем – над калечкой силиться!

– А что ваше здоровье, Николай Афанасьич, – пытали карлика дамы, окружая его со всех сторон и пожимая ему ручонки.

– Какое, милостивые мои государыни, здоровье! Смех отвечать: точно поросенок стал; Петровки на дворе, а я все зябну.

– Зябнете!

– Да как же-с: вот как кролик, весь в мешок, весь в заячий зашит. Да и чему дивиться, прекрасные госпожи, – осьмой десяток лет уж совершил, ненужный человек.

Николая Афанасьевича наперебой засыпали вопросами о различных предметах, усаживали, потчевали всем; он отвечал на все вопросы умно и находчиво, но отказывался от всех угощений, говоря, что давно уже ест мало, и то однажды в сутки.

– Вот сестрица, они покушают, – проговорил он и тотчас же, обратясь к сестре, добавил: – Садитесь, сестрица, кушайте! Когда просят хозяева, чего церемониться? Вы, может быть, без меня не хотите, так позвольте мне, сударыня Ольга Арсентьевна, морковной начиночки из пирожка на блюдце... Вот так, довольно-с, довольно! Теперь, сестрица, кушайте, а с меня довольно. Меня нынче, государи мои, и кормить-то уж не за что – нитяного чулка, и того вязать не в состоянии. Лучше гораздо сестрицы вязал когда-то, а нынче стану вязать, всё петли спускаю.

– А бывало, Никола, ты славно вязал! – отозвался Туберозов, весь оживившийся и повеселевший с прибытием карлика.

– Ах, отец Савелий, государь! Время, государь, время. – Карлик улыбнулся и договорил шутя: – Строгости надо мной, государь, не стало; избаловался после смерти, моей благодетельницы. Что! хлеб-соль готовые, кров теплый – поел казак да на бок, с того казак и гладок.

Протопоп Туберозов посмотрел в глаза карлику с счастливою улыбкой и сказал:

– Вижу я тебя, Никола, словно милую сказку старую перед собой вижу, с которою умереть бы хотелось.

– А она, батушка (он говорил у вместо ю), она, сказка-то добрая, прежде нас померла.

– А забываешь, Николушка, про госпожу-то свою? Про боярыню-то свою, Марфу Андревну, забываешь? – проговорил, юля около карлика, дьякон Ахилла, которого Николай Афанасьевич не то чтобы не любил, а как бы опасался и остерегался.

– Забывать, сударь отец дьякон, стар, сам к ней, к утешительнице моей, служить на том свете собираюсь, – отвечал карлик очень тихо и неспешно и с легким только полуоборотом в сторону Ахиллы.

– Утешительная, говорят, была старуха, – отнесся безразлично ко всему собранию дьякон.

– Ты это в каком же смысле берешь ее утешительность? – спросил Туберозов.

– Забавная!

Протопоп улыбнулся и махнул рукой, а Николай Афанасьевич поправил Ахиллу, твердо сказав ему:

– Утешительница, сударь, утешительница, а не забавница.

– Что ты ему бесплодно внушаешь, Никола! ты лучше расскажи, как она тебя ожесточила-то, как откуп-то сделала, – посоветовал протопоп.

– Что, отец протопоп, старое это, сударь.

– Наитеплейше это у него выходит, когда он рассказывает, как он ожесточился, – обратился Туберозов к присутствующим.

– А уж так, батушка, она, госпожа моя, умела человека и ожесточить и утешить. И ожесточила и утешила, как разве только один ангел господень может утешить, – сейчас же отозвался карлик. – В сокровенныя души, бывало, человека проникнет и утешит, а мановением своим вся благая для него и совершит.

– А ты в самом деле расскажи, как это ты ожесточен был.

– Да расскажи, Николаша, расскажи!

– Что ж, милостивые государи, смеетесь ли вы или не смеетесь, а вправду интересуетесь об этом слышать, но если вся компания желает, я ослушаться не смею, расскажу.

– Пожалуйста, Николай Афанасьич, рассказывай.

– Расскажу, – отвечал, улыбнувшись, карлик, – расскажу, потому что повесть эта даже и приятная.

С этими словами карлик начал.

ГЛАВА ВТОРАЯ

Николай Афанасьевич в ожесточении

– Это всего было через год, как они меня у прежних господ купили. Я прожил этот годок в грусти, потому был отторгнут, знаете, от фамилии. Разумеется, виду этого, что грущу, я не подавал, чтобы как помещице в том не донесли или бы сами они не заметили, но только все это было втуне, потому что покойница, по большому уму своему, все это провидели. Стали приближаться мои именины, она и изволит говорить:

«Какой же, – говорит, – я тебе, Николай, подарок подарю?»

«Матушка, – говорю, – какой же мне еще, глупцу, подарок? Я и так всем свыше главы моей доволен».

«Нет, – изволят говорить, – я думаю хоть рублем одарить».

Что ж, я отказываться, разумеется, не посмел, поцеловал ее ручку, говорю: «Много, говорю, вашей милостью взыскан», и сел опять чулок вязать. Я еще тогда хорошо глазами видел, и что Марфа Андревна, что я, заравно такие самые нитяные чулки на господина моего Алексея Никитича в гвардию вязал. Вяжу, сударь, так-то и в этот час чулок, да и заплакал. Бог знает отчего заплакал, так, знаете, вспомнилось что-то про родных, перед днем ангела, и заплакал. А Марфа Андревна видят это, потому что я напротив их кресла на скамеечке всегда вязал, и спрашивают:

«Что ж ты это, – изволят говорить, – нынче, Николаша, плачешь?»

«Так, – отвечаю, – матушка, что-то слезы так…» – да и, знаете, что им доложить-то, отчего плачу, и не знаю.

Встал, ручку их поцеловал, да и опять сел на свою скамеечку.

«Не извольте, – говорю, – сударыня, обращать взоров ваших на эту слабость, это я так, сдуру, эти мои слезы пролил».

И опять сидим да работаем; и я чулок вяжу, и они чулочек вязать изволят. Только вдруг они этак повязали и изволят спрашивать:

«А куда ж ты, Николай, рубль тот денешь, что я тебе завтра подарить хочу?»

«Тятеньке, – говорю, – сударыня своему при верной оказии отправлю».

«А если, – говорят, – я тебе два подарю?»

«Другой, – докладываю, – маменьке пошлю».

«А если три?»

«Братцу, – говорю, – Ивану Афанасьевичу».

Они покачали головкой, да и изволят говорить:

«Много же как тебе, братец, денег-то надо, чтобы всех оделить! Это ты, такой маленький, этого и век не заслужишь».

«Господу, – говорю, – было угодно таким создать меня», – да с сими словами и опять заплакал; опять сердце, знаете, сжалось: и сержусь на свои слезы и плачу.

Они же, покойница, глядели, глядели на меня и этак молчком меня к себе одним пальчиком и поманули: я упал им в ноги, а они положили мою голову в колени, да и я плачу, и они изволят плакать. Потом встали, да и говорят:

«Ты не ропщешь, Николаша, на бога?»

«Никогда, – говорю, – матушка, на создателя своего не ропщу».

«Ну, он, – изволят говорить, – тебя за это и утешит».

Встали они, знаете, с этим словом, велели мне приказать, чтобы к ним послали бурмистра Дементия, в их нижний кабинет, и сами туда отправились.

«Не плачь, – говорят, – Николаша, – тебя господь утешит».

И точно утешил.

При этом Николай Афанасьевич заморгал частенько своими тонкими веками и вдруг проворно соскочил со стула, отбежал в уголок, взмахнул над глазами своими ручками, как крылышками, отер белым платочком слезы и возвратился со стыдливою улыбкой на прежнее место. Усевшись снова, он начал другим, несколько торжественным голосом:

– Обновился майский день моего ангела, девятого числа мая; встаю я, судари мои, рано; вышел на цыпочках, потихоньку умылся, потому что я у них, у Марфы Андревны, в ножках за ширмою, на ковре спал; оделся, да и пошел в церковь. Я имел то намерение, чтоб отстоять заутреню и обедню, а после у отца Алексея, как должно моему ангелу, молебен отслужить. Вошел я, сударь, в церковь и прошел прямо в алтарь, чтоб у отца Алексея благословение принять, и вижу, что покойник отец Алексей как-то необыкновенно как радостны в выражении и меня шепотливо поздравляют «с великою радостию». Я, поистине вам доложу, я все это отнес, разумеется, к праздничному дню и к именинам моим. Но что ж тут, государи мои, воспоследовало! Выхожу я с просфорою на левый клирос, так как я с покойным дьячком Ефимычем на левом клиросе пел, и вдруг мне в народе представились и матушка, и отец, и братец мой Иван Афанасьевич. Батюшку-то с матушкой я в народе еще и не очень вижу, но братец Иван Афанасьевич, как он был... этакой гвардион, – я его сейчас увидал. Думаю: это видение, потому что очень уж я желал их в этот день видеть, – но нет, не виденье! Вижу, маменька, – крестьянка она были, – так и ударяются, плачут. Думаю, верно, у своих господ они отпросились и издалека пришли с своим дитей повидаться. Разумеется, я, чтобы благочиния церковного не нарушать, ушел скорей совсем в алтарь, так и обедня по чину, как должно, кончилась, и тогда... Вот только чтоб эти слезы дурацкие опять рассказать не мешали! – проговорил, быстро обмахнув платочком глаза, Николай Афанасьевич. – Выхожу я, сударь, после обедни из алтаря, чтобы святителю молебен петь, а смотрю, пред аналоем с иконою стоит сама Марфа Андревна, к обедне пожаловала, а за нею сестрица Марья Афанасьевна, родители мои и братец. Стали петь «святителю отче Николае», и вдруг отец Алексей на молитве всю родню мою поминает. Очень я был, сударь, всем этим тронут. Отцу Алексею я, по состоянию своему, что имел заплатил, хотя они и брать не хотели, но это нельзя же даром молиться, – да и подхожу к Марфе Андревне, чтоб ее поздравить. А они меня тихонько ручкой от себя отстранили и говорят:

«Иди прежде родителям поклонись».

Я повидался с отцом, с матушкой, с братцем, и все со слезами. Сестрица Марья Афанасьевна (Николай Афанасьевич с ласковою улыбкой указал на сестру), сестрица ничего – не плачут, потому что у них характер лучше, а я слаб и плачу. Тут, батюшка, выходим мы на паперть, госпожа моя Марфа Андревна достают из карманчика кошелечек кувшинчиком, и сам я видел даже, как они этот кошелечек вязали, да не знал, разумеется, кому он.

«Одари, – говорят мне, – Николаша, свою родню».

Я начинаю одарять: тятеньке серебряный рубль, маменьке рубль, братцу Ивану Афанасьевичу рубль, и все новые рубли; а в кошелечке и еще четыре рубля.

«Это, – говорю, – матушка, для чего прикажете?»

А ко мне, гляжу, бурмистр Дементий и подводит и невестушку и трех ребятишек, все в свитках. Всех я, по ее великой милости, одаряю, как виночерпий и хлебодар, что в Писании. Ну-с, одарил, и пошли мы домой из церкви все: покойница госпожа, и отец Алексей, и я, сестрица Марья Афанасьевна, и родители, и все дети братцевы. Сестрица Марья Афанасьевна опять и здесь идут ничего, разумно, ну а я, глупец, все и тут, сам не знаю чего, рекой разливаюсь, плачу. Но все же, однако, я, милостивые государи, до сих пор хоть и плакал, но шел благоприлично за госпожой; но тут, батюшка, у крыльца господского, вдруг смотрю, вижу, стоят три подводы, лошади запряжены разгонные господские Марфы Андревны, а братцевы две лошаденки сзади прицеплены, и на телегах, вижу, весь багаж моих родителей и братца. Я, батюшка, этим смутился и не знаю, что думать, что это значит? Марфа Андревна до сего времени, идучи с отцом Алексеем, все о покосах изволили разговаривать и внимания на меня будто не обращали, а тут вдруг ступили ножками на крыльцо, оборачиваются ко мне и изволят говорить такое слово: «Вот тебе, слуга мой верный, отпускная, пусти своих стариков и брата с детьми на волю», и… и… бумагу-то эту… отпускную-то… за жилет мне и положили… Ну, уж этого я не перенес… (Николай Афанасьевич приподнял руки вровень с своим лицом и заговорил):

«Ты, – говорю ей в своем безумии – жестокая, – говорю, – ты жестокая!

206

За что, говорю, – ты хочешь раздавить меня своей благостью!» – и тут грудь мне перехватило, виски заныли, в глазах по всему свету замелькали лампады, и я без чувств упал у отцовских возов с тою отпускной.

– Ах, старичок прелестный! – воскликнул растроганный дьякон Ахилла, хлопнув по плечу Николая Афанасьевича.

– Да-с, – продолжал, вытерев себе ротик, карлик. – А пришел-то я в себя уж через девять дней, потому что горячка у меня сделалась. Осматриваюсь и вижу, госпожа сидят у моего изголовья и говорят: «Ох, прости ты меня Христа ради, Николаша: чуть я тебя, сумасшедшая, не убила!» Так вот-с она какой великан-то была, госпожа Плодомасова!

– Ах ты, старичок прелестный! – опять воскликнул дьякон Ахилла, схватив Николая Афанасьевича в шутку за пуговичку фрака и как бы оторвав ее.

Карлик молча попробовал эту пуговицу и, удостоверившись, что она цела и на своем месте, сказал:

– Да-с, да, ничтожный человек, а заботились обо мне, доверяли; даже скорби свои иногда открывали, когда в разлуке по Алексее Никитиче скорбели. Получат, бывало, письмо, сейчас сначала скоро-скоро пошептом его пробежат, а потом и всё вслух читают. Оне сидят читают, а я перед ними стою, чулок вяжу да слушаю. Прочитаем и в разговор сейчас вступим:

«Теперь его в офицеры, – бывало, скажут, – должно быть, скоро произведут».

А я говорю:

«Уж по ранжиру, матушка, непременно произведут».

«Тогда, – рассуждают, – как ты думаешь: ему ведь больше надо будет денег посылать?»

«А как же, – отвечаю, – матушка? обойтись без того никак нельзя, непременно тогда надо больше».

«То-то, – скажут, – нам ведь здесь деньги все равно и не нужны».

«Да нам, мол, они на что же, матушка, нужны!»

Тут Николай Афанасьевич щелкнул пальчиками и, привздохнув, с озабоченнейшей миной проговорил:

– А сестрица Марья Афанасьевна в это время молчат, покойница на них за это сейчас и разгневаются, – сейчас начинают деревянностью попрекать: «Деревяшка ты, скажут, деревяшка! Недаром мне тебя за братом-то твоим без денег в придачу отдали».

Николай Афанасьевич вдруг спохватился, покраснел и, повернувшись к своей тупоумной сестре, проговорил:

– Вы простите меня, сестрица, что я это рассказываю?

– Сказывайте, ничего, сказывайте, – отвечала, водя языком за щекою, Марья Афанасьевна.

– Сестрица, бывало, расплачутся, – продолжал Николай Афанасьевич, – а я ее куда-нибудь в уголок или на лестницу тихонечко с глаз Марфы Андревны выманю и уговорю: «Сестрица, говорю, успокойтесь, пожалейте себя; эта немилость к милости», – потому что я ведь уж, бывало, знаю, что у нее все к милости. И точно, горячее да сплывчивое сердце их сейчас скоро, бывало, и пройдет: «Марья! – бывало, зовут через минутку. – Полно, мать, злиться-то. Чего ты кошкой-то ощетинилась? Иди, сядь здесь, работай». Вы ведь, сестрица, не сердитесь?

– Сказывайте, что ж мне? сказывайте, – отвечала Марья Афанасьевна.

– Да-с; тем, бывало, и кончено. Сестрица возьмут скамеечку, поставят у их ножек и опять начинают вязать. Ну, тут я уж, как это спокойствие водворится, сейчас подхожу к Марфе Андревне, попрошу у них ручку поцеловать и скажу: «Покорно вас, матушка, благодарим!» Сейчас, всё даже слезой взволнуются.

«Ты у меня, – говорят, – Николай, нежный. Отчего это только, я понять не могу, отчего она у нас такая деревянная?» – скажут опять на сестрицу. – А я, – продолжал Николай Афанасьевич, улыбнувшись, – я эту речь их сейчас, как секретарь, под сукно, под сукно. «Сестрица! – шепчу, – сестрица, просите скорей ручку поцеловать!»

Марфа Андревна услышат, сейчас и конец. «Сиди уж, мать моя, – скажут сестрице, – не надо мне твоих поцелуев», и пойдем колтыхать спицами в трое рук. Только и слышно, что спицы эти три-ти-ти-ти-три-ти-ти, да мушка ж-ж-жу-ж-жу-ж-жу пролетит. Вот в такой тишине невозмутимой, милостивые государи, в селе Плодомасове жили, и так пятьдесят пять лет вместе прожили.

ГЛАВА ТРЕТЬЯ

Николай Афанасьевич сконфужен

– Ну, а вас же самих с сестрицей на волю Марфа Андревна не отпустила? – спросил судья Дарьянов карлика, когда тот окончил свою повесть и хотел встать.

– На волю? Нет, сударь Валерьян Николаич, меня не отпускали. Сестрица Марья Афанасьевна были приписаны к родительской отпускной, а меня не отпускали, да это ведь и к моей пользе все. Оне, бывало, изволят говорить: «После смерти моей живи где хочешь (потому что она на меня капитал положили), а пока жива, я тебя на волю не отпущу».

«Да и на что, – говорю, – мне, матушка, она, воля? Меня на ней воробьи заклюют».

– Ах ты, маленький этакой! – воскликнул в умилении Ахилла.

– Да-с, конечно-с, заклюют, – подтвердил Николай Афанасьевич. – Вот у нас дворецкий Глеб Степанович, на волю их отпустили, они гостиницу открыли и занялись винцом, а теперь по гостиному двору ходят да купцам с конфетных билетиков стихи читают. Ничего прекрасного в этом нет.

– А он ведь, Николай-то Афанасьевич-то, он у нее во всем правая рука был. Крепостной, да не раб, а больше друг и наперсник, – отозвался Туберозов, желая возвысить этим отзывом значение Николая Афанасьевича и снова наладить разговор на желанную тему.

– Служил, батушка, отец протоиерей, по разумению своему угождал и берег их. В Москву и в Питер покойница езжали, никогда горничных с собою не брали. Терпеть женской прислуги в дороге не могли. Изволят, бывало, говорить: «Все эти Милитрисы Кирбитьевны квохчут да в гостиницах по коридорам расхаживают, а Николаша, говорят, у меня, как заяц, в углу сидит». Она ведь меня за мужчину вовсе не почитали, а все, бывало, заяц.

Николай Афанасьевич рассмеялся и добавил:

– Да и взаправду, какой же я уж мужчина, когда на меня, извините, ни сапожков и никакого мужского платья готового нельзя купить, – не придется. Это и точно, их слово справедливое было, что я заяц.

– Но не совсем же она тебя всегда считала зайцем, когда хотела женить, – отозвался городничий Порохонцев.

– Да, это такое их господское желание, батушка Воин Васильевич, было, – проговорил, сконфузясь, карлик. – Было, сударь, – добавил он, все понижая голос, – было.

– Неужто, Николай Афанасьевич, было, – откликнулось разом несколько голосов.

Николай Афанасьевич потупил стыдливо взор себе в колени и шепотом проронил:

– Не могу солгать, действительно такое дело было.

Все, кто здесь были, разом пристали к карлику:

– Голубчик, Николай Афанасьевич, расскажите про это.

– Ах, господа, про что тут рассказывать, – отговаривался, краснея и отмахиваясь от просьб руками, Николай Афанасьевич.

Его просили неотступно, дамы его брали за руки, целовали его в лоб; он ловил на лету прикасавшиеся к нему дамские руки и целовал их, но все-таки отказывался от рассказа, находя его и долгим и незанимательным. Но вот что-то вдруг неожиданно стукнуло об пол; именинница, стоявшая в эту минуту пред креслом карлика, в испуге посторонилась, и глазам Николая Афанасьевича представился коленопреклоненный, с воздетыми кверху руками дьякон Ахилла.

— Душечка, душка, душанчик, — мотая головой, выбивал Ахилла.

— Что вы? Что вы это, отец дьякон? — заговорил, быстро подскочив к дьякону, Николай Афанасьевич.

Стоя на своих ножках, карлик был на вершок ниже коленопреклоненного Ахиллы, который, обняв его своими руками, крепко целовал и между поцелуями барабанил:

— Никола… Николаша… Николавра… если ты… не расскажешь, как тебя женить хотели… то ты просто не друг кесарю!

— Скажу, скажу, все расскажу, только поднимайтесь, отец дьякон.

Ахилла встал и, обмахнув с рясы пыль, самодовольно возгласил:

— А то говорят: не расскажет! С чего так, не расскажет? Я сказал: выпрошу, вот и выпросил. Теперь, господа, опять по местам, и чтоб тихо, а вы, хозяйка, велите Николавре стакан воды с червонным вином, как в домах подают.

Все уселись, Николаю Афанасьевичу подали стакан воды, в который он сам опустил несколько капель красного вина и начал:

— Это, господа, было вскоре после французского замирения, как я со в бозе почивающим государем императором разговаривал.

— Вы с государем разговаривали? — перебили рассказчика несколько голосов.

— А как бы вы изволили полагать? — отвечал с тихой улыбкой карлик. — С самим императором Александром Первым, имел честь отвечать ему.

— Ха-ха-ха! Вот, бог меня убей, шельма какая у нас этот Николавра! — взвыл вдруг от удовольствия дьякон Ахилла и, хлопнув себя ладонями по бедрам, добавил: — Глядите на него, а он, клопштос, с царем разговаривал!

— Сиди, дьякон, сиди! — спокойно и внушительно произнес Туберозов.

Ахилла показал руками, что он более ничего не скажет, и сел.

Рассказ начался.

ГЛАВА ЧЕТВЕРТАЯ

Николай Афанасьевич во всей славе своей

— Это как будто от разговора моего с государем императором даже и начало имело, — спокойно заговорил Николай Афанасьевич. — Госпожа моя, Марфа Андревна, имела желание быть в Москве, когда туда ждали императора после победы над Наполеоном. Разумеется, и я, по их воле, при них находился. Оне, покойница, тогда уже были в больших летах и, по нездоровью своему, стали несколько стропотны, гневливы и обидчивы. Молодым господам в доме у нас было скучно, и покойница это видели и много на это досадовали. Себе этого ничего, бывало, не приписывают, а больше всех на Алексея Никитича сердились, – всё полагали, что не так, верно, у них в доме порядок устроен, чтобы всем весело было, и что чрез то их все забывают. Вот Алексей Никитич и достали маменьке приглашение на бал, на который государя ожидали. Марфа Андревна сейчас Алексею Никитичу ручку пожаловали и не скрыли от меня, что это им очень большое удовольствие доставило. Сделали оне себе наряд бесценный и мне французу-портному заказали синий фрак аглицкого сукна с золотыми пуговицами, панталоны – сударыни простите! – жилет и галстук белые; манишку с кружевными гофреями и серебрянные пряжки на башмаках, сорок два рубля заплатили. Алексей Никитич для маменькиного удовольствия так упросили, чтоб и меня туда можно было на бал взять. Приказано было метрдотелю, чтобы ввести меня в оранжерею при доме и напротив самого зала, куда государь взойдет, в углу поставить.

Так это, милостивые государи, все и исполнилось, но не совсем. Поставил меня, знаете, метрдотель в уголок у большого такого дерева, китайская пальма называется, и сказал, чтоб я смотрел, что отсюда увижу. А что оттуда увидать можно? Ничего. Вот я, знаете, как Закхей-мытарь, цап-царап, да и взлез на этакую невысокую скалу, из такого, знаете, из ноздреватого камня в виде натуральной сделана. Взлез я на нее на самый верх и стою под пальмой, за стволок-то держуся. В зале шум, блеск, музыка и распарады, а я хоть и на скале под пальмой стою, а все ничего не вижу, кроме как головы. Так ничего совсем уж и видеть не надеялся, но только вышло, что больше всех увидал. Вдруг-с все эти головы в залах засуетились, раздвинулись, и государь с князем Голицыным прямо и входят от жары в оранжерею. И еще-то, представьте, идет не только что в оранжерею, а даже в самый тот дальний угол прохладный, куда меня спрятали. Я так, сударыни, и засох. На скале-то засох и не слезу.

– Страшно? – спросил Туберозов.

– Как вам доложить, отец протопоп: не страшно, но и не нестрашно.

– А я бы убёг, – сказал, не вытерпев, дьякон Ахилла.

– Чего же, сударь, бежать?

– Чего бежать? Да потому, что никогда царской фамилии не видал, вот испугался б и убёг, – отвечал гигант.

– Ну-с, я не бегал, – продолжал карлик. – Не могу сказать, чтобы совсем ни капли не испугался, но не бегал. А его величество тем часом все подходят да подходят; я слышу, как сапожки на них рип, рип, рип; вижу уж и лик у них этакий тихий, взрак ласковый, да уж, знаете, на отчаянность, и думаю и не думаю: как и зачем это я пред ними на самом на виду являюсь? Так, дум совершенно никаких, а одно мленье в суставах. А государь вдруг этак голову повернули и, вижу, изволили вскинуть па меня свои очи и на мне их и остановили. Я думаю: что же я, статуя есть или человек? Человек. Я взял да и поклонился своему императору. Они посмотрели на меня и изволят князю Голицыну говорить по-французски: «Ах, какой миниатюрный экземпляр! Чей, любопытствуют, это такой?» Князь Голицын, вижу, в затруднительности, как их величеству ответить; а я, как французскую речь могу понимать, сам и отвечаю:

«Госпожи Плодомасовой, – говорю, – ваше императорское величество».

Государь обратились ко мне и изволят меня спрашивать:

«Какой вы нации?»

«Верноподданный, – говорю, – вашего императорского величества».

«Какой же вы уроженец?» – изволят спрашивать.

А я опять отвечаю:

«Из крестьян, – говорю, – верноподданный вашего императорского величества».

Император и рассмеялись.

«Bravo! – изволили пошутить, – bravo, mon petit sujet fidиle[55]», – и ручкой этак меня за голову взяли.

Николай Афанасьевич понизил голос и сквозь тихую улыбку шепотом добавил:

– Ручкою-то своей, знаете, взяли, обняли, а здесь… неприметно для них, пуговичкой своего обшлага нос-то мне ужасно чувствительно больно придавили.

– А ты же ведь ничего… не закричал? – спросил дьякон.

– Нет-с, как можно! Я-с, – заключил Николаи Афанасьевич, – только, как они выпустили меня, я поцеловал их ручку… что счастлив и удостоен чести, и только и всего моего разговора с их величеством было. А после, разумеется, как сняли меня из-под пальмы и повезли в карете домой, так вот тут уж все плакал.

– Отчего же ты в карете-то плакал? – спросил дьякон Ахилла.

– Да как же отчего? – отвечал, удивляясь и смаргивая слезы, карлик. – От умиления чувств плачешь.

– Да-а, вот отчего! – догадался Ахилла. – Ну, а когда ж про жененье-то?

– Ну-с, позвольте. Сейчас и про жененье.

---

[55] Браво, мой маленький верноподданный (франц.).

ГЛАВА ПЯТАЯ

Николай Афанасьевич жених

– Только что это случайное внимание императора ко мне по Москве в больших домах разгласилось, покойница Марфа Андревна начали меня всюду возить и показывать, а я, истину вам докладываю, не лгу, был тогда самый маленький карлик во всей Москве. Но недолго это было-с, всего одну зиму…

В это время дьякон, ни с того ни с сего, вдруг оглушительно фыркнул и, свесив голову за спинку стула, тихо захохотал.

Заметя, что его смех остановил рассказ, Ахилла приподнялся и сказал:

– Нет, это ничего!.. Рассказывай, сделай милость, Николавра, – это я по своему делу смеюсь. Как со мной граф Кленыхин говорил.

Карлик молчал.

– Да ничего; говорите! – упрашивал Ахилла. – Граф Кленыхин новый семинарский корпус у нас смотрел, я ему, вроде вот как ты, поклонился, а он говорит: «Пошел прочь, дурак!» – вот и весь наш разговор. Вот чему я рассмеялся.

Николай Афанасьевич улыбнулся и стал продолжать. – На другую зиму, – заговорил он, – Вихиорова генеральша привезла из-за Петербурга чухоночку Метту Ивановну, карлицу, еще меньше меня на палец. Покойница госпожа Марфа Андревна слышать об этом не могли. Сначала всё изволили говорить, что эта карлица не натуральная, а свинцом будто опоенная; но как приехали и изволили сами Метту Ивановну увидать, и рассердились, что она этакая беленькая и совершенная. И во сне стали видеть, как бы нам Метту Ивановну себе купить, а Вихиорша, та слышать не хочет, чтобы продать. Вот тут Марфа Андревна и объясняют, что «мой Николай, говорят, умный и государю отвечать умел, а твоя, говорит, девчушка, что ж, только на вид хороша, а я в ней особенного ничего не нахожу». А генеральша говорят, что и во мне ничего особенного не видят, – так меж собой обе госпожи за нас и поспорят. Марфа Андревна говорят той: «продай», а эта им говорит, чтобы меня продать. Марфа Андревна вскипят вдруг: «Я ведь, – изволят говорить, – не для игрушки ее у тебя торгую: я ее в невесты на вывод покупаю, чтобы Николая на ней женить». А госпожа Вихиорова говорят: «Что же, я его и у себя женю». Марфа Андревна говорят: «Я тебе от них детей дам, если будут», и та тоже говорит, что и она Марфе Андревне пожалуют детей, если родятся. Марфа Андревна рассердятся и велят мне прощаться с Меттой Ивановной. А потом, день, два пройдет, Марфа Андревна опять не выдержат, заедем, и как только они войдут, сейчас и объявляют: «Ну, слушай, матушка, я тебе, чтобы попусту не говорить, тысячу рублей за твою уродиху дам», а генеральша меня не порочат уродом, но две за меня Марфе Андревне предлагают. Пойдут друг другу набавлять и набавляют, набавляют, и потом рассердится Марфа Андревна, вскрикнет: «Я, матушка, своими людьми не торгую», а госпожа Вихиорова тоже отвечают, что и она не торгуют, – так и опять велят нам с Меттой Ивановной прощаться.

До десяти тысяч рублей, милостивые государи, доторговались за нас, а все дело не подвигалось, потому что моя госпожа за ту дает десять тысяч, а та за меня одиннадцать. До самой весны, государи мои, так тянулось, и доложу вам, госпожа Вихиорова ужасно переломили Марфы Андревны весь характер. Скучают, страшно скучают! И на меня всё начинают гневаться: «Это ты, – изволят говорить, – сякой-такой пентюх, что девку в воображение ввести не можешь, чтобы сама за тебя просилась».

«Матушка, – говорю, – Марфа Андревна, да чем же, – говорю, – питательница, я могу ее в воображение вводить? Ручку, – говорю, – матушка, мне, дураку, пожалуйте!»

– Маленький, – прошептал сочувственно дьякон.

– Ну-с, так дальше больше, дошло до весны, – пора нам стало и домой в Плодомасово из Москвы собираться. Марфа Андревна опять приказали мне одеваться, и чтоб оделся я в гишпанское платье. Поехали к Вихиорше и опять не сторговались. Марфа Андревна говорят ей: «Ну, хоть позволь же ты своей каракатице, пусть они хоть походят вместе с Николашей перед домом». Генеральша на это согласилась, и мы с Меттой Ивановной по тротуару, на Мясницкой, против генеральшиных окон и гуляли. Марфа Андревна, покойница, и этому радовались, и всяких костюмов нам обоим нашли. Приедем, бывало, она и приказывают: «Наденьте, Николаша с Меттой, пейзанские костюмы». Мы оба в деревянных башмаках; я в камзоле и в шляпе, а она в высоком чепчике, выстроимся парой и ходим, и народа на нас много соберется, стоит и смотрит. Другой раз велят нам одеться турком с турчанкой, – мы тоже опять ходим; или матросом с матроской, – мы и этак ходим. А то были у нас тоже медвежьи платьица, те из коричневой фланели, вроде чехлов сшиты. Всунут нас, бывало, в них, будто руку в перчатку, ничего, кроме глаз, и не видно, а на макушечках такие суконные завязочки ушками поделаны, треплются. Но в этих платьицах нас на улицу не посылали, потому там собаки… разорвать могли, а велят, бывало, одеться, когда обе госпожи за столом кофей кушают, и чтобы во время их кофею на ковре против их стола бороться. Метта Ивановна пресильная были, даром что женщина, но я, бывало, если им хорошенько подножку дам, она сейчас и слетят, но только я, впрочем, это редко делал; я всегда Метте Ивановне больше поддавался, потому что мне их жаль было по их женскому полу, да и генеральша сейчас, бывало, в их защиту, собачку болонку кличут, а та меня за голеняшки, а Марфа

214

Андревна этого не снесут и сердятся… А тоже покойница заказали нам уже самый лучший костюм, он у меня и теперь цел – меня одели французским гренадером, а Метту Ивановну маркизой. У меня этакий кивер, медвежий меховой, высокий, мундир длинный, ружье со штычком и тесак, а Метте Ивановне роб и опахало большое. Я, бывало, стану в дверях с ружьем, а Метта Ивановна с опахалом проходят, и я им честь отдаю, и потом Марфа Андревна с генеральшею опять за нас торгуются, чтобы нас женить. Но только надо вам доложить, что все эти наряды и костюмы для нас с Меттой Ивановной всё моя госпожа на свой счет делали, потому что оне уж наверное надеялись, что мы Метту Ивановну купим, и даже так, что чем больше оне на нас двоих этих костюмов наделывали, тем больше уверялись, что мы ихние; а дело-то совсем было не туда.

ГЛАВА ШЕСТАЯ

Николай Афанасьевич двуличный

– Пред самою весной Марфа Андревна говорят генеральше: «Что же это мы с тобою, матушка, делаем, ни Мишу, ни Гришу? Надо же, говорят, это на чем-нибудь нам кончить», да на том было и кончили, что чуть самих на Ваганьково кладбище не отнесли. Зачахли покойница, желчью покрылись, на всех стали сердиться, и вот минуты одной, какова есть минута, не хотят ждать: вынь да положь им Метту Ивановну, чтобы женить меня!

У кого в доме светлое Христово воскресение, а у нас тревога, а к красной горке ждем последний ответ и не знаем, как ей и передать его.

Тут-то Алексей Никитич, – дай им бог здоровья, уж и им это дело насолило, – видят, что беда ожидает неминучая, вдруг надумались и доложили маменьке, что Вихиоршина карлица пропала.

Марфе Андревне все, знаете, от этого легче стало, что уж ни у кого ее нет.

«Как же, – спрашивают, – она пропала?»

Алексей Никитич отвечают, что жид украл.

«Как? Какой жид?» – все расспрашивают.

Сочиняем им что попало: так, мол, жид этакий каштановатый, с бородою, все видели, взял да понес.

«Что же, – изволят спрашивать, – зачем же его не остановили?»

«Так, мол, – он из улицы в улицу, из переулка в переулок, так и унес».

215

«Да и она-то, – рассуждают, – дура какая, что ее несут, а она не кричит. Мой Николай ни за что бы, – говорят, – не дался».

«Да как же можно, – говорю, – сударыня, жиду сдаться!» Сам это говорю, а самому мочи нет совестно, что их обманываю; а оне уж, как ребенок, всему стали верить.

Но тут Алексей Никитич маленькую ошибку дали: намерение их такое сыновное было, разумеется, чтобы скорее Марфу Андревну со мною в деревню отправить, чтобы все это тут позабылось; они и сказали маменьке:

«Вы, – изволят говорить, – маменька, не беспокойтесь, ее найдут, потому что ее ищут, и как найдут, я вам сейчас и отпишу в деревню».

А покойница как это услыхали, сейчас за это слово и ухватились:

«Нет уж, – говорят, – если ищут, так я лучше подожду, я этого жида хочу посмотреть, который унес ее».

Тут, судари мои, мы уж квартального с собою лгать подрядили: тот всякий день приходит и врет, что ищут да не находят. Марфа Андревна ему всякий день синенькую, а меня всякий день к ранней обедне посылают, в церковь Иоанну Воинственнику молебен о сбежавшей рабе служить…

– Иоанну Воинственнику? Иоанну Воинственнику, говоришь ты, ходил молебен-то служить? – перебил карлика дьякон.

– Да-с, Иоанну Воинственнику.

– Это совсем не тому святому служил.

– Дьякон, сядь! Сядь, тебе говорю, сядь! – решил отец Савелий. – А ты, Николай, продолжай.

– Да что, батюшка, продолжать, когда вся уж почти моя сказка и рассказана. Едем мы один раз с Марфой Андревной от Иверской божией матери, а генеральша Вихиорова и хлоп на самой Петровке навстречу в коляске, и Метта Ивановна с ними. Тут Марфа Андревна все поняли и… поверите, государи мои, или нет… тихо, но прегорько в карете заплакали.

Карлик замолчал.

– Ну, Никола! – подогнал его отец Савелий.

– Ну-с, а тут уж что ж, приехали домой и говорят Алексею Никитичу: «А ты, сын мой, говорят, выходишь дурак, что смел свою мать обманывать, да еще полицейского ярыжку, квартального приводил», и с этим велели укладываться и уехали.

– А вам же, – спросили Николая Афанасьевича, – вам ничего не досталось?

– Было-с, – отвечал старичок, – было. Своими устами прямо мне они ничего не изрекли, а все наметки давали. В обратный путь как ехали, то как скоро на знакомом постоялом дворе остановимся, они изволят про что-нибудь хозяйственное с дворником рассуждать да сейчас и встают:

«Теперь, говорят, прощай, – больше я уж в столицы не ездок, – ни за что, говорят, не поеду». – «Что ж так разгневались, сударыня?» – скажет дворник. А они: «Я, – изволят говорить, – гневаться не гневаюсь, да и никто там моего гнева, спасибо, не боится, но не люблю людей двуличных, а тем особенней столичных», да на меня при этом и взглянут.

– Ну-с?

– Ну-с, я уж это, разумеется, понимаю, что это на мой счет с Алексеем Никитичем про двуличность, – подойду, униженно вину свою чувствуя, поцелую ручку и шепну: «Достоин, государыня, достоин сего, достоин!»

– Аксиос, – заметил дьякон.

– Да-с, аксиос. Этим укоренением вины своей, по всякую минуту, их, наконец, и успокоил.

– Это наитеплейше! – воскликнул Туберозов.

Николай Афанасьевич обернулся на стульце ко всем слушателям и заключил:

– Я ведь вам докладывал, что история самая простая и нисколько не занимательная. А мы, сестрица, – добавил он, вставая, – засим и поедемте!

ГЛАВА СЕДЬМАЯ

Николай Афанасьевич улетает, и с ним улетает старая сказка

Марья Афанасьевна стала собираться.

Все встали с места, чтобы проводить маленьких гостей, и беседа уже казалась совершенно законченною, как вдруг дьякон Ахилла опять выступил со спором, что Николай Афанасьевич не тому святому молебен служил.

– Это, отец дьякон, не мое, сударь, дело знать, – оправдывался, отыскивая свой пуховый картуз, Николай Афанасьевич. – Я в первый раз пришел в церковь, подал записку о бежавшей рабе и полтинник; священник и стали служить Иоанну Воинственнику, так оно после и шло.

– Плох, значит, священник.

– Чем? чем? чем? так, по-твоему, плох этот священник? – вмешался неожиданно кроткий отец Бенефисов.

– Тем, отец Захария, плох он, что дела своего не знает, – отвечал Бенефисову с отменною развязностью Ахилла. – О бежавшем рабе нешто Иоанну Воинственнику петь подобает?

– Да, да! А кому же, по-твоему? Кому же? Кому?

– Кому? Ведь, слава тебе господи, сколько, я думаю, лет эта таблица перед вами у ктитора на стене наклеена; а я ведь по печатному читать разумею и знаю, кому за что молебен петь.

– Да!

– Ну и только! Федору Тирону, если вам угодно слышать, вот кому.

– Ложно осуждаешь: Иоанну Воинственнику они праведно служили.

– Не конфузьте себя, отец Захария.

– Я тебе говорю: правильно.

– А я вам говорю: понапрасну себя не конфузьте.

– Да что ты тут со мной споришь! Ишь! ишь!.. спорщик какой!

– Нет, это что вы со мной спорите! Я вас ведь, если захочу, сейчас могу оконфузить.

– Ну, оконфузь.

– Ей-богу, оконфужу!

– Ну, оконфузь!

– Ей-богу, ведь оконфужу, не просите лучше, потому я эту ктиторскую таблицу наизусть знаю.

– Да ты не разговаривай, а оконфузь, оконфузь! – смеясь и радуясь, частил Захария Бенефисов, глядя то на дьякона, то на чинно хранящего молчание отца Туберозова.

– Оконфузить? извольте, – решил Ахилла и сейчас же, закинув далеко за локоть широкий рукав, загнул правою рукой большой палец левой руки, как будто собирался его отломить, и начал: – Вот первое: об исцелении отрясовичной болезни – преподобному Марою.

– Преподобному Марою, – повторил за ним, соглашаясь, отец Бенефисов.

– От огрызной болезни – великомученику Артемию, – вычитывал Ахилла, заломив тем же способом второй палец.

– Артемию, – повторил Бенефисов.

– О разрешении неплодства – Роману Чудотворцу; если возненавидит муж жену свою – мученикам Гурию, Самону и Авиве; об отгнании бесов – преподобному Нифонту; от избавления от блудныя страсти – преподобному Мартемьяну…

– И преподобному Моисею Угрину, – тихо вставил до сих пор только в такт покачивавший своею головкой Бенефисов.

Дьякон, уже загнувший все пять пальцев левой руки, секунду подумал, глядя в глаза отцу Захарии, и затем, разжав левую руку, чтобы загибать ею пальцы правой, произнес:

– Да, можно тоже и Моисею Угрину.

– Ну, теперь продолжай.

– От винного запойства – мученику Вонифатию…

– И Мовсею Мурину.

– Что-с?

– Вонифатию и Мовсею Мурину,– повторил отец Захария.

– Точно, – подтвердил дьякон.

– Продолжай.

– О сохранении от злого очарования – священномученику Киприяну…

– И святой Устинии.

– Да позвольте же, наконец, отец Захария!

– Да нечего мне тебе позволять, русским словом ясно напечатано: «и святой Устинии».

– Ну, хорошо! ну, и святой Устинии, а об обретении украденных вещей и бежавших рабов (дьякон начал с этого места подчеркивать свои слова) Федору Тирону, его же память празднуем семнадцатого февраля.

Но только что Ахилла вострубил свое последнее слово, как Захария, тою же своею тихою и бесстрастною речью, продолжал чтение таблички словами:

– И Иоанну Воинственнику, его же память празднуем десятого июля.

Ахилла похлопал глазами и проговорил:

– Точно, теперь вспомнил: есть и Иоанну Воинственнику.

– Так о чем же это вы, сударь, отец дьякон, изволили спорить? – спросил, протягивая на прощанье свою ручку Ахилле, Николай Афонасьевич.

– Ну, вот поди же ты, говори со мной! Дубликаты позабыл, вот из чего спорил, – отвечал дьякон.

ПРИЛОЖЕНИЕ

СТАРЫЕ ГОДЫ В СЕЛЕ ПЛОДОМАСОВЕ

ОЧЕРК ВТОРОЙ

К главе VI

И вот Марфа Андревна принималась за дело основательней: она брала с собою ключницу и прежде всего запирала один конец коридора. Здесь, у запертой двери, Марфа Андревна оставляла ключницу, вооружив ее голиком на длинной палке, а сама зажигала у лампады медный фонарик и обходила дом с другого конца. Всполох был страшнейший! Марфа Андревна, идучи с своим фонарем, изо всех углов зал, гостиных и наугольных поднимала тучи людей и гнала их перед собою неспешно.

Она знала то, чего никто из гонимых не знал, она знала, что впереди всех их ожидает ловушка – запертый конец коридора, из которого им ни в бок, ни в сторону вынырнуть некуда. Испуганная челядь действительно так и попадалась в дефилеи коридора, и здесь-то, в этом узком конце длинного прохода, освещаемого одним медным фонариком, происходила сцена, которую, по правде сказать, Марфа Андревна как будто даже несколько и любила.

По мере того как она загоняла все большую и большую толпу народа, ею самою овладевала кипучая, веселая заботность; она смотрела вокруг и около, и потихоньку улыбалась, и, вогнав, наконец, в коридор всю ватагу, весело кричала стоявшей по тот бок у запертой двери ключнице: «Держи их, Васена! держи!»

И вслед за этим Марфа Андревна с детским азартом начинала щелкать кого попало по головам своей палочкой.

Тесно скученная толпа мужчин и женщин, все растрепанные и переконфуженные, бились и теснились здесь, как жеребята, загнанные на выбор в тесную карду. Каждому из застигнутых хотелось протолкаться вперед, попасть ближе к двери, спрятаться вниз и скрыть свое лицо от барыни. Марфа Андревна наказывала свою крепостную челядь своею дворянской рукою, видя перед собой лишь одни голые ноги, спины да затылки. Во время ее экзекуции она только слыхала нередко писк, визг, восклик: «Ой, шею, шею!», или женский голос визжал: «Ой, да кто здесь щекочется!» Но имен обыкновенно ни одного толпою не произносилось. Имена виновных открывались особенным способом, тешившим Марфу Андревну. Для этого Марфа Андревна приказывала ключнице отпирать дверь и пропускать через нее по одному человеку, объявляя при этом вслух имя каждого, кто покажется. По этому приказу замкнутая дверь коридора слегка приотворялась, и Марфа Андревна и ключница одновременно поднимали над головами – одна фонарик, другая – просто горящую свечку. Западня была открыта, и птиц начинали выпускать. Ключница давала протискиваться одному и, вглядываясь ему в лицо, возглашала:

– Первый Ванька Индюк!

Марфа Андревна отвечала ей:

– Пропусти!

Лакей Ванька Индюк проскользал в дверь и исчезал в темном пространстве. Ключница пропускала другого и возглашала:

– Ткач Есафей!

– Пропусти! Экой дурак, и он туда же: ноги колесом, а грехи с ума не идут.

Опять пропуск.

– Иван Пешка.

– Пусти его.

– Егор Кажиён!..

Ключница переменяла тон и взвизгивала:

– Ах ты боже мой, да что ж это такое?

– Ну!.. Чего ты там закомонничала?

– Да как же, сударыня: один сверху идет, а двое снизу крадком пролезают.

– Не пускай никого, никого понизу не пускай.

– Да, матушка, за ноги щипются!

– Эй вы! не сметь за ноги щипаться! – командует Марфа Андревна, и опять начинается пропуск.

– Аннушка Круглая.

– Хороша голубка! Что тот год, что этот, все одно на уме!.. Пусти ее!

– Малашка Софронова!

– Ишь ты! Сказать надо это отцу, чтоб мокрой крапивой посек. Пусти.

Долго идет эта перекличка и немало возбуждает всеобщего хохота, и, наконец, кучка заметно редеет. Марфа Андревна становится еще деятельнее и спрашивает:

– Ну, это кто последние, что сами не идут? Вы!.. Верно, старики есть?

– Есть-с, – отвечает ключница.

– Ну ступай, ступай, нечего тут гнуться!

Одна фигура сгибается, норовит проскользнуть мимо ключницы, но та ее прижимает дверью.

– Акулина-прянишница, – отвечает ключница.

– А, Акулина Степановна! А тебе б, мать Акулина Степановна, кажется, пора уж и на горох воробьев пугать становиться, – замечает Марфа Андревна. – Да и с кем же это ты, дорогая, заблудилася?

Раздавался поголовный сдержанный смех.

Марфу Андревну это смешило, и она во что бы то ни стало решалась обнаружить тайну прянишницы Акулины.

– Сейчас сознаваться, кто? – приставала она, грозно постукивая палочкой. – Акулина! слышишь, сейчас говори!

– Матушка… да как же я могу на себя выговорить, – раздавался голос Акулины.

– Ну ты, Семен Козырь!.. Это ты?

– Я-с, матушка Марфа Андревна, – отвечал из темного уголка массивный седой лакей Семен Козырь.

– Тоже хорошо! Когда уж это грех-то над тобою сжалится да покинет?

Козырь молчит.

– Ну, ты зато никогда не лжешь, – говори, кто старушку увел, да не лги гляди!

– Нет, матушка, не лгу.

И Семен Козырь сам старается весь закрыться ладонями.

– Говори! – повелевает Марфа Андревна.

– Они с Васькой Волчком пришли.

– С Васькой Волчком!.. Эй, где ты?.. Васька Волчок!

Кучка вдруг раздвигается, и кто-то, схватив Ваську сзади за локти и упершись ему в спину головою, быстро выдвигает его перед светлые очи Марфы Андревны.

Васька Волчок идет, подпихиваемый сзади, а глаза его закрыты, и голова качается на плечах во все стороны…

– Так вот он какой, Васька Волчок!

– Он-с, он, – сычит, выставляясь из-за локтей Васьки, молодая веселая морда с черными курчавыми волосами.

– А ты кто такой? – спрашивает морду Марфа Андревна.

– Тараска-шорник.

– Так почему знаешь, что это он?

– Так как когда на той неделе… когда Акулина Степановна господские пряники пекли…

– Ну!

– Так они Тараске ложку меду господского давали: «посласти, говорит, Тараска, язык».

– Да?

– Только-с и всего, посластись, – говорят они, и мне тоже ложку меду давали, но я говорю: «Зачем, говорю, я буду, Акулина Степановна, господский, говорю, мед есть? Я, говорю, на это, говорю, никогда не согласен».

– Врешь! – вдруг быстро очнувшись, вскрикнул на это Волчок Васька.

– Ей-богу, Марфа Андревна, – начал божиться, покинув Ваську, Тараска; но Васька живыми и ясными доводами сейчас же уличил Тараску, что он не один ел господский мед, что Акулина-прянишница прежде дала ложку меду ему, Ваське, а потом Тараске и притом еще Тараске пол-ложки прибавила да сказала: ешь пирог с грибами, а язык держи за зубами, – никому, что обсластился, не сказывай.

Тараске просто и отвечать нечего было против этих улик, потому что ко всему этому еще и сама прянишница заговорила:

– Точно, матушка, точно я, подлая, две ложки с половиной украла.

– Ну, так стряси ему теперь, Васька, за это хороший вихор, чтобы он господского меду не ел.

Васька взял Тараску за вихор и начал тихонько поколыхивать.

– Хорошенько тряси, – руководила Марфа Андревна.

Васька лукавил и хоть начал размахивать рукою пошибче, а все водил руку в ту строну, куда вертел голову Тараска.

– Ну, переменитесь-ка: Васька не умеет, вижу, возьми-ка теперь ты его, Тараска, поболтай за его вину.

Взял теперь Ваську за хохол Тараска, взял и держит, не знай отплатить ему дружбой за мягкую таску, не знай отработать его как следует. Эх, поусердствую! – неравно заметит госпожа это, за службу примат... Подумал, подумал этак Тараска и, почувствовав под рукою, что ожидавший от товарища льготы Васька гнет голову в левую сторону, Тараска вдруг круто поворотил его направо и заиграл. Бедный Васька даже взвизгнул, наклонился весь наперед и водил перед собою руками, точно в жмурки играл.

«Экая злющая тварь этот Тараска!» – думала, глядя на них Марфа Андревна, и кричала:

– Стой! стой! стой!

Тараска остановился и выпустил Ваську. Васька был красен как рак, глаза его бегали, грудь высоко вздымалась, он тяжело дышал, и рука его за каждым дыханием порывалась к Тараске. Как только их отсюда выпустят, так и сомневаться невозможно, что у них непременно произойдет большое побоище.

Чтобы предотвратить это и закончить все дело миром, Марфа Андревна говорит:

– Ну, теперь бери же ты, Васька, Тараску и ты, Тараска, Ваську да на взаем один другого поучите.

Васька не ждал повторения приказания: в ту же секунду обе руки его были в волосах Тараски, а Тараскины в волосах Васьки, и оба парня начинали «репу садить». Они так трепали друг друга, что непонятным образом головы их с руками находились внизу у пола, а босые пятки взлетали чуть не под самый потолок. Крики: «стой! довольно! пусти!» ничего не помогали. Ребят разнимали насильно, разводили их врозь, взбрызгивали водой, заставляли друг другу поклониться в ноги, друг друга перекрестить и поцеловаться и потом отпускали.

Порядок водворялся снова в коридоре, и Марфа Андревна опять принималась за разбор и как раз начинала опять с того самого пункта, на котором дело остановилось.

– Стыдно, мать Акулина Степановна, стыдно, стыдно! – говорила она прянишнице.

– Матушка, враг... – отвечала Акулина.

– Да, враг! Нечего на врага: нет, видно, наша коровка хоть и старенька, да бычка любит. Пусти, Василиса, вон ее, бычиху.

Мучения Акулины-прянишницы прекращались, и она исчезала.

– Семен Козырь! – возглашала ключница.

– Ну, да я уж видела!.. А? да, Семен Козырь!.. Другим бы пример подавать, а он сам как козел в горох сигает! Хорошо!.. Обернись-ка ко мне, Семен Козырь.

– Матушка, Марфа Андревна, облегчите, питательница, – не могу.

– Отчего не можешь?

– Очень устыжаюсь, матушка, – плачевно барабанит старый челядинец.

– Сколько годков-то тебе, Семен Козырь?

– Пятьдесят четыре, матушка, – отвечает, держа в пригоршнях лицо, седой Козырь.

– Сходи же завтра к отцу Алексею.

– Слушаю, матушка.

– И скажи ему от меня, что я велю ему на тебя хорошую епитимью наложить.

– Слушаю, питательница, рано схожу.

– А теперь поткай его, ключница, голиком в морду.

– Поткала, сударыня, – возвещала ключница, действительно поткав Козыря, как велено, в морду, и Козырь зато уже, как человек пожилой, не подвергался более никакому наказанию, тогда как с другими начиналась на долгое, долгое время оригинальная расправа.

Кончался пропуск; вылетали из западни последние птицы, и Марфа Андревна уходила к себе нисколько не расстроенная и даже веселая. Мнение, что эти охоты ее веселили, было не совсем неосновательно, – они развлекали ее, и она после такой охоты целый час еще, сидя в постели, беседовала с ключницей: как шел Кожиён, как сгорел со стыда Семен Козырь и как Малашка, пройдя, сказала: «Ну дак что ж что отцу! а зачем замуж не отдают?»

– Сквернавка, – замечала, не сердясь, Марфа Андревна.

Но совсем другое дело было, если попадались женатые. Это, положим, случалось довольно редко, но если случалось, то уж тогда наказанье не ограничивалось одним тканьем в морду. Тогда Марфа Андревна не шутила: виновный из лакеев смещался в пастухи и даже специально в свинопасы и, кроме того, посылался на покаяние к отцу Алексею; холостым же и незамужним покаянные епитимьи Марфа Андревна в сане властительницы налагала сама по своему собственному усмотрению. Для исполнения этих епитимий каждый вечер, как только Марфа Андревна садилась перед туалетом отдавать повару приказание к завтрашнему столу, а за ее спиною за креслом становилась с гребнем ее покоевая девушка и начинала чесать ей в это время голову «по-ночному», в комнату тихо являлось несколько пар лакеев и девушек. Все они входили и с некоторым сдерживаемым смехом и с смущением: в руках у каждого, кто входил, было по небольшому мешочку, насыпанному колючей гречей или горохом. Мешочки эти каждый из вошедших клал всяк для себя перед образником, устанавливался, морщась, на горохе или на гречке и, стоя на этих мешках, ждал на коленях боярыниного слова. А Марфа Андревна иной раз либо заговорится с поваром, либо просто задумается и молчит, а епитемийники все ждут да ждут на коленях, пока она вспомнит про них, оглянется и скажет: «А я про вас и забыла, – ну, зато нынче всего по сту кладите!» Только что выговорит Марфа Андревна это слово, челядь и начинает класть земные поклоны, а ключница стоит да считает, чтобы верно положили сколько велено.

Это иногда заканчивалось чьими-нибудь слезами, иногда же два ударившиеся лоб об лоб лакея заключали свое покаяние смехом, которому, к крайней своей досаде, поневоле приставала иногда и сама Марфа Андревна.

Марфа Андревна вообще, несмотря на всю свою серьезность, иногда не прочь была посмеяться, да иногда, впрочем, у нее при ее рекогносцировках и вправду было над чем посмеяться. Так, например, раз в числе вспугнутых ею челядинцев один приподнялся бежать, но, запутавшись в суконной дорожке, какими были выстланы переходы комнат, споткнулся, зацепился за кресла и полетел. Марфа Андревна тотчас же наступила на него своим босовичком и потребовала огня.

– Как тебя зовут? – спросила она лежащего у нее под ногами челядинца.

Тот в ответ ни полслова.

– Говори; я прощу, – сказала Марфа Андревна; а тот снова молчит и опять ни полслова.

– Что же ты, шутишь или смеешься? Смотрите, кто это? – приказала Марфа Андревна сопровождавшим ее женщинам.

Те посмотрели и говорят:

– Это холоп Ванька Жорнов.

– Вставай, Ванька Жорнов.

Не встает.

– Умер он, что ли?

– Где там, матушка, умер? Притворяется, а сам как смехом не пырскнет.

– Ну! потолки его палочкой!

Потолкли Ваньку Жорнова палочкой, а он все лежит, словно не его все это и касается.

– Ну, так подай мне сюда ведро воды, – приказывает заинтересованная этим характером Марфа Андревна.

– Матушка, напрас но только пол намочим в горнице: он уж этакой… его прошлый год русалки на кулиге щекотали, – он и щекоту не боится.

– Подавай воды! Ничего, подавай, мы посмотрим, – сказала Марфа Андревна и уселась на кресло, а Ванька лежит.

Подали воды прямо со двора и шарахнули ею на Ваньку Жорнова; но и тут Ванька и вправду даже не вздрогнул.

«Вот это парень так парень! – думает чтущая сильные характеры Марфа Андревна. – Чем бы его еще испытать?»

– А ну-ка, тронь его теперь хорошенько иглою.

И иголкой Ваньку Жорнова тронули; а он все не встает.

– Ну, так подайте же мне мой спирт с образника, – приказала Марфа Андревна.

Подали спирт; Марфа Андревна сама наклонилась и приложила бутылочку к носу Ваньки Жорнова, и только что ее отомкнула, как Ванька Жорнов вскочил, чихнул, запрыгал туда, сюда, направо, налево, кубарем, – свалил на пол саму Марфу Андревну и в несколько прыжков исчез сам в лакейской.

– Да какой это такой у вас Ванька Жорнов? – спрашивала после того Марфа Андревна, укладываясь в самом веселом расположении в свою постель.

– Холоп, сударыня-матушка.

– Холоп! да мало ли у меня холопей! Покажите мне его завтра, что он за ферт такой?

И вот назавтра привели перед очи Марфы Андревны Ваньку Жорнова.

– Это мы тебя вчера ночью били? – спросила Ваньку боярыня.

– Никак нет, матушка, – отвечал Ванька Жорнов.

– А покажи левую ладонь. Ага! где же это ты укололся?

– Чулок, матушка, вез, да спичкой поколол.

– А подите посмотрите в его сундуке, нет ли там у него мокрой рубахи?

Посланные пошли, возвратились и доложили, что в сундуке у Ваньки Жорнова есть мокрая рубаха.

– Где ж это ты измок, сердечный?

– Пот меня, государыня матушка, со страшного сна облил, – отвечал Ванька Жорнов.

– Молодец ты, брат, врать! молодец! – похвалила его Марфа Андревна, – и врешь смело и терпеть горазд. Марфа в Новегороде сотником бы тебя нарядила, а сбежишь к Пугачу, он тебя есаулом сделает; а от меня вот пока получи полтину за терпенье. Люблю, кто речист порой, а еще больше люблю, кто молчать мастер.

Терпенье и мужество Марфа Андревна очень уважала и сама явила вскоре пример терпеливости в случае более серьезном, чем тот, в каком отличился перед ней лакей Ванька Жорнов. Вскоре-таки после этого происшествия с Ванькой Жорновым, по поводу которого Марфа Андревна вспомнила о Пугаче, вспомнил некто вроде Пугача и о Марфе Андревне.

СПИСОК